Politisches Engagement und Selbstverständnis linksaffiner Jugendlicher

Katrin Hillebrand · Kristina Zenner
Tobias Schmidt · Wolfgang Kühnel
Helmut Willems

Politisches Engagement und Selbstverständnis linksaffiner Jugendlicher

 Springer VS

Katrin Hillebrand
Universität Luxemburg

Kristina Zenner
Hochschule für Wirtschaft und Recht
Berlin, Deutschland

Tobias Schmidt
Hochschule für Wirtschaft und Recht
Berlin, Deutschland

Wolfgang Kühnel
Hochschule für Wirtschaft und Recht
Berlin, Deutschland

Helmut Willems
Universität Luxemburg

Gefördert im Rahmen des Bundesprogramms
„Initiative Demokratie Stärken".

Bundesministerium
für Familie, Senioren, Frauen
und Jugend

INITIATIVE
DEMOKRATIE
STÄRKEN

ISBN 978-3-658-08519-3   ISBN 978-3-658-08520-9 (eBook)
DOI 10.1007/978-3-658-08520-9

Die Deutsche Nationalbibliothek verzeichnet diese Publikation in der Deutschen Nationalbi-
bliografie; detaillierte bibliografische Daten sind im Internet über http://dnb.d-nb.de abrufbar.

Inhaltsverzeichnis

Vorwort

In den vergangen Jahren erlebten wir in Europa und in vielen anderen Teilen der Welt einen Aufschwung neuer Protestbewegungen. Das Spektrum reicht von Demonstrationen gegen Diktaturen und autokratische Systeme in den arabischen Ländern über weltweite globalisierungskritische, ökologische und Menschenrechtsbewegungen, Aktionen gegen die Flüchtlingspolitik und Proteste gegen Rechtsextremismus bis hin zur Kritik am Umgang der Regierungen und Banken mit den Auswirkungen der Finanzkrise. Auch wenn die Bereitschaft zu Protestaktionen in Deutschland etwas geringer zu sein scheint als in Frankreich, den Niederlanden oder Großbritannien, so ist doch das Potential für unkonventionelle Formen des politischen Engagements bei Jugendlichen auch hierzulande beachtlich.

Das vorliegende Projekt stellt genau jene Gruppe politisch aktiver Jugendlicher in den Mittelpunkt, die sich selbst eher dem linken politischen Spektrum zurechnet und als Teil sozialer Bewegungen versteht. Die Studie fragt nach den Bedingungen, Prozessen und Ereignissen, die politisches Engagement und Protest hervorbringen, und nach dem Gesellschaftsbild und Selbstverständnis jener Jugendlichen und jungen Erwachsenen, die zum Teil mit hohem zeitlichen und persönlichen Aufwand in diesen Gruppen aktiv sind.

Dafür, dass das Forschungsvorhaben in der vorgeschlagenen konzeptionellen Ausrichtung zustande gekommen ist und gefördert wurde, gilt dem Bundesministerium für Familie, Senioren, Frauen und Jugend und hier insbesondere Marc-Axel Hornfeck und Thomas Heppener Dank. Weiterhin ist dem wissenschaftlichen Beirat und dabei namentlich Rainer Erb (TU Berlin), Michaela Glaser (Deutsches Jugendinstitut München e. V. Außenstelle Halle), Sebastian Haunss (Universität Bremen), Hans-Gerd Jaschke (Hochschule für Wirtschaft und Recht Berlin), Joachim Kersten (Deutsche Hochschule der Polizei), Christian Lüders (Deutsches Jugendinstitut München e. V.), Ingo Matuschek (Universität Jena), Friedhelm Neidhardt (Wissenschaftszentrum für Sozialforschung Berlin) und Dieter Rucht (Wissenschaftszentrum für Sozialforschung Berlin) zu danken, der das Projekt fachlich begleitet und mit seinen Anregungen wertvolle Hinweise gegeben hat. Unser Dank gilt auch den studentischen Mitarbeiterinnen und Mitarbeitern, Agnieszka Sommer, Eva Gondorová, Julius Bertz, Wiebke Schwinger, Samantha Duroska, Lisa Jacob und Rebecca Ries, die mit großem Engagement unsere Arbeit unterstützt haben. Bedanken möchten wir uns auch bei Evelyn Lehmann, die die abschließenden Korrekturarbeiten und die Gestaltung der Druckfassung übernommen hat. Vor allem aber ist das Zustandekommen dieses Projekts der Kooperationsbereitschaft unserer Interviewpartnerinnen und Interviewpartner zu verdanken, ohne die eine solche Analyse nicht möglich gewesen wäre.

Berlin und Luxemburg, Dezember 2014

Wolfgang Kühnel,
Helmut Willems,
Katrin Hillebrand,
Tobias Schmidt,
Kristina Zenner

1 Fragestellungen und Zielsetzung

Unkonventionelle Beteiligungsformen sind kein neues Phänomen. Seit den 1960er Jahren haben sie sich zu einem üblichen und gebräuchlichen Instrument der politischen Partizipation entwickelt. Dennoch ist diesem Forschungsbereich in den vergangenen Jahren wieder mehr Aufmerksamkeit geschenkt worden, nicht zuletzt deshalb, weil auch die mediale Berichterstattung wieder einen stärkeren Fokus auf neue Protestformen und die Entwicklung breiter Bewegungen, wie etwa Occupy, lenkt (vgl. Brinkmann et al. 2013; Mörtenböck, Mooshammer 2012; Roth 2012). Verschiedene Wissenschaftsdisziplinen beschäftigen sich mit den in diesem Zusammenhang entstandenen Bewegungen, ihren Dynamiken und Gesetzmäßigkeiten. Vergleichsweise selten wird den Beteiligten dieser Gruppen und Bewegungen aber die Gelegenheit eingeräumt, sich selbst zu diesen Entwicklungen und zu ihrem Engagement zu äußern. An genau diesem Punkt versucht die vorliegende Studie anzusetzen. Ziel der Forscherinnen und Forscher war es, Jugendlichen die Möglichkeit zu geben, ihre eigene Sicht der Dinge darzustellen, ihr politisches Selbstverständnis, ihre Ziele und die dafür in Frage kommenden Aktionsformen zu beschreiben. Fernab von verfestigten Stereotypen entsteht dadurch die Möglichkeit, sich ein sehr konkretes Bild von der Ausgestaltung ihres Engagements zu machen und Aufschluss darüber zu erhalten, welche Beweggründe die Jugendlichen in ihr Engagement geführt und welche Einflüsse zu einer Verstetigung ihres Handelns beigetragen haben.

In der breiten Öffentlichkeit finden meist nur die medienwirksamen ‚spektakulären' Ausprägungen von gesellschaftlichen Protesten Aufmerksamkeit – wenn etwa Zelte vor Regierungsgebäuden aufgeschlagen werden oder es zu gewaltsamen Auseinandersetzungen bei Demonstrationen kommt. Die Beschäftigung mit den dahinterstehenden Beweggründen und der Motivation von Jugendlichen, sich gesellschaftspolitisch zu engagieren, findet dagegen wenig Berücksichtigung. Insbesondere im Bereich der politisch eher ‚links' orientierten Jugendlichen mangelt es dazu immer noch an belastbaren wissenschaftlichen Daten. Aus diesem Grund konzentriert sich die vorliegende Studie auf sogenannte linksaffine Jugendliche. Darunter werden gesellschaftspolitisch aktive junge Menschen gefasst, die für sich selbst eher eine im Verlauf der Arbeit noch zu diskutierende linke Identität und eine Affinität zu einem links ausgerichteten politischen Spektrum beanspruchen.

Im Zentrum der Untersuchung steht die biografische Entwicklung des politischen Engagements der Jugendlichen. Dabei liegt ein besonderes Interesse auf den sozialen Bedingungen, Prozessen und Ereignissen, die einerseits die Wege in politisches Engagement jenseits von Parteien prägen und andererseits zu einer Verstetigung oder Veränderung dieses Engagements beitragen können. Hier stehen zwei Forschungsfragen im Vordergrund:

1. Welches Selbst- und Gesellschaftsverständnis vertreten die Jugendlichen und wie setzen sie dies in ihrer politischen Praxis um?

Um diese Frage beantworten zu können, untersucht das Forscherteam, wie die Jugendlichen das politische System in Deutschland beurteilen und in welches Verhältnis sie sich selbst dazu setzen. Relevant ist außerdem die Kritik, die sie an gesellschaftlichen Zuständen und Entwicklungen äußern und wie sie diese begründen. Eine wichtige Rolle spielt daneben die Selbstpositionierung der Jugendlichen im politischen Spektrum. Diese soll anhand der individuellen Auseinandersetzung der Befragten mit dem Links-Begriff erfolgen. Welche politischen Ziele die Jugendlichen aus ihrer Gesellschaftskritik ableiten und wie sie diese in ihrem praktischen Engagement umsetzen, also welche Aktionsformen sie befürworten und wie sie diese legitimieren, bildet einen weiteren Aspekt der Untersuchung.

2. Wie hat sich das politische Engagement der Jugendlichen im biografischen Verlauf herausgebildet und weiterentwickelt?

Von besonderem Interesse sind in dieser Hinsicht die Voraussetzungen politischen Engagements, also die Faktoren, die die ‚Wege ins Engagement' ebnen können. Ein zentraler Prozess in diesem Zusammenhang ist die politische Sozialisation, innerhalb der analysiert werden soll, welche Faktoren sich während der Kindheit und Jugend auf die Politisierung und die politische Handlungsbereitschaft der Jugendlichen ausgewirkt haben. Auch der Einstiegsprozess in ein längerfristiges, organisiertes politisches Engagement steht im Fokus. Da das Engagement auch nach dem Einstieg in eine Gruppe oder Organisation einem ständigen Wandel unterliegt, wird darüber hinaus untersucht, welche Erfahrungen die Jugendlichen in der Engagementpraxis machen und wie diese zur Aufrechterhaltung, Veränderung oder Reduzierung des Engagements beitragen.

Die Betrachtung dieser vielfältigen Aspekte dient dazu, ein möglichst breites Bild davon zeichnen zu können, wer die Jugendlichen sind, die sich über konventionelle Formen der Beteiligung hinaus für einen gesellschaftlichen Wandel einsetzen. Dazu erfolgt in Kap. 2 zunächst eine Einordnung der Forschungsfragen in den aktuellen wissenschaftlichen Kontext. Es werden die verwendeten theoretischen Konzepte und die zentralen Begrifflichkeiten vorgestellt.

Das Untersuchungsdesign und das konkrete methodische Vorgehen werden in Kap. 3 erläutert, indem die einzelnen Schritte der Erhebungs- und Auswertungsmethodik dargelegt werden. Basis der anschließenden Auswertung sind 35 qualitative Interviews mit Jugendlichen aus sehr verschiedenen linksaffinen politischen Gruppen. Kap. 4 legt dabei zunächst einen Fokus auf die Kritik an gesellschaftlichen Entwicklungen sowie auf die politischen Orientierungen und das Selbstverständnis der Befragten. In Kap. 4.2 werden die politischen Ziele, die die Jugendlichen in ihrem Engagement verfolgen, ihre Aktionsformen, deren Legitimation und damit zusammenhängend auch die Einstellungen gegenüber Gewalt behandelt.

Kap. 5 versucht dann, die Entstehung und Weiterentwicklung des Engagements aus einer biografischen Perspektive heraus nachzuzeichnen. Diese beginnt in Kap. 5.1 mit den Voraussetzungen des politischen Engagements, wobei vor allem die Analyse der Sozialisationserfahrungen in einzelnen Lebensbereichen im Zentrum steht. Kap. 5.2 analysiert dann, wie es zum ersten Einstieg in ein längerfristiges politisches Engagement kommt, während sich Kap. 5.3 den Erfahrungen der Jugendlichen in der politisch aktiven Phase widmet. Hierbei wird genauer untersucht, welche Erfahrungen die Befragten bei der alltäglichen Arbeit in der Gruppe erleben, wie sie ihr Engagement in den Alltag integrieren und wie sie Konfrontationserfahrungen etwa bei politischen Aktionen wahrnehmen und verarbeiten. Im Mittelpunkt steht hier die Frage, wie sich diese Erlebnisse auf das Selbst- und Gesellschaftsbild sowie auf zukünftiges Engagement auswirken.

Im abschließenden Kap. 6 werden die Ergebnisse noch einmal im Licht der theoretischen Modelle sowie im Vergleich mit anderen empirischen Studien rekapituliert, sodass entsprechende Schlussfolgerungen aus der Analyse gezogen werden können.

2 Theoretische Rahmung der Studie

Das folgende Kapitel beschäftigt sich in einem ersten Teil mit dem Forschungs-
stand im Bereich des politischen Engagements von Jugendlichen sowie ausgewähl-
ten aktuellen Befunden zur Thematik. Im zweiten Teil werden zentrale Erklärungsansätze dargelegt, während sich der dritte Teil den Grundbegriffen der Studie zu-
wendet.

2.1 Jugend und politisches Engagement: Zum Stand der Forschung

Politisches Engagement wird heute als ein zentraler Faktor für eine funktionieren-
de Demokratie angesehen, „denn nur wenn Menschen sich engagieren, können sie
sich entfalten und sich von Untertanen in Bürger verwandeln" (van Deth 2005: 3).
Angesichts einer niedrigen Wahlbeteiligung und eines (vermeintlichen) Desinteres-
ses an politischen Themen scheint es notwendig, sich mit Ursachen und Auswirkungen von politischen Handlungen und Einstellungen Jugendlicher zu beschäftigen. Auch wenn der Begriff des politischen Engagements erst in den 1980er Jahren
populär geworden ist (Beher et al. 2000), gibt es verschiedene ältere Forschungs-
stränge, die sich mit diesem Phänomen auseinandersetzen und ein breites Spektrum von Analyseinstrumenten geschaffen haben (vgl. Priller 2010: 205–208). Als
besonders wichtig erscheinen dabei die politische Partizipations-, die Sozialisations-,
Bewegungs- und Engagementforschung, die den Gegenstand aus unterschiedlichen
Blickwinkeln betrachten und die im Folgenden dargestellt werden.

2.1.1 *Politisches Engagement im Schnittfeld der Forschungsansätze*

Eine sinnvolle Untersuchung des politischen Engagements von Jugendlichen setzt
in der Regel erst ab der vorletzten Jahrhundertwende an, da erst in diesem Zeitraum Jugendliche als eigenständige politische Akteure entdeckt wurden (vgl. u. a.
Reulecke 1986). Besonders bekannt sind in diesem Zusammenhang die zu Beginn
des 20. Jahrhunderts in Deutschland entstandenen Jugendbewegungen, die sich als

Gegenbewegung zur zunehmend als Bedrohung empfundenen Industrialisierung und Modernisierung verstanden. Die Jugendbewegungen waren zwar kultur- und gesellschaftskritisch, werden aber eher als politisch neutral betrachtet (vgl. Laqueur 1983: 90). Erst in der Zeit nach dem Ersten Weltkrieg und im Nationalsozialismus kam es zu einer verstärkten Politisierung der Jugend (vgl. Scherr 2009: 60–65).

Durch die sozialen und politischen Veränderungen in der Zeit zwischen den beiden Weltkriegen stieg auch das Interesse an einer wissenschaftlichen Untersuchung von jugendlicher Beteiligung an der Politik. Zur Erklärung von sozialen Bewegungen[1] waren zu dieser Zeit vor allem der marxistische und der massenpsychologische Ansatz dominant. Im Marxismus verstand man soziale Bewegungen als kollektives Handeln, dem eine eigene Rationalität zukommt und das sich durch die Selbstwidersprüchlichkeit der gesellschaftlichen Verhältnisse begründet sieht (Hellmann 1998: 12). Die marxistische Tradition brachte dabei unter anderem die Verbindung von sozialen Bewegungen und gesellschaftlichen Konflikten, und ihre Verbundenheit mit der Sozialstruktur der Gesellschaft als Erklärungsraster in den sozialwissenschaftlichen Forschungsdiskurs ein. Bis zum Beginn des 20. Jahrhunderts gab es jedoch keine speziellen Erklärungsansätze für die Beteiligung Jugendlicher an sozialen Bewegungen, da im marxistischen Diskurs die Meinung vorherrschend war, dass die Lebenssituation nur durch die Klassenzugehörigkeit bestimmt sei.

Die zweite Perspektive der Erklärung von Bewegungen beruht auf den Ideen der Massenpsychologie wie sie vor allem durch Le Bons „Psychologie der Massen" (1895) populär wurde. Hiernach wird eine soziale Bewegung überwiegend als kollektives Verhalten verstanden, welches von Affekten und Ängsten geleitet ist. Aus dieser Sichtweise ergibt sich eine Kritik an sozialen Bewegungen, wonach das (verängstigte) Individuum in der Masse aus irrationalen Motiven heraus kollektiven Protest ausübe (Hellmann 1998: 11f.; Willems 1997).

Dennoch werden, auf dieser frühen Bewegungsforschung aufbauend, eine ganze Reihe von Fragen entwickelt, die den besonderen Blickwinkel auf die Erklärung von politischem Engagement deutlich machen können. Diese zentralen Fragen lauten: Was ist eine soziale Bewegung? Wie kommt es zu Protest? Wer nimmt daran teil und weshalb? Wie funktioniert Mobilisierung und was sind die Bedingungen erfolgreicher Mobilisierung? Welcher Einfluss kommt der Gesellschaft und speziell der Politik zu, wenn es um die Entstehung und Entwicklung von Protestbewegungen geht, und wovon hängt der Erfolg einer sozialen Bewegung ab (Hellmann 1998: 9)?

---

[1] Eine verbreitete Definition sozialer Bewegungen liefern Roth und Rucht (2002: 297): „Soziale Bewegungen sind auf eine gewisse Dauer gestellte und durch eine kollektive Identität abgestützte Versuche von Gruppen, Organisationen und Netzwerken, grundlegende gesellschaftliche Veränderungen überwiegend mit Mitteln des öffentlichen Protests herbeizuführen oder zu verhindern". Zur Geschichte der sozialen Bewegungen u. a. Rammstedt (1978); Kern (2008).

Einen anderen Blickwinkel auf politisches Engagement nimmt die in den 1940er Jahren entwickelte Partizipationsforschung ein, bei der zunächst nach Erklärungen von Wahlverhalten und Stimmabgabe gefragt wurde (Hoecker 2006: 15). So wurden erstmals für Wahlforschungen Umfragen in den ganzen USA durchgeführt (Schnell 2005: 37ff.). Als Meilenstein der Partizipationsforschung gilt Lester Milbrath (1965) mit seiner Arbeit „Political Participation: How and Why Do People Get Involved in Politics?", in der er international vergleichend die bisherigen Ergebnisse der Wahl- und Partizipationsforschung zusammenträgt. Anders als die Bewegungsforschung ist diese Forschungstradition in einem demokratischen, auf Wahlen beruhenden System eingebunden und fragt nach der Teilhabe der Bürger an diesem System. Wenngleich es Unterschiede in der Frage gibt, wie groß diese sein sollte, sind sich die Partizipationsforscher doch einig, dass die Beteiligung der Bürger in einer Demokratie prinzipiell wichtig und notwendig ist. Unter politischer Beteiligung versteht Kaase (1987: 136) daher „diejenigen Handlungen, die Bürger freiwillig mit dem Ziel vornehmen, Entscheidungen auf den verschiedenen Ebenen des politischen Systems zu beeinflussen". In der Partizipationsforschung dominieren Meinungsumfragen auf der Basis von repräsentativen Bevölkerungsstichproben mittels standardisierter Erhebungsinstrumente. Zudem werden aber auch Aggregatdaten analysiert und zunehmend qualitative Methoden integriert, um Problemzusammenhänge verdeutlichen zu können (Hoecker 2006: 13f.).

Ein weiterer Forschungsstrang, der sich nach dem Zweiten Weltkrieg durchsetzte, ist die politische Sozialisationsforschung. Während sich bereits in den 1930er Jahren einige Untersuchungen mit dem politischen Lernen bzw. der Entwicklung politischer Orientierungen befassten, wird der Begriff der politischen Sozialisation Ende der 1950er Jahre durch Herbert H. Hyman und seine Publikation „Political Socialization. A Study in the Psychology of Political Behavior" (1959) bekannt gemacht. Hieran knüpften die ersten empirischen Untersuchungen der politischen Sozialisationsforschung an, wobei anfangs vor allem der Versuch im Vordergrund stand, die ‚misslungene' Sozialisation jener Generation, die den Nationalsozialismus möglich gemacht hatte, zu erklären (Meyer 2003). Des Weiteren gab die Idee der Erziehung zur demokratischen Persönlichkeit Anstoß für die Erforschung der Prozesse von politischer Sozialisation (Greiffenhagen, Greiffenhagen 2002: 409). Die psychoanalytisch geprägte Forschung zur autoritären Persönlichkeit, die in den 1930er Jahren von Vertretern der Kritischen Theorie betrieben wurde, versuchte die Ausbreitung des Faschismus sozialpsychologisch zu analysieren (z. B. Adorno et al. 1950; Fromm et al. 1936).

Die anfänglichen Studien zur politischen Sozialisation fokussierten vor allem auf die Bedeutung der Familie. Sie wird als entscheidende Instanz für die Entwicklung der für politisches Handeln als relevant erachteten Persönlichkeitsmerkmale angesehen (Hopf, Hopf 1997). Ein großer Vorzug der politischen Sozialisationsforschung liegt in ihrem interdisziplinären Zuschnitt. Sie verbindet Soziologie,

Politikwissenschaft, Pädagogik und Psychologie und integriert damit verschiedene theoretische Zugänge sowie psychoanalytisch geprägte, lerntheoretische, entwicklungspsychologische und rollentheoretische Ansätze (vgl. Priller 2010: 199). Der (politischen) Sozialisationsforschung gelingt es zudem, politisches Engagement auch vor dem Hintergrund individueller Lebenslagen und eingebettet in biografische Zusammenhänge zu erklären.

Eine zentrale Studie, die die politikwissenschaftlichen Forschungszweige befruchtet hat, ist die strukturalistisch ausgerichtete Civic Culture-Studie (Almond, Verba 1963). In einer internationalen Vergleichsstudie suchten Almond und Verba dabei nach Gründen für den Zusammenbruch bzw. den Erhalt demokratischer Systeme vor dem Zweiten Weltkrieg in fünf verschiedenen Ländern. Sie betonten hierfür den Zusammenhang zwischen dem politischen System und der politischen Kultur eines Landes, die sie als eine spezifische „Verteilung individueller Orientierungen auf politische Objekte unter den Mitgliedern eines Kollektivs" definierten (Greiffenhagen, Greiffenhagen 2002: 390). Auch Erklärungsvariablen wie politisches Wissen, subjektive politische Kompetenz und soziale Aktivität wurden in die Partizipationsforschung eingeführt (vgl. Hoecker 2006: 16).

Zu einem Paradigmenwechsel in den genannten Forschungssträngen kam es in den 1960er Jahren. Gründe hierfür waren in erster Linie gesellschaftliche Veränderungen. So mischten sich die Bürger und insbesondere junge Menschen stärker in die Politik ein, vor allem mit neuen außerparlamentarischen Protestformen. Die Jugendlichen standen der politischen Elite zunehmend kritischer gegenüber (vgl. das Konzept der skeptischen Generation von Schelsky [1957]). Gleichzeitig wird ein postmaterialistischer Wertewandel konstatiert (vgl. Inglehart 1971). Es entstanden sogenannte Neue Soziale Bewegungen, worunter politische Gruppierungen gefasst wurden, die im Zuge der Studentenbewegungen aufkamen und überwiegend postmaterialistische Ziele verfolgten (vgl. Geißel, Thillman 2006: 161). Diese Veränderungen hatten auch Auswirkungen auf die Partizipationsforschung. So wurde durch diese partizipatorische Revolution (Kaase 1982) der Blick der Wissenschaft auf politische Aktivitäten gerichtet, die nicht dem etablierten institutionalisierten politischen Prozess zuzurechnen sind. Bedeutend ist unter anderem die Political-Action-Studie von Barnes und Kaase (1979), die erstmals Formen unkonventioneller Beteiligung systematisch untersuchte. Durch diesen erweiterten Blick auf politische Teilhabe kam es vermehrt zu Überschneidungen mit der Bewegungsforschung, die sich ja bereits zuvor mit nun als unkonventionell bezeichneten Formen des politischen Handelns beschäftigte.

Aber auch in der Bewegungsforschung erfolgte ein Paradigmenwechsel. So stellt die Ressourcenmobilisierungstheorie (McCarthy, Zald 1977) die vermeintliche Irrationalität von Protest in Frage. Sie begreift Protestbewegungen als reguläres Element des politischen Systems und sieht ihre Mitglieder als rational handelnde Akteure an. Dabei orientiert sie sich stark an den Annahmen des Rational-Choice-

Paradigmas. Der Ressourcenmobilisierungsansatz kritisiert außerdem die Fokussierung auf Unzufriedenheit als Ursache für Protest in der vorangegangenen Forschung. Er geht vielmehr davon aus, dass in einer Gesellschaft immer ausreichend Unzufriedenheit vorhanden sei und das Auftreten von Protesten in erster Linie von gesellschaftlicher Unterstützung bzw. Einschränkung abhänge (Buechler 2011: 117). Mit der Ressourcenmobilisierungstheorie verschiebt sich das Erkenntnisinteresse auf die Mechanismen der Protestmobilisierung und ihr größter Verdienst ist die Wahrnehmung von Protestakteuren als rational handelnde Individuen bzw. Gruppen.

Die Rationalität von Protestakteuren wird auch im Political Process-Ansatz, der vor allem durch Tilly (1978), McAdam (1982) und Tarrow (1994) geprägt wurde, betont. Der Ansatz fokussiert jedoch stärker auf den politischen Kontext und fragt danach, welche Bedingungen (Gelegenheitsstrukturen) außerhalb der Bewegung für ihren Erfolg oder Misserfolg entscheidend sind (vgl. Herkenrath 2011: 63f.; Willems 1997).

Die politische Sozialisationsforschung hatte sich bis in die 1960er Jahre hinein stark an den USA orientiert. Angestoßen durch die gesellschaftlichen und politischen Veränderungen in den 1960er und 1970er Jahren (partizipatorische Revolution, 68er Bewegung) rückten neue Fragen in den Vordergrund wie die Reformierung des Systems bei gleichzeitiger Bindung an Demokratie und Rechtsstaat (Greiffenhagen, Greiffenhagen 2002: 409f.). Insbesondere die Vertreter der Kritischen Theorie bemängelten an der vorangegangenen Sozialisationsforschung, dass sie die Lernprozesse der Sozialisationssubjekte nur als Bedingung für den Erhalt des Status quo untersucht hatten und die bestehenden Verhältnisse damit bestärkt, anstatt diese kritisch reflektiert hätten. Eine weitere Kritik richtete sich gegen die Ausklammerung des Politischen aus der allgemeinen Sozialisation, durch die die politische Relevanz des vermeintlich Privaten negiert würde (Hopf, Hopf 1997: 17).

Neuere Untersuchungen der politischen Sozialisation fokussieren u. a. auf die nachlassende Bereitschaft zur politischen Partizipation, auf Rechtsextremismus und Fremdenfeindlichkeit und auf Unterschiede zwischen neuen und alten Bundesländern (Meyer 2003). Ein umfassendes Sammelwerk zur politischen Sozialisation haben Claußen und Geißler (1996) mit ihrem Handbuch „Die Politisierung des Menschen. Instanzen der politischen Sozialisation" verfasst. Darin kritisiert Claußen aber zugleich die bisherige Sozialisationsforschung und wirft ihr eine „Kleinschnittigkeit des Zugriffs, [eine] Reduktion auf Aspekthaftes" sowie den mangelnden Rückbezug auf den allgemeinen Diskussionsstand des Forschungsbereichs vor (Claußen 1996: 17).

Insgesamt zeigt sich, dass durch die partizipatorische Revolution das öffentliche Interesse von der repräsentativen Parteiendemokratie hin zu einer partizipatorischen Demokratie und zur Idee der Zivilgesellschaft wanderte. Es setzte sich zunehmend die Einsicht durch, dass für den Erhalt einer stabilen Demokratie kritische Bürger, die sich in der Gesellschaft aktiv beteiligen, notwendig sind und dass Jugendliche dabei eine wichtige Funktion als „politische Seismografen" ausüben (Hurrelmann 2001: 6). Diese Einsicht war auch der Ausgangspunkt der eigentlichen Engagementforschung, von der sich erst ab den 1980er Jahren sprechen lässt. Sie versteht sich als eine Weiterentwicklung der Forschungen zu Ehrenamt, Freiwilligenarbeit, Drittem Sektor etc. und meint mit Engagement ganz allgemein ein individuelles Handeln, das sich durch Freiwilligkeit, fehlende materielle Gewinnabsicht und eine Ausrichtung auf das Gemeinwohl auszeichnet (Priller 2010: 196). Wichtige Gründe für das gestiegene Interesse an diesem bürgerschaftlichen Engagement sind neben der zunehmenden Individualisierung und sozialen Desintegration das geringer werdende Interesse an etablierter Politik und das Schwinden der Leistungsfähigkeit traditioneller Sozialsysteme (Priller 2010: 196). Die Engagementforschung fußt dabei auf der Erkenntnis, dass die Bürger sich dort, wo Staat und Markt versagen, aktiv mit ihren Ressourcen in die Politik und die Gesellschaft einbringen sollen. Das neue Konzept des bürgerschaftlichen Engagements rezipierte dabei auch das Sozialkapitalkonzept Bourdieus, wodurch politische und soziale Partizipation unter dieser neuen Sammelbezeichnung zusammengefasst wurden (Gabriel, Maier 2009: 522). Es integriert zudem Formen konventioneller und unkonventioneller Partizipation und greift dabei die Kritik an dieser Unterscheidung auf. Diese Kritik bezieht sich auf die Feststellung, dass viele in den 1960er Jahren noch unkonventionelle Aktionsformen sich heute bereits als etablierte Form der politischen Beteiligung durchgesetzt haben, Untersuchungen ergaben zudem, dass die Teilnehmer alter und neuer Aktionsformen sich nicht grundlegend voneinander unterscheiden (Gabriel, Maier 2009: 521). Daher wurden inzwischen alternative Formen der Differenzierung von politischen Aktionsformen vorgenommen (z. B. Fuchs 1995).

In der Bewegungsforschung haben sich weiterhin neue handlungsorientierte Ansätze durchgesetzt, die mit dem Ansatz der kollektiven Identität arbeiten (z. B. Melucci 1988). Ein wichtiges Analyseinstrument für Identitäts- und Mobilisierungsprozesse sind Framing-Ansätze, die sich mit der Entstehung von kollektiven Deutungsmustern beschäftigen. Der Framing-Ansatz wurde von Snow, Benford und Kollegen (1986) entwickelt und bringt mobilisierungszentrierte und sozialpsychologische Ansätze zusammen (Golova 2011: 38). Der Begriff des Frames charakterisiert Schemata, die der Organisierung und Interpretation von Erfahrungen dienen. In Bezug auf soziale Bewegungen erfüllen Frames die Funktion, eine bestimmte Situation als problematisch und damit als veränderungswürdig zu thematisieren (Hunt et al. 1994: 190). Ein wieder erhöhtes wissenschaftliches Interesse an sozialen Bewegungen ist durch die globalisierungskritische Bewegung und durch die Occupy-Proteste, die sich in der Folge der Finanz- und Wirtschaftskrise zeigten, festzustellen (vgl. z. B. Andretta et al. 2003; Brinkmann et al. 2013; Doherty et al. 2003; Juris, Pleyers 2009; Mörtenböck, Mooshammer 2012).

Insgesamt lassen sich in der Gegenwart zunehmend interdisziplinäre Ansätze auf-
finden. So kommt es zu größeren Überschneidungen in der Partizipations-, Bewe-
gungs- und Engagementforschung (vgl. van Deth 2003: 172f.). Auch methodisch
lässt sich eine Erweiterung des Spektrums von Untersuchungsmethoden erkennen.
Am prominentesten sind nach wie vor quantitative Studien wie die Shell-Studie,
das DJI-Jugendsurvey oder das Freiwilligensurvey. Zugleich werden aber auch
wieder verstärkt qualitative Methoden verwendet wie Diskurs- und Netzwerkanaly-
sen (z. B. Haunss 2004), Leitfadeninterviews oder auch Inhaltsanalysen (z. B.
Hoffmann-Holland 2010) und biografische Methoden. Die qualitativen Methoden
eignen sich besonders, um die Motive der Akteure zu ergründen (vgl. Gaiser et al.
2006: 230). Die Biografieforschung ist dabei eine mittlerweile etablierte Methode,
die schon in vielen Bereichen gewinnbringend eingesetzt wurde. In der Soziologie
wird der Beginn systematischer biografischer Forschung meist in der Studie „The
Polish Peasant in Europe and America" gesehen, die in den 1920ern von den Chi-
cagoer Forschern Thomas und Znaniecki durchgeführt wurde (Fuchs-Heinritz
2009: 88). Bei der Erforschung von politischem Aktivismus und der Beteiligung an
sozialen Bewegungen wurde auch die Biografieforschung verwendet (z. B.
Andrews 1991; della Porta 1992; McAdam 1989; Roth 2000). Der Vorteil dieser
Methode liegt darin, Phänomene wie das politische Engagement im Gesamtzu-
sammenhang der Biografie zu verstehen.

2.1.2   Aktuelle Befunde zum politischen Engagement Jugendlicher

Die politische Partizipation von Jugendlichen hat in der Jugendforschung stets
einen hohen Stellenwert eingenommen und ist in zahlreichen größeren Jugendstudien präsent (vgl. die Shell-Studie [Shell Deutschland Holding 2010], den DJI-
Jugendsurvey [z. B. Gille et al. 2006], die Civic Education Study der IEA [z. B.
Amadeo et al. 2002] oder die EUYOUPART-Studie [z. B. Spannring et al. 2008]).
Ein Schwerpunkt dieser Untersuchungen ist die Frage nach dem politischen Interesse der Jugendlichen. So weist Reinders darauf hin, dass dem „großen Interesse
der Forschenden an Jugend und Politik ein nur sehr geringes Interesse der Jugendlichen selbst an Politik gegenüber" stehe (Reinders 2001: 241). Tatsächlich scheint
das Interesse Jugendlicher an Politik – wie auch in der Gesamtbevölkerung – in
den letzten zwanzig Jahren abgenommen zu haben. Gaben im Jahr 1991 noch
57 Prozent der Jugendlichen an, sich für Politik zu interessieren, so waren es in der
Shell-Studie[2] von 2010 nur noch 40 Prozent (Schneekloth 2010: 131). Mehr als die
Hälfte der Jugendlichen finde es zudem für sich persönlich nicht wichtig, sich

---

[2] In der 16. Shell-Jugendstudie, auf die sich die angegebenen Prozentzahlen beziehen, wurden 2604
Jugendliche im Alter von 12 bis 25 Jahren befragt (vgl. Schneekloth et al. 2010: 361).

politisch zu engagieren. Es wird daher häufig eine Tendenz zur Politikverdrossenheit und insbesondere eine Distanz zu Parteien bei Jugendlichen konstatiert (Schneekloth 2010: 131).

Auch im internationalen Vergleich sind deutsche Jugendliche weniger bereit, wählen zu gehen, in einer Partei mitzuarbeiten oder sich wählen zu lassen. Die Bereitschaft, soziale Verantwortung für Mitbürger zu übernehmen, ist in Deutschland unterdurchschnittlich ausgeprägt (Oesterreich 2001: 17). Die These von der (vermeintlich) unpolitischen Jugend sei jedoch zu relativieren. So spricht Helsper von einer „Normalisierung des politischen Interesses", welche nach den politisierenden Ereignissen in den 1970er Jahren und der Wiedervereinigung einsetzte (Helsper et al. 2006). Zugleich sei die Zustimmung zu demokratischen Prinzipien angestiegen (Böhm-Kasper 2006: 53). 83 Prozent halten die Demokratie für eine gute Staatsform (Schneekloth 2010: 138). Außerdem meinen 70 Prozent der Jugendlichen, „es gehört zum Leben dazu, sich dafür zu interessieren, was in der Gesellschaft vor sich geht." und 69 Prozent stimmen der Aussage zu, „gerade weil vieles in Arbeitswelt und Gesellschaft falsch läuft, muss man sich dagegen wehren." (Gensicke 2010: 214).

Zudem ist ein größeres Interesse an alternativen politischen Themen wie Globalisierung oder Umwelt zu berücksichtigen (Burdewick 2003: 19). Jugendliche verstehen Politik „ganzheitlich – nicht nur intellektuell, sondern auch mit ihrer Seele und ihren Gefühlen [...]. Durch ihre biografische Umbruchsituation verstärkt, setzen sie sich sehr intensiv mit Sinngebungs- und Orientierungsfragen auseinander" (Hurrelmann 2001: 6). Es handelt sich somit nicht um eine „unpolitische, sondern um eine anders politische Jugend" (Hurrelmann et al. 2002: 51).

Jugendliche haben kein generelles Desinteresse an Politik, sondern orientieren sich bei der Auswahl der politischen Aktionsformen um. So sind langfristige Mitgliedschaften in Parteien wenig attraktiv, punktuelle politische Events wie Demonstrationen oder Unterschriftensammlungen sind aber weiterhin für die Jugendlichen von Interesse (Hurrelmann et al. 2002: 44). Das Freiwilligensurvey bestätigt zudem, dass sich viele junge Menschen (36 Prozent) in die Zivilgesellschaft einbringen (Gensicke, Geiss 2010: 148).

Eine Repolitisierung der Jugend sei zudem über nicht vorhersehbare Protestbewegungen möglich (vgl. Albert et al. 2010: 50). Aufgrund der Inhalte, Ziele, Aktionsformen und flexiblen Beteiligungsmöglichkeiten sind die neuen sozialen Bewegungen besonders attraktiv für Jugendliche, da sie überwiegend von informellen politischen Gruppierungen getragen werden, die spezifische soziale Probleme thematisieren und häufig mit Mitteln öffentlichen Protests agieren (Gaiser et al. 2006: 225).

Das Engagement Jugendlicher speist sich heute kaum mehr aus dem Gefühl der Verpflichtung gegenüber traditionellen Gemeinschaftsbindungen. Jugendliche handeln im Wesentlichen aus eigenem Interesse heraus (Hurrelmann et al. 2002:

45f.). Die Motive der Jugendlichen haben sich also gewandelt, wie vor allem in qualitativen Studien herausgearbeitet wurde. Besonders attraktiv für Jugendliche sind flexible, zeitlich begrenzte und im Zusammenhang mit besonderen Anlässen stehende Organisationsformen. Die Möglichkeit des sozialen Austauschs und der Aktion mit Gleichgesinnten und Gleichaltrigen werden als wichtige Motive herausgearbeitet. Zudem werden flache hierarchische Strukturen bevorzugt (Gaiser et al. 2006: 230). Zentrale Einflussfaktoren von politischem Interesse sind neben Alter und Geschlecht vor allem Bildung und Herkunftsschicht. Neben der Familie und der Schule kommt vermehrt auch den Medien bei der Vermittlung von politischem Wissen eine hohe Bedeutung bei (Schneekloth 2010: 134).

2.2 Ausgewählte Erklärungsansätze

In Kap. 2.1 wurde bereits das Forschungsfeld umrissen, in dem sich die vorliegende Arbeit verortet. Die folgenden Ausführungen sind nun darauf ausgerichtet, aus den genannten Forschungstraditionen jene Ansätze hervorzuheben, die für die Bearbeitung der Forschungsfragen von besonderer Relevanz sind. Wie bereits dargelegt, ist das Forschungsvorhaben stark explorativ ausgerichtet; es werden also keine Hypothesen oder theoretischen Modelle überprüft. Damit geht eine grundsätzlich andere Einbindung theoretischer Kenntnisse einher. Bei einer rekonstruktiv angelegten Untersuchung wie der vorliegenden Studie liefern sie die analytischen Grundbegriffe und dienen der Schärfung der Forschungsfrage sowie der Einordnung der Ergebnisse, ohne die ein Erkenntnisfortschritt nicht möglich wäre. Dennoch sollten sie „insbesondere bei der Interpretation von empirischem Material zunächst ausgeklammert werden, um nicht der Versuchung zu erliegen, das vorgefundene Material lediglich subsumtionslogisch bereits vorhandenen Kategorien zuzuordnen" (Przyborski, Wohlrab-Sahr 2010: 44). Eine Theoretisierung des Materials wird dennoch von Anfang an vorgenommen, indem es systematisch konzeptualisiert und Phänomene auf ihre Bedingungen und Konsequenzen hin untersucht werden.

2.2.1 Das Civic Voluntarism Model

In einer umfassend angelegten Untersuchung[3] gingen die Autoren Verba, Schlozman und Brady (1995) grundlegenden Fragen der politischen Partizipation in der

---

[3] Diese basierte auf Daten aus einem zweistufigen Erhebungsprozess. Zunächst wurde eine auf Repräsentativität ausgerichtete Umfrage mit 15 000 Telefoninterviews durchgeführt. Auf dieser Grundlage

amerikanischen Gesellschaft nach: Inwieweit partizipieren die Bürger? Welche Themen stehen im Vordergrund, wenn sie sich beteiligen? In welchen Formen findet die Beteiligung statt? Wie ist die Partizipation über die ökonomischen Schichten, ethnischen Gruppen und die Geschlechter verteilt? Was sind die Voraussetzungen für Partizipation? Ausgehend von dem Gedanken, dass eine Demokratie auf der Einbeziehung der Bedürfnisse und Interessen aller Bürger basieren sollte, jedoch nur jene Bevölkerungsgruppen in der Öffentlichkeit sichtbar sind und in politische Entscheidungen einbezogen werden, die politisch aktiv sind, legten sie einen besonderen Fokus auf das Problem der partizipatorischen Gleichheit bzw. Ungleichheit.

Die Frage warum Menschen sich *nicht* politisch beteiligen, führte sie dabei zu folgenden möglichen Antworten: „[...] because they can't; because they don't want to; or because nobody asked" (Verba et al. 1995: 269). Im Umkehrschluss bedeutet dies, dass für politische Partizipation drei Faktorenbereiche zentral sind: Ressourcen, individuelle Motivation und mobilisierende Netzwerke. Diese drei Aspekte integrierten Verba et al. zum ‚Civic Voluntarism Model'. Inzwischen findet die Unterscheidung der drei Faktorenbereiche in vielen empirischen Studien zum Partizipationsverhalten Anwendung (vgl. u. a. Gaiser, de Rijke 2006).

Individuelle Ressourcen wie Geld, Zeit, Bildung und soziale Kompetenzen werden in der Partizipationsforschung bereits seit langem als zentrale Einflussfaktoren für gesellschaftliche Teilhabe angesehen (vgl. u. a. Almond, Verba 1963). Im Civic Voluntarism Model werden sie als besonders kritischer Faktor hervorgehoben, da sie in ihrer Verfügbarkeit für verschiedene soziale Gruppen stark variieren. So sind Geld, Zeit und politische Kompetenzen höchst ungleich über die Bevölkerung verteilt und tragen damit zu ungleichen Partizipationschancen entlang sozioökonomischer, ethnischer oder Geschlechtergrenzen bei (Verba et al. 1995: 288). Viele Formen politischer Partizipation – wie das Spenden für eine Kampagne – können ohne die eigene Verfügung über finanzielle Ressourcen nicht ausgeführt werden. Auch erfordern die meisten Aktivitäten der politischen Beteiligung freie Zeit sowie kommunikative und organisatorische Fähigkeiten. Letztere werden unter dem Begriff der politischen Kompetenzen bzw. der ‚civic skills' zusammengefasst. Sie erleichtern nicht nur die Teilnahme an politischen Aktivitäten, sondern tragen auch dazu bei, dass die investierten Ressourcen Zeit und Geld effektiver genutzt werden können. Politische Kompetenzen eignen sich Menschen über den Lebensverlauf hinweg an, beginnend mit der Sozialisation in Familie und Schule. Eine entscheidende Rolle spielt dabei das Bildungsniveau. Eine höhere Bildung geht mit besseren sprachlichen Kompetenzen und mit einem ausgeprägteren Wissen über politische Zusammenhänge und Beteiligungsmöglichkeiten einher. Dar-

---

wurden 2 500 weitergehende Interviews durchgeführt, wobei darauf geachtet wurde, dass sowohl seltene Formen politischen Engagements als auch ethnische Minderheiten ausreichend vertreten waren.

über hinaus gelangen gut ausgebildete Menschen eher in leitende Positionen, in denen sie sich politisch relevante Fertigkeiten aneignen können (Verba et al. 1995: 304ff.). Unter dem Faktor der Motivation gruppieren Verba et al. individuelle Merkmale wie politisches Interesse, subjektive politische Kompetenz, die Identifikation mit einer politischen Gruppe und ein bürgerschaftliches Verantwortungsgefühl. Auch hier zeigt sich, dass diese motivationalen Komponenten zum Teil auf frühen Erfahrungen in der Familie beruhen und sich im biografischen Verlauf ausdifferenzieren und weiterentwickeln. Politisches Interesse als „the extent to which politics is attractive to someone" (Dostie-Goulet 2009: 406) erweist sich als relativ stabiles Persönlichkeitsmerkmal (vgl. Prior 2010). Die Erforschung seiner Entstehung in Kindheit und Jugend ist daher von besonderem Interesse. Ein weiteres bedeutsames Merkmal ist die ‚political efficacy' – in der deutschsprachigen Literatur als subjektive politische Kompetenz oder Effektivitätsgefühl bezeichnet. Sie kann definiert werden als „the belief that individuals' actions can influence political processes" (Levy 2013: 357). Studien haben gezeigt, dass sich Menschen mit höherem politischem Kompetenzgefühl mit größerer Wahrscheinlichkeit an politischen Aktivitäten beteiligen. Gleichzeitig erhöht sich durch Partizipationsaktivitäten, etwa durch den Besuch politischer Veranstaltungen oder den Einsatz für eine Partei oder einen Kandidaten das politische Kompetenzempfinden.

Von Organisationen oder Personen aus dem sozialen Umfeld zum Engagement aufgefordert zu werden, stellt für viele das auslösende Ereignis für ihre politischen Aktivitäten dar (vgl. Schussman, Soule 2005). Insbesondere sekundäre Organisationen wie der Arbeitsplatz, Organisationen für ehrenamtliches Engagement und Kirchen haben zwar selbst häufig keine Verbindung zur Politik, dennoch konfrontieren sie Menschen auf verschiedene Arten mit gesellschaftlichen und politischen Inhalten und können als Rekrutierungsplattform für politische Aktivitäten dienen (Verba et al. 1995: 369f.). Generell erfolgt die Entscheidung, sich an kollektiven Aktionen zu beteiligen, nie im isolierten Raum, sondern in sozialen Netzen. In diesem Sinne kann soziales Kapital oder soziale Einbindung als wichtige Voraussetzung von Partizipation angesehen werden (vgl. van Stekelenburg, Klandermans 2010).

Im Kontext der vorliegenden Arbeit stellt das Modell von Verba et al. einen nützlichen heuristischen Rahmen zur Verfügung, um die Voraussetzungen der politischen Aktivität der Jugendlichen einzuordnen. Auf dieser Grundlage wird in der Analyse unter anderem der Frage nachgegangen, welche Rolle Ressourcen, Motivation und soziale Netzwerke für die Entstehung, den Einstieg und die Aufrechterhaltung des Engagements spielen.

2.2.2   Theorie der sozialen Identität

Der Prozess der Identitätskonstruktion ist ein entscheidender Faktor sowohl für individuelle Protestbeteiligung als auch für die Mobilisierungsstrategien sozialer Bewegungen. Zwei Konzepte sind in diesem Zusammenhang von Bedeutung: die soziale Identität und die kollektive Identität.

Das Konzept der kollektiven Identität wurde maßgeblich von Alberto Melucci entwickelt. Er fasst damit „[…] an interactive and shared definition produced by a number of individuals (or groups at a more complex level) concerning the *orientations* of their action and the *field* of opportunities and constraints in which such action is to take place" (Melucci 1996: 70). Da soziale Bewegungen keine ,natürlichen' oder gegebenen Akteure darstellen, müssen sie sich durch interaktive Prozesse selbst erst als Akteure konstruieren, indem sie geteilte Definitionen bezüglich ihrer Ziele, Mittel und Handlungsfelder entwickeln. Diese Prozesse der kollektiven Identitätsbildung werden auf der Ebene von Organisationen untersucht und stehen daher nicht im Fokus der vorliegenden Arbeit, die den Schwerpunkt auf die individuellen Biografien einzelner Aktivisten legt. Dennoch ist die Beziehung zwischen Individuum und Kollektiv für die Entwicklung und Aufrechterhaltung von Engagement sehr bedeutsam.

Dieses Verhältnis wird mit dem Konzept der sozialen Identität erfasst. Soziale Identität meint die Repräsentation der Gruppenzugehörigkeit und die Bewertung dieser durch das Individuum als einen Teilaspekt der personalen Identität (Tajfel, Turner 1986). Während die kollektive Identität also ein Merkmal von Gruppen ist, wird die soziale Identität auf der Ebene des Individuums angesiedelt. Sie beinhaltet drei Komponenten: (1) eine kognitive Komponente, die sich auf die soziale Kategorisierung, also die Zuordnung zu bestimmten Gruppen bezieht, (2) eine evaluative Komponente, mit der die Bewertung der Gruppe im Vergleich zu anderen Gruppen erfasst wird und (3) eine affektive Komponente (Klandermans 2002: 890). Diese Selbstbindung an die Gruppe ist eine entscheidende Voraussetzung für die Bereitschaft von Individuen, sich für die Gruppe und ihre Ziele einzusetzen (vgl. Golova 2011). Wenn die Werte und Vorstellungen der Bewegung stark mit dem Selbstkonzept verknüpft sind, ist die Teilnahme an Protestereignissen auch ein Akt der Selbstdarstellung, anhand dessen Glaubwürdigkeit und Aufrichtigkeit demonstriert wird (Eckert 2012). Während Gruppenidentifikation die Wahrscheinlichkeit für kollektives Handeln erhöht, verstärken kollektive Aktionen wiederum die Gruppenidentifikation. Es kann hier also von einem zirkulären Prozess gesprochen werden (Klandermans 2002: 892).

2.2.3   Aspekte der politischen Sozialisation

Einige der wichtigsten Fragestellungen und theoretischen Ansätze der politischen Sozialisationsforschung wurden bereits in Kap. 2.1 aufgegriffen. Der Gegenstand der politischen Sozialisationsforschung, also all jene Lernprozesse, die politische Kenntnisse, Einstellungen und Verhaltensweisen der Bürger beeinflussen, ist für das Forschungsinteresse dieser Studie in höchstem Maße relevant. Van Deth (2005) weist jedoch zu Recht darauf hin, dass sich in den letzten Jahrzehnten eine unüberschaubare Vielzahl von Arbeiten mit Sozialisation befasst und interessante, jedoch fragmentierte Ergebnisse hervorgebracht hat. An umfassenden Modellen mangelt es dabei. Dies schmälert die Relevanz der politischen Sozialisationsforschung insgesamt. Im Folgenden soll daher nur auf zwei in Bezug auf die Forschungsfragen relevante Aspekte der politischen Sozialisationsforschung eingegangen werden: (1) den Einfluss der zentralen Sozialisationsinstanzen auf politische Orientierungen und Verhaltensweisen und (2) auf die hervorgehobene Bedeutung der Lebensphase Jugend für die politische Entwicklung.

In Bezug auf den ersten Punkt wurden in der Forschung vor allem die Einflüsse von Herkunftsfamilie, Schule, Gleichaltrigen und Medien untersucht. Dabei ist zu beachten, dass die verschiedenen Instanzen sich wechselseitig beeinflussen und in ihrer Bedeutung über die Lebensphasen hinweg stark variieren können. Darüber hinaus darf bei der Betrachtung der einzelnen Instanzen nicht außer Acht gelassen werden, dass Kinder und Jugendliche keineswegs als passive Empfänger von Sozialisationseinflüssen konzeptualisiert werden können. Vielmehr gestalten sie durch die aktive Auseinandersetzung mit ihrer gesellschaftlichen Umwelt diese selbst mit und werden dadurch zu Subjekten ihrer eigenen Entwicklung. Hurrelmann hat dies als „produktive Verarbeitung" der Realität durch das Subjekt bezeichnet (Hurrelmann 2002). Indem Individuen auf diese Weise einerseits von Sozialisationskontexten beeinflusst werden, diese jedoch andererseits auch (kollektiv) verändern und mitgestalten, werden sie zu Co-Konstrukteuren ihrer Sozialisation (Hurrelmann et al. 2008).

Familiäre Einflüsse stellen dabei in der Regel die früheste Prägung dar und die politische Sozialisationsforschung ging lange Zeit von einem Primat der Familie aus. Zwar ist diese Ansicht mittlerweile ins Wanken geraten, dennoch wird der Familie von vielen Forschern noch immer eine bedeutende Rolle zugesprochen (Geißler 1996: 51ff.). Bisherige Untersuchungen geben sowohl Hinweise auf direkte Transmissionseffekte politischer Einstellungen von den Eltern auf die Kinder als auch auf Einflüsse von Interaktionsmustern und Erziehungspraktiken auf Werthaltungen und Verhaltensweisen der Heranwachsenden (vgl. Matthews, Howell 2006; Rippl 2004). Eine bedeutsame Rolle spielt dabei die politische Kommunikation. Auch wenn Politik in den meisten Familien keineswegs das wichtigste Gesprächsthema ist, so bilden diese doch den „wichtigsten politischen Kommunikationskreis" für Kinder und Jugendliche (Geißler 1996: 55). Insgesamt haben sich politische Diskussionen im Elternhaus als bedeutender Einflussfaktor auf das Partizipationsverhalten Jugendlicher herausgestellt (vgl. Andolina et al. 2003; de los Angeles Torres 2007; McIntosh et al. 2007). Sie leisten einen Beitrag zum Erlernen der demokratischen Kultur, vermitteln Wissen und politische Kommunikationskompetenz.

Die Vermittlung von Wissen über Prinzipien und Funktionsweise des politischen Systems, über Rechte und Pflichten der Bürger sowie über die Möglichkeiten der aktiven Teilnahme und Mitgestaltung kann als Grundlage für die Befähigung zu einer kompetenten Beteiligung am demokratischen Prozess angesehen werden und gehört damit zu den zentralen Aufgaben der öffentlichen Bildung in einem demokratischen System. Empirische Analysen zeichnen in diesem Zusammenhang jedoch ein uneinheitliches und eher kritisches Bild. Zwar stellt sich der Schulunterricht durchaus als wichtiger Kontext für die Auseinandersetzung mit politischen Themen heraus (vgl. Schmid 2003); jedoch werden die institutionellen Strukturen und schulischen Abläufe häufig als Hemmnisse für die Entwicklung zum mündigen Bürger mit einem kritischen politischen Bewusstsein und partizipativen Kompetenzen angesehen. So beschreibt etwa Kandzora (1996) unter Rückbezug auf das Konzept des ‚heimlichen Lehrplans', dass die Gesellschaftlichkeit und Subjektivität der Schüler durch die institutionellen Gegebenheiten in der Schule reduziert und damit ihren Erfahrungen und Lebensverhältnissen nicht angemessen Rechnung getragen werde und die „Möglichkeiten von freiem Denken, Kreativität und selbständigem Problemlösen" nicht ausgeschöpft würden (Kandzora 1996: 84).

Politik ist im Allgemeinen für Jugendliche ein eher untergeordneter Lebensbereich und wird aus diesem Grund nur selten in Gleichaltrigengruppen besprochen. Die Bedeutung der Peers für die politische Entwicklung ist daher umstritten. Einige Untersuchungen weisen auf einen starken Einfluss hin (vgl. Böhm-Kasper 2006). Andere Autoren gehen von einer eher untergeordneten Rolle aus. Zwar würden die Peers im Verlauf der Jugendphase zu zentralen Bezugspersonen und seien wichtige Faktoren für die Ablösung vom Elternhaus; in Bezug auf politische Fragen und Themen blieben jedoch die Eltern weiterhin die zentralen Ansprechpartner. Die verhältnismäßig geringe Prägung durch die Peers kann darüber hinaus mit der aktiven Gestaltung von Freundschaftsbeziehungen begründet werden. Bei einer hohen subjektiven Bedeutung des Bereichs Politik werden Personen mit gegensätzlichen Orientierungen tendenziell gemieden. Dieser Selektionsprozess führe dazu, dass Freundschaftsbeziehungen eher als Verstärkung vorhandener Einstellungen wirksam werden (Grob 2009: 338f.). Dabei ist jedoch zu beachten, dass Einflüsse Gleichaltriger auf die politische Sozialisation auch vermittelt über den Lebensstil und die damit verknüpften Orientierungen und Handlungsweisen ablaufen können (Sünker 2002: 437). Von besonderer Bedeutung sind in diesem Zusammenhang jugendkulturelle Stile und Szenen, die sich häufig neben einer grundsätzlichen Links-Rechts-Zuordnung auch auf zentrale Konfliktlinien der

Gegenwartsgesellschaft beziehen (Pfaff 2006: 285–289). Böhm-Kasper (2010) hat gezeigt, dass bereits die artikulierte Zugehörigkeit zu einer jugendkulturellen Szene einen Einfluss auf die politischen Orientierungen hat. Jugendkulturen sind damit „erstens als politische Akteure und zweitens als Kontexte politikbezogenen Lernens" zu verstehen (Pfaff 2006: 285). Gordon und Taft (2011) betonen darüber hinaus, dass politische Sozialisation von den meisten Theorien als Prozess gesehen wird, bei dem weniger kompetente und erfahrene Jugendliche von kompetenteren Erwachsenen lernen, wie sie als guter Bürger in Zukunft partizipieren sollten. Diese Sichtweise bezeichnen sie als ‚adultism' und kritisieren, dass eine grundsätzliche Ungleichheit geschaffen und Jugendlichen die Fähigkeit abgesprochen werde, bereits in der Gegenwart als eigenständige Akteure an realen politischen Prozessen mitzuwirken. Sie argumentieren daher, die Lösung für politische Apathie von Jugendlichen sei nicht vorrangig in einer durch Erwachsene geleitete Sozialisation im Sinne eines Top-Down-Prozesses zu sehen. Stattdessen sollten sowohl Forschung als auch Praxis verstärkt die Möglichkeiten und Potenziale Peer-geleiteter politischer Sozialisation berücksichtigen.

Medien sind mittlerweile im Alltag von Kindern und Jugendlichen so omnipräsent, dass in der Forschung von einer mediatisierten Jugend gesprochen wird (vgl. Treumann et al. 2007: 28f.). Nach wie vor scheint das Fernsehen dabei den wichtigsten Platz einzunehmen. Das Internet hat zunehmend an Bedeutung gewonnen, die ‚alten' Medien jedoch nicht verdrängt, sondern ergänzt. Insgesamt sind die Mediennutzung Jugendlicher ebenso wie die damit verknüpften Interessen und Kompetenzen aber sehr heterogen (vgl. Treumann et al. 2007). Vereinheitlichend von einer Netz-Generation zu sprechen, ist aufgrund dieser Heterogenität problematisch (Hugger 2014). Für die politische Sozialisation sind Medien besonders zentral, da Politik für die Mehrheit der Bürger nicht direkt erfahrbar ist, sondern medial vermittelt wird. Dabei fällt den Medien nicht nur die Aufgabe zu, objektive Informationen bereitzustellen und politisches Interesse zu wecken, sie sollen darüber hinaus die politischen Eliten kontrollieren und kritisieren (Pöttker 1996: 150ff.). In der Realität jedoch liefern die Medien kein „objektives Abbild" der Politik; das Bild der Politik wird vielmehr bestimmt durch einen Selektionsprozess, der sich am „Nachrichtenwert" eines Ereignisses, also seiner Relevanz, Valenz, Dynamik etc. orientiert (Sarcinelli, Werner 2010: 336f.). Medienkompetenz, also der kritische und reflektierte Umgang mit Medieninhalten, wird damit zu einem zentralen Ziel politischer Bildung.

Im Verlauf der letzten Jahrzehnte hat sich der Fokus der politischen Sozialisationsforschung von der Kindheit auf die Jugendphase verschoben (van Deth 2005: 5). Diese wird von vielen Autoren als besonders relevante und prägende Phase der politischen Entwicklung angesehen (vgl. Grob 2009). Hierfür werden verschiedene Begründungen angeführt. Zum einen wird damit argumentiert, dass erst zu Beginn der Adoleszenz die kognitiven Voraussetzungen erreicht werden, die ein Verständnis politischer Gegebenheiten in ihrer Komplexität, Vernetzung, Wandelbarkeit und mit ihrer Vielzahl von potenziellen Lösungsansätzen ermöglichen. So zeigt sich etwa, dass im Alter von 12 bis 16 Jahren die demokratische Urteilsfähigkeit und politische Aufgeschlossenheit ansteigt (Fend 1991). Andere Untersuchungen weisen hingegen darauf hin, dass bereits Kinder im Grundschulalter über politisches Interesse und ein gewisses politisches Grundwissen und Verständnis verfügen (Berton, Schäfer 2005). Die Betrachtung der Kindheit, in ihrer Bedeutung für die politische Sozialisation und politische Bildung sollte demnach nicht zugunsten der Jugendphase vernachlässigt werden.

In der Entwicklungspsychologie wird das Jugendalter häufig als Übergangsphase zwischen der Kindheit und dem Erwachsenenalter betrachtet. Als solche stellt sie eine bedeutsame Periode dar, in der kindliche Verhaltensweisen abgelegt und Aufgaben und Rollen vorbereitet werden, die den Status als Erwachsenen in der Gesellschaft kennzeichnen. Hierzu gehört auch die Rolle als aktiver Bürger und somit zählt die Entwicklung grundlegender politischer Orientierungen, Werte und Verhaltensweisen zu einer der Anforderungen der Jugendphase. Das Konzept der Entwicklungsaufgaben, welches erstmals von Robert J. Havighurst (1972) entwickelt wurde, spiegelt dies wider. Dieses Konzept versteht Entwicklung als lebenslangen Lernprozess, bei dem sich das Individuum durch die Bewältigung von bestimmten Anforderungen Kompetenzen aneignet, die für ein zufriedenstellendes Leben in der Gesellschaft notwendig sind. Die Entwicklungsaufgaben ergeben sich als Resultat von physischer Reifung, gesellschaftlichen Erwartungen und individuellen Zielen. Ihre zeitliche Anordnung beruht auf der Annahme, dass bestimmte Lebensphasen als sensitive Perioden für Lernprozesse angesehen werden können, also für deren Bearbeitung besonders geeignet sind. Neben der Ablösung von den Eltern und der Vorbereitung auf die spätere Familienrolle gehört auch die Entwicklung einer eigenen Weltanschauung und eines Wertesystems ebenso wie das Erreichen von sozial verantwortlichem Verhalten zu den Aufgaben in der Adoleszenz. Im frühen Erwachsenenalter werden diese Anforderungen mit der Aufgabe, die Rolle als verantwortungsvoller Staatsbürger zu finden, weitergeführt (Oerter, Dreher 2008: 268–273). In der vorliegenden Studie werden die Aspekte der politischen Sozialisation vor allem bei der Frage nach den Voraussetzungen für das Engagement aufgegriffen.

2.2.4   Biografische Ansätze

Im vorangehenden Abschnitt wurden einzelne Sozialisationsfaktoren bezüglich ihrer Einflüsse auf die politische Entwicklung junger Menschen genauer betrachtet. Es muss jedoch berücksichtigt werden, dass diese Faktoren immer in den größeren Zusammenhang der Lebenslage des Individuums, die durch ihre Gewordenheit

ebenso mitbestimmt wird wie durch ihre möglichen Zukunftsperspektiven, eingebettet sind. Diese Betrachtung eines Phänomens im Kontext des gesamten Lebensverlaufs ist ein Charakteristikum biografisch orientierter Forschung. Sowohl in
der Soziologie als auch in der Psychologie und Pädagogik wird eine Vielzahl von
Fragestellungen mithilfe biografischen Materials analysiert. Biografische Ansätze
bilden dabei weniger eine einheitliche theoretische Rahmung, als vielmehr eine
bestimmte methodische Herangehensweise. Der erwartete Nutzen einer solchen
Herangehensweise kann darin gesehen werden, dass sie „einen methodischen Zugang zum sozialen Leben ermöglichen, der [...] auch die Eigenperspektive der
handelnden Subjekte thematisiert und [...] die historische Dimension berücksichtigt" (Kohli 1981: 273).

Auch bei der Erforschung von politischem Engagement und der Beteiligung
an sozialen Bewegungen wurde bereits von verschiedenen Forschern auf biografische Methoden zurückgegriffen. Donatella della Porta weist darauf hin, dass Lebensgeschichten in zweierlei Hinsicht für die Untersuchung von politischem Aktivismus interessant sein können. Zum einen erlauben sie – wie auch von dieser
Arbeit angestrebt – die Analyse der subjektiven Perspektive auf politische Ereignisse und damit die Erforschung von politischem Bewusstsein und politischer Kultur.
Zum anderen können sie alternative Informationsquellen bezüglich historischer
Ereignisse darstellen (della Porta 1992: 170).

Die biografische Perspektive kann jedoch nicht nur dabei helfen zu verstehen,
wie sich politische Partizipation entwickelt, sie untersucht auch, welche langfristigen Einflüsse Engagement auf die Persönlichkeit und den Lebensverlauf von Individuen hat. Wichtige Untersuchungen zu politischem Engagement aus biografischer Perspektive wurden unter anderem von Doug McAdam (1989) durchgeführt.
Dieser hat Aktivisten der Freedom Summer-Bewegung[4] und Personen, die sich
auch für das Projekt beworben, jedoch nicht teilgenommen hatten, 20 Jahre später
untersucht, um zu analysieren, welche langfristigen Effekte sich durch politisches
Engagement sowohl auf die Persönlichkeit und politischen Überzeugungen als
auch auf den Lebensverlauf ergeben. Dabei stellte er fest, dass die politischen
Überzeugungen der Aktivisten über die Jahre hinweg erstaunlich konstant geblie-
ben waren, auch ihre aktuelle Partizipation war ausgeprägter als die der Vergleichs-
gruppe. Darüber hinaus hatte das Engagement Einfluss auf soziale Interaktionen,

---

[4] Während der Monate Juni, Juli und August im Jahr 1964 beteiligten sich mehr als 1000 Aktivistinnen
und Aktivisten, vor allem weiße Studenten aus den nördlichen Bundesstaaten, an der sogenannten
Mississippi-Freedom-Summer-Bewegung, deren übergeordnetes Ziel es war, schwarze Wähler zu regist-
rieren und diese in ‚freedom schools' über ihre Rechte aufzuklären. Sowohl die massiven Gewalterfahrungen durch Befürworter der Rassentrennung und Vollzugsbeamte (die unter anderem in den Morden
an den drei jungen Aktivisten James Earl Chaney, Andrew Goodman und Michael Schwerner gipfelte)
als auch das Gefühl von Befreiung und die Erfahrung eines alternativen, kollektiven Lebensstils führten
dazu, dass das Freedom Summer Projekt für die Beteiligten und das ganze Land nachhaltige Auswirkungen hatte (McAdam 1988: 4f.).

Familienleben und berufliche Karriere. Auch die Untersuchung „Lifetimes of Commitment" von Molly Andrews, die die Lebensgeschichten von 15 Aktivistinnen und Aktivisten untersuchte, welche ihr ganzes Leben hindurch politisch aktiv waren, stellte fest, dass das politische Engagement für die Befragten weit mehr als nur eine Tätigkeit war. Vielmehr trug es entscheidend zu ihrer Identitätskonstruktion bei und gab ihnen einen Lebenssinn. Diese Verknüpfung des Aktivismus mit der eigenen Identität und Lebensführung scheint für die dauerhafte Aufrechterhaltung von Engagement besonders bedeutsam zu sein. Diesen Zusammenhang analysierten Florence Passy und Marco Giugni (2000) mithilfe des Konzepts der ‚life spheres'. Anhand von biografischen Interviews mit Aktivisten, die ihr Engagement aufgegeben hatten, und solchen, die weiterhin ein starkes Commitment zeigten, arbeiteten sie heraus, dass die Verschränkung des Lebensbereichs Engagement mit anderen wichtigen Lebensbereichen dazu führt, dass der Aktivismus für die Konstruktion der Identität eine wichtige Rolle einnimmt und damit das Commitment stabilisiert. Dies erhöht die Wahrscheinlichkeit für dauerhaftes Engagement. Hierfür ist das Gefühl von Kohärenz zentral, um in verschiedenen Gedanken und Handlungen einen übergreifenden Sinn zu konstruieren. Um diese zu erreichen, müssen Aktivitäten aus verschiedenen Lebensbereichen miteinander in Einklang gebracht werden. Ein weiteres wichtiges Element des symbolischen Zusammenspiels der verschiedenen Lebenssphären ist eine holistische Perspektive auf das eigene Leben. Durch diese werden die einzelnen Lebensbereiche als Teile eines größeren Ganzen wahrgenommen (Passy, Giugni 2000). Die genannten biografischen Untersuchungen weisen also darauf hin, dass politisches Engagement als fortlaufender Prozess über das gesamte Leben hinweg betrachtet werden sollte (vgl. Roth 2000).

2.3 Grundbegriffe der Studie

Die vorliegende Untersuchung basiert auf der Verwendung der zentralen Begriffe Engagement, Jugend, sowie dem Konzept der Linksaffinität. Diese Elemente sind für die theoretische und praktische Ausrichtung der Studie von grundlegender Bedeutung. Bei keinem dieser Begriffe handelt es sich um trennscharf festgelegte wissenschaftliche Konstrukte, deren Gebrauch ohne weitere Erläuterungen und Eingrenzungen selbsterklärend möglich wäre. Im folgenden Kapitel wird der Bedeutungsumfang der Begriffe kurz umrissen, um vor diesem Hintergrund die explizite Anwendung und Begrenzung der Begriffe darzustellen, wie sie von den Forscherinnen und Forschern im Rahmen der Operationalisierung getroffen wurden.

2.3.1 Verwendung des Jugendbegriffs

Der Begriff der Jugend beschreibt auf den ersten Blick eher einen gebräuchlichen Alltagsterminus, als ein klar umrissenes wissenschaftlich konzeptualisiertes Phänomen (Münchmeier 2008: 14; Scherr 2009: 17). Wie aber kann der Begriff für die empirische Forschung nutzbar gemacht und operationalisiert werden? Und in welchem Rahmen wird der Begriff Jugend innerhalb dieser Studie verwendet?

Ganz allgemein kann Jugend zunächst einmal als eine Phase beschrieben werden, die zwischen Kindheit und Erwachsensein liegt (Vetter 2006: 25). Damit soll ein Lebensabschnitt bezeichnet werden, der durch bestimmte Abgrenzungspunkte deutlich gemacht werden muss. Dass eine Lebensphase von einem Altersspektrum begrenzt und der Übertritt in die nächste Phase an den Enden dieses Spektrums gemessen wird, erscheint naheliegend. Tatsächlich dient eine Orientierung am Lebensalter der entsprechenden Personen als häufig genutzter Bestimmungsfaktor.

Im deutschen Recht etwa gilt beispielsweise als Jugendlicher wer mindestens 14, aber noch nicht 18 Jahre alt ist (§7 Abs. 1 Nr. 2 SGB VIII). Über diese Spanne hinaus wird im Sozialgesetzbuch auch unterschieden zwischen jungen Volljährigen, die 18, aber noch nicht 27 Jahre alt sind (§7 Abs. 1 Nr. 3 SGB VIII), und jungen Menschen, die das 27. Lebensjahr noch nicht erreicht haben (§7 Abs. 1 Nr. 4 SGB VIII). Die Definition einer bestimmten Altersgruppe als jugendlich ist über die rechtliche Bestimmung hinaus im Laufe der Zeit auch zu einem üblichen Instrument der empirischen Sozialforschung geworden (vgl. Bütow 2008: 85; Vetter 2006: 26).

In der vorliegenden Studie orientieren sich die Forscher im Rahmen eines theoretischen Samplings ebenfalls am Alterskonzept, wählen aber eine Altersspanne im Bereich von 15 bis 28 Jahren. Betrachtet man die Altersdefinitionen in anderen Jugendstudien vergleichend dazu, so fällt auf, dass diese Spanne sich keineswegs an einer einheitlichen Einteilung innerhalb der Sozialwissenschaften orientiert. Bei der 16. Shell-Jugendstudie etwa wurde die Eingrenzung bei den 12- bis 25-Jährigen vollzogen (Shell Deutschland Holding 2010). Noch bei der 13. Shell-Jugendstudie standen dagegen die 15- bis 24-Jährigen im Fokus (Deutsche Shell 2000), während es bei der 11. Shell-Jugendstudie die 13- bis 29-Jährigen waren, die als Jugendliche bezeichnet wurden (Jugendwerk der Deutschen Shell 1992). Die differierenden Gebrauchsweisen des Begriffs Jugendlicher lassen deutlich werden, dass es ganz unterschiedliche Beweggründe für die Auswahl eines bestimmten Altersbereichs geben muss. Woran also die Ausrichtung einer Altersspanne festgemacht und warum der Begriff Jugend innerhalb dieser Untersuchung in dem beschriebenen Spektrum verortet wird, wird im Folgenden näher erläutert. Genauso werden aber auch die möglichen Probleme, die sich aus einer solchen Ausrichtung an einem Alterskonzept ergeben können, kritisch reflektiert.

Das uns heute vertraute Konzept der Jugend hat sich erst im Rahmen der Industrialisierungsprozesse herausgebildet (vgl. Scherr 2009: 19) und unter dem Einfluss umfassender gesellschaftlicher Modernisierungsprozesse vor allem seit der Mitte des 20. Jahrhunderts deutlich verändert (Münchmeier 2008: 16). Das Ende der Lehrzeit, der Eintritt in das Berufsleben, der Auszug aus dem Elternhaus und die damit verbundene ökonomische Selbständigkeit, Heirat und Familiengründung zählten zunächst zu den Statusübergängen, die das Ende einer Jugend kennzeichneten, die in der Regel mit der Pubertät bzw. dem Ende der Schullaufbahn begannen. Diese Übergänge haben heute mehr und mehr an Bedeutung verloren, sodass kaum mehr eindeutig zu bestimmen ist, wann die Übergänge von einem Stadium zum nächsten konkret stattfinden (vgl. Vetter 2006: 30).

Der Beginn einer beruflichen Tätigkeit etwa ist nach wie vor ein wichtiges Merkmal, um den Übergang von der Jugendlichkeit hin zum Erwachsenenalter zu markieren. Durch die zunehmende Individualisierung von Lebensläufen hat sich heute die Bildungsphase in der Regel aber deutlich verlängert (vgl. Hurrelmann, Quenzel 2012: 23; Scherr 2009: 27f.). Der Auszug und die Loslösung vom Elternhaus können dabei schon lange vor dem Eintritt ins Erwerbsleben erfolgen, wodurch dieses Merkmal keineswegs irrelevant wird, wohl aber immer weniger eindeutige Hinweise auf eine Statuspassage zu einem bestimmten Zeitpunkt liefert (vgl. Bertram 2002: 221f.). In diesem Zusammenhang wird teilweise auch von einem „Bildungsmoratorium" (Zinnecker 1991) gesprochen, das heute vielfach für die Jugendphase prägend sei. Dieser Begriff ist auf die verlängerte Bildungslaufbahn bezogen, die etwa während eines Studiums eine Statusphase ermöglicht, die mit einer geringen Verantwortungsübernahme, einer hohen persönlichen, aber meist geringen ökonomischen Freiheit verbunden ist. Dabei wird diese Phase verstanden als „relativ eigenständiger Lebensabschnitt, in dessen Rahmen sich spezifische soziale Lebensweisen, kulturelle Formen und politisch-gesellschaftliche Orientierungsmuster ausbilden" (Zinnecker 1991: 16). In diesem Abschnitt kann sich ein interessantes Spannungsfeld zwischen Zweckgebundenheit, Zielgerichtetheit und großer individueller Freiheit bei der Gestaltung von Zeiträumen und Aktivitätsfeldern ergeben (vgl. Rohlfs 2011: 56; Zinnecker 1991: 10ff.).

Lange Zeit wurde zudem die Gründung einer eigenen Familie als Bezugspunkt für den Übergang in die Erwachsenenphase gewertet. Aber auch dieses Merkmal lässt sich kaum mehr mit den ausdifferenzierten Lebenssituationen heutiger junger Menschen vereinbaren, für die eine Heirat längst keine notwendige Voraussetzung mehr für ein partnerschaftliches Zusammenleben bildet (vgl. Vetter 2006: 29). Neben diesen beiden eher traditionellen Statuspassagen sprechen Hurrelmann et al. erweiternd dazu auch von den neuen Herausforderungen eines Übergangs zum Konsumenten und einer Passage hin zum kulturellen und politischen Bürger. Die Statuspassage des Konsumenten bezieht sich darauf, dass junge Menschen viel stärker als früher dazu gezwungen sind, ihre Persönlichkeitsentwicklung auch in Bezug zu bestimmten Lebensstilen und damit einem gewissen Konsum- und Freizeitverhalten zu stellen. Der Übergang zum kulturellen und politischen Bürger bringt die Ausprägung eigener Werthaltungen in diesen Bereichen zum Ausdruck. Hier sind neben der Entwicklung eines individuellen Werte- und Normensystems auch die Herausbildung von Fähigkeiten zur politischen Partizipation von Bedeutung, um nach und nach die Rolle eines gesellschaftlich aktiven Bürgers übernehmen zu können (Havighurst 1975; Hurrelmann, Quenzel 2012: 28).

Eine solche Zergliederung in verschiedene Statuspassagen, die in ganz unterschiedlicher Reihenfolge und in individuellen Ausprägungen auftreten können, lässt die Jugendphase nicht mehr als einheitlich strukturiertes Gebilde erscheinen. Vielmehr spaltet sich die Passage zum Erwachsenwerden immer stärker auf (vgl. Münchmeier 2008: 24; Reinders 2002: 30). Eine Abgrenzung des Jugendstadiums über das Lebensalter wird dadurch zunehmend erschwert (vgl. Tamke 2008: 23). Aus dieser Entwicklung heraus hat sich auch der Begriff der sogenannten Post-Adoleszenz gebildet. Er beschreibt eine Phase, die sich aus Teilphasen der bis dato als klare Statusübergänge verstandenen Stadien zusammensetzt. Dabei können junge Menschen in verschiedenen Bereichen bereits eine Mündigkeit erreicht haben, obwohl sie weiterhin in einer ökonomischen Unselbständigkeit leben (vgl. Vetter 2006: 31). Oftmals bezieht sich der Begriff damit nicht allein auf die beschriebene Ausdifferenzierung der Jugendphase. Vor allem wird mit ihm auch die Ausdehnung dieses Stadiums gekennzeichnet. Eng damit zusammenhängend findet in der amerikanischen Jugendforschung auch der Begriff ‚Emerging Adulthood‘ (Arnett 2004) Verwendung, wenn die Entwicklung hin zu einer zeitlichen Verzögerung des Übergangs vom Jugend- ins Erwachsenenalter beschrieben werden soll. Insgesamt wird damit deutlich, dass eine starre Altersbegrenzung der Jugendphase nach oben hin kaum sinnvoll erscheint, weil die Post-Adoleszenz sich individuell auch bis weit über die erwähnte juristische Begrenzung von 27 Jahren ausdehnen kann (vgl. Hurrelmann, Quenzel 2012: 16).

All diese Aspekte machen deutlich, dass die zentralen Charakteristika der Lebensphase Jugend einem Wandel unterliegen und dass heute nicht mehr eindeutig zu bestimmen ist, wann genau der Statusübergang vom Jugendlichen zum Erwachsenen erfolgt (Vetter 2006: 30). Damit wird die Problematik eines rein altersbezogenen Konzeptes deutlich. Der Vielfältigkeit und Ausdifferenziertheit der Statuspassagen wird eine schlichte Eingrenzung auf ein bestimmtes Altersspektrum kaum gerecht.

Dennoch ist für die empirische Betrachtung der Entwicklungswege politischen Engagements linksaffiner Jugendlicher eine Eingrenzung der Untersuchungsgruppe unerlässlich und muss sich im Rahmen der Samplekriterien daher zunächst auch auf eine leicht handhabbare Operationalisierung in Form einer Altersbegrenzung beschränken. Die Gründe, warum in dieser Studie ein Rahmen von 15 bis 28 Jahren gewählt wurde, liegen zuvorderst in forschungspraktischen

Überlegungen. Im Bereich der 12- bis 15-Jährigen sind ausgeprägte Formen eines politischen Engagements noch eher selten zu finden. Zudem ist von großen Zugangsschwierigkeiten auszugehen, da diese Zielgruppe kaum auf den für die Generierung von Interviewpartnern einschlägigen öffentlichen Veranstaltungen und Räumen zu erwarten ist. Auch hätte in diesem Altersbereich auch das Einverständnis der Eltern für ein etwaiges Gespräch eingeholt werden müssen, was erfahrungsgemäß eine weitere Hürde darstellen kann. Die oben dargestellte Altersbegrenzung wurde so gewählt, dass ein möglicher Übergang in eine Erwachsenenphase bzw. eine post-adoleszente Phase mit ihren grundlegenden Veränderungen im Engagement in den Blick genommen werden kann. Auch die beschriebene Ausdehnung der Lebensphase Jugend würde es sinnvoll erscheinen lassen, die Begrenzung des Samples noch weiter nach hinten zu verschieben. Um aber eine zu große Spannbreite innerhalb des Samples zu vermeiden, wurde hier eine Begrenzung auf 28 Jahren vorgesehen.

Die Operationalisierung von Jugend über das Lebensalter dient hier zunächst der methodisch notwendigen Eingrenzung des Untersuchungsfeldes (Samplekriterium). Eine solche Eingrenzung lässt aber keineswegs die gestiegene Differenziertheit der sich verändernden Jugendphase mit ihren unterschiedlichen Statuspassagen, den individuellen Charakteristika und der gesellschaftliche Kontextabhängigkeit von Jugend außen vor. Die Vorannahme, dass Jugend eine intern differenzierte Lebensphase ist, innerhalb der die Abgrenzung und Ausdehnung wesentlich durch soziale Bedingungen beeinflusst wird (Scherr 2009: 24), wird dabei vorausgesetzt – genauso wie die Feststellung, dass es sich bei der Lebensphase Jugend um ein Stadium handelt, in dem wichtige Entwicklungsaufgaben abgeschlossen werden und in dem sich Individualität und Identität ausprägen (Hurrelmann, Quenzel 2012: 27–34). Über das theoretische Sampling hinaus werden diese Aspekte insbesondere bei der biografischen Analyse der Entwicklungswege hin zum Engagement behandelt.

2.3.2   Politisches Engagement – Aspekte eines vielschichtigen Begriffs

Die Begriffe Engagement im Allgemeinen und politisches Engagement im Speziellen erfreuen sich seit einigen Jahren in Politik, Wissenschaft und Öffentlichkeit einer großen Beliebtheit (Embacher, Lang 2008: 22).[5] Politisches Engagement wird dabei in der Engagementforschung neben anderen Formen wie sozialem und kulturellem Engagement meist als eine Unterform des bürgerschaftlichen Engagements verstanden (vgl. Engels 1991: 8).

Trotz des großen Interesses am bürgerschaftlichen Engagement ist der Begriff „unscharf" und „deutungsoffen" (Heinze, Olk 2001: 13; Reinders 2014: 2). Daher

---

[5] Zur Entwicklung und Periodisierung der Engagementforschung u. a. Priller 2010: 205–208.

hat sich eine einheitliche Definition von Engagement noch nicht durchgesetzt (Priller 2010: 209). Viele Autoren verweisen auf die Ergebnisse der vom Deutschen Bundestag eingesetzten Enquete-Kommission „Zukunft des Bürgerschaftlichen Engagements". Demnach ist bürgerschaftliches Engagement freiwillig, nicht auf materiellen Gewinn ausgerichtet, gemeinwohlorientiert, findet im öffentlichen Raum statt und wird in der Regel gemeinschaftlich-kooperativ ausgeübt (Enquete-Kommission „Zukunft des Bürgerschaftlichen Engagements" 2002: 86). Rucht bringt in seiner Definition stärker zum Ausdruck, dass Engagement auch individuell stattfinden kann und dass die Gemeinwohlorientierung auch auf der Selbsteinschätzung der Akteure beruht. Er definiert bürgerschaftliches Engagement als „den individuellen oder kollektiven Einsatz für eine als öffentlich *verstandene* Angelegenheit [...], die somit von dem Streben nach einem rein oder überwiegend privaten Nutzen abzugrenzen ist" (Rucht 2003: 22).

Im Engagementdiskurs stechen vor allem drei Aspekte hervor: Zum Ersten wird auf die Intermediarität, also die Vermittlerfunktion des Engagements zwischen Markt und Staat, verwiesen. Zum Zweiten wird die Freiwilligkeit der Tätigkeit fokussiert und zum Dritten spielt die Gemeinwohlorientierung eine zentrale Rolle. Diese drei Aspekte, die auch für das Verständnis von politischem Engagement in der vorliegenden Studie von Interesse sind, sollen nun kurz erörtert werden.

a)   Engagement als Arbeit unabhängig von Markt und Staat

Das bürgerschaftliche Engagement ist zwischen der Privatsphäre und dem professionellen Bereich einzuordnen (Engels 1991: 8f.). So wird im Diskurs über die Arbeitsgesellschaft die Rolle des bürgerschaftlichen Engagements neben der Erwerbsarbeit und der Reproduktionsarbeit (familiäre Arbeit) als dritte Form von Arbeit diskutiert. Das Ergebnis von bürgerschaftlichem Engagement ist die Herstellung von Gemeinschaftsgütern, die Verbesserung des gesellschaftlichen Lebens und die Förderung einer nachhaltigen Ökonomie (Enquete-Kommission „Zukunft des Bürgerschaftlichen Engagements" 2002: 85). Das Engagement ist also ein Vermittler zwischen Markt und Staat, da es weder marktorientiert noch staatshoheitlich organisiert ist. Es ist damit dem sogenannten Dritten Sektor zuzurechnen. Es ist demnach nicht Ausdruck staatlichen Handelns, sondern entsteht durch die Kooperation einzelner Bürger, die sich zur Lösung eines Problems zusammenschließen. Der Engagementbegriff entzieht sich aber nicht nur der dichotomen Unterscheidung zwischen Markt und Staat; auch die Grenzen zwischen Arbeit und Freizeit, politisch und sozial sowie konventionell und unkonventionell lösen sich in diesem Konzept auf. Somit wird der Begriff als „ambitioniert" bezeichnet, da er neben der traditionellen Form politischer Beteiligung auch neue, unbequeme, herausfordernde Formen von öffentlicher Kritik und Widerspruch aufnimmt (Embacher, Lang 2008: 31f.).

b)   Engagement als freiwillige Selbstverpflichtung

Als eine weitere wichtige Eigenschaft von Engagement wird seine Freiwilligkeit hervorgehoben. Das Prinzip der Freiwilligkeit von (politischen) Handlungen steht vor allem in einer liberalen Diskurstradition. Kein Bürger soll *gezwungen* werden, sich politisch zu betätigen. Das Engagement ist Ausdruck und Resultat eigener Entscheidungen und Überzeugungen. Dies beinhaltet auch, dass das Engagement nicht aus Gründen der Gewinnorientierung oder der Vorteilserzielung ausgeübt wird (Enquete-Kommission „Zukunft des Bürgerschaftlichen Engagements" 2002: 86). Die Freiwilligkeit betont also, dass das Engagement aus einer inneren Überzeugung heraus erfolgt und stark mit persönlichen Werten verbunden ist. Engagement ist somit in Anlehnung an Jean-Paul Sartre als eine „selbstgewählte, freiwillige Verpflichtung auf überindividuelle Zwecke" (zitiert nach: Peitsch 1997: 73) zu verstehen. Damit wird neben der Freiwilligkeit auch die innere Pflicht, sich in die Gesellschaft einmischen zu müssen, betont.

c)   Engagement als Einsatz für das Gemeinwohl

Das Prinzip der Gemeinwohlorientierung stellt die dritte wichtige Komponente des Engagementbegriffs dar. Sie steht in der republikanischen und kommunitaristischen Forschungstradition, die Begriffe wie Bürgertugend, Bürgergesellschaft oder Aktivbürger betonen. Gemeinwohlorientierung meint, dass sich die Bürger bei ihrer Tätigkeit nicht ausschließlich an ihrem privaten Interesse, sondern auch an dem Wohl einer gesamten Gemeinschaft orientieren (vgl. Enquete-Kommission „Zukunft des Bürgerschaftlichen Engagements" 2002: 87; Rucht 2003: 22).

Die Frage, wie gemeinwohlorientiert Engagement sein muss, stellt dabei eine interessante Forschungskontroverse dar. Einerseits wird betont, dass Gemeinwohlorientierung und Eigennutz im Rahmen von bürgerschaftlichem Engagement nicht als Gegensätze betrachtet werden müssten. Gemeinwohlorientierung sei nicht zwangsweise uneigennützig. Vielmehr diene das Engagement indirekt dem eigenen Interesse und schließe somit nicht aus, dass man einen persönlichen Nutzen daraus ziehe (vgl. Enquete-Kommission „Zukunft des Bürgerschaftlichen Engagements" 2002: 87f.). Von einem rein altruistischen Verhalten könne daher heute keineswegs die Rede sein. Vielmehr wird Engagement „zu einem Ort, bei dem Selbstbezug und Gemeinwohlorientierung eine Verbindung eingehen, die sowohl für die individuelle Lebensführung und Sinnkonstruktion als auch für die gesellschaftliche Entwicklung und den Zusammenhalt von zentraler Bedeutung sind" (Enquete-Kommission „Zukunft des Bürgerschaftlichen Engagements" 2002: 87). So kann die Motivation für Engagement auch in der Bewältigung von Lebenskrisen, der

Selbstverwirklichung oder ganz allgemein der Durchsetzung von individuellen Zielen liegen. Historisch lässt sich zeigen, dass sich die Motivation für Engagement gewandelt hat. Begriffe wie Pflicht, Dienst, Leistung und Ordnung haben an Deutungskraft verloren, während subjektive Ansprüche auf Selbstverwirklichung und Bedürfnisbefriedigung größere Relevanz erhalten haben (vgl. Jakob 1993: 14). Neben dieser Relativierung des Eigennutzes wird von einigen Autoren aber auch darauf hingewiesen, dass sich jedes Engagement daran messen lassen muss, ob es *wirklich* uneigennützig ist und nicht zu Lasten anderer gehe. So könne es auch zu negativem Engagement kommen, wenn die eigenen Ziele verabsolutiert werden und damit gesellschaftsschädlich wirken, indem beispielsweise zur Durchsetzung der Ziele kriminelle Methoden verwendet werden (Enquete-Kommission „Zukunft des Bürgerschaftlichen Engagements" 2002: 693). Andere Autoren sprechen in diesem Zusammenhang auch von unzivilem Engagement (Roth 2008: 66–78).

Politisches Engagement kann damit zum einen Werte vermitteln, die wichtig für die Erhaltung der Demokratie sind, die Teilhabe erhöhen und die Zivilgesellschaft stärken. Zum anderen könne es sich aber, wenn es sich gegen die Grundwerte richte, zu einem negativen Engagement entwickeln, das die Demokratie gefährde. Rucht macht zudem darauf aufmerksam, dass der Begriff bürgerschaftliches Engagement von moralischen Vorstellungen getrennt werden müsse. Oftmals ständen sich politische Gruppen gegenüber, die beide von sich behaupten, das Gemeinwohlinteresse zu verfolgen (vgl. Rucht 2003: 22). Dennoch ist es gerade auch in der vorliegenden Studie wichtig zu betonen, dass das Engagement aus der inneren Überzeugung heraus geschieht, sich nicht für sich selbst, sondern für überindividuelle Interessen einzusetzen.

d)   Engagement als Lebensphase

Da in dieser Studie eine biografische Perspektive eingenommen wird, kommt zudem der zeitlichen Dimension von Engagement eine größere Bedeutung zu. Engagement kann als ein Lebensbereich verstanden werden, in dem sich Personen für einen bestimmten Zeitraum bewusst für ihre (politischen) Ziele einsetzen. Eine gewisse Dauerhaftigkeit dieser Phase wird dabei vorausgesetzt. Engagement ist in diesem Sinne durch eine bestimmte Lebenseinstellung beeinflusst und einen bestimmten Lebensstil charakterisiert. Es beinhaltet damit mehr als nur die Tätigkeit in einer Organisation oder Gruppe. Die Phase des Engagements kann Tätigkeiten in unterschiedlichen Gruppen oder sozialen Bewegungen umfassen oder auch individuell stattfinden. Aktionsformen und deren Intensität können sich dabei im Laufe der Zeit verändern. Auch kann der Einstieg ins Engagement einen längeren Prozess darstellen, der durch verschiedene Formen von vorpolitischem Engagement gekennzeichnet ist.

Die Ausführungen zum Engagementbegriff verdeutlichen die Vielschichtigkeit des Konzepts. In der vorliegenden Studie werden dabei bestimmte Aspekte des Engagements fokussiert. Im Zentrum des Interesses steht das politische Engagement, wenngleich Übergänge zu sozialem Engagement oft fließend sind. Zudem wird der Blickwinkel auf neue, herausfordernde, sogenannte unkonventionelle Formen des Engagements gelegt und nicht etwa auf die Arbeit in Parteien. Betont werden in der Studie vor allem die Motive und Ideale, die mit dem Engagement verbunden sind, sowie die hybride Stellung des Engagements zwischen Arbeit und Freizeit. Zudem wird das Engagement als ein Lebensbereich verstanden, in dem die Jugendlichen sich aktiv für ihre Ziele und Überzeugungen einsetzen.

2.3.3 Linksaffinität als Kategorie politischer Orientierungen

a) Das Links-Rechts-Spektrum

Die Unterscheidung verschiedener politischer Orientierungen innerhalb des sogenannten Links-Rechts-Spektrums hat eine lange Tradition, die bis zur Französischen Revolution zurückreicht (Bauer-Kaase 2001: 207).[6] Bis heute werden politische Parteien üblicherweise nach diesem Schema eingeordnet, dienen die Kategorien zur Datenerfassung bei Wählerbefragungen in der politischen Meinungsforschung oder werden zur politischen Einstufung gesellschaftlicher Gruppen herangezogen. Der Begriff links wurde dabei eher mit Gesellschaftskonzepten verknüpft, die eine Einbeziehung breiter Massen in die politischen Entscheidungsprozesse forderten sowie eine Umverteilung gesellschaftlichen Wohlstands und soziale Gerechtigkeit betonen. Mit der Bezeichnung rechts wurden eher Gesellschaftsentwürfe verbunden, die eine hierarchische Ordnung und selektive Partizipationsrechte propagierten und mit den Vorstellungen eines freien Marktes und geringen staatlichen Eingriffen verbunden sind. Die Bezeichnung rechts wurde inhaltlich zudem stärker mit einer Idealisierung von Leistungsprinzipien, aber auch einer Betonung traditioneller Ordnungs- und Pflichtvorstellungen und der Hervorhebung von eher gemeinschaftlich orientierten gegenüber individualistischen Lebensentwürfen verknüpft (Roßteutscher, Scherer 2013: 381f.), links eher mit Werten der Gleichberechtigung, Selbstverwirklichung und Emanzipation.

Um diese Verortung im politischen Raum besser darstellen zu können, werden die Begriffe links und rechts auf einer Achse angeordnet, die von einer ‚Mitte' ausgeht und an den Rändern von den extremen Links- bzw. Rechtspositionen

---

[6] Die grundsätzliche Unterscheidung des politischen Spektrums in die Bereiche ‚rechts' und ‚links' geht auf die politische Lagerbildung während der Französischen Revolution zurück, bei der die Parlamentssitze in der Nationalversammlung nach der ideologischen Ausrichtung entweder links oder rechts vom Parlamentspräsidenten aufgeteilt wurden (vgl. Arzheimer 2009: 96; Brie, Spehr 2006: 4).

begrenzt wird. Die zugrunde liegende Vorstellung, das politische Spektrum lasse sich auf einer eindimensionalen und statischen Links-Rechts-Achse abbilden, spiegelt die Komplexität und Dynamik der Gesellschaft aber nur höchst unzureichend wieder (Neugebauer 2010: 3f.) und wird daher (parallel zur Verwendung des Schemas) immer wieder heftig kritisiert (Bauer-Kaase 2001: 211). So lässt sich nicht immer klar sagen, was linke oder rechte Positionierungen letztlich charakterisiert.

Zu der mangelnden Trennschärfe kommt hinzu, dass das Links-Rechts-Schema immer auch eine gewisse Zuschreibungskraft entfaltet. Wer in die Kategorien links oder rechts eingeordnet wird, muss sich noch lange nicht selbst zu diesen Positionen bekennen. Noch deutlicher wird dies, wenn man die Ränder innerhalb dieses Schemas berührt. Wird eine Gruppe oder eine Person als links- bzw. rechtsextrem beschrieben, so enthält die Bezeichnung einen deutlich negativen Bezug, den man mit einem Etikettierungseffekt vergleichen kann (vgl. Jaschke 2007: 16).

Eine politische Mitte zwischen diesen extremen Außenpositionen zu verorten, erweist sich, insbesondere in komplexen und sich rasant wandelnden Gesellschaften, als ausgesprochen schwierig. Es ist zudem keineswegs ausgeschlossen, dass es auch innerhalb dieser ‚ideellen Mitte' extremistische Einstellungen gibt. Politischer Extremismus ist somit kein Sammelbegriff für alle extremen Positionen im Bereich politischer Orientierungen. Dies führt letztlich dazu, dass sich die Verwendung des Links-Rechts-Schemas mit der Frage nach seiner Zweckmäßigkeit konfrontiert sieht.

Den Sozialwissenschaften ist es bisher noch nicht gelungen, ein Kategoriensystem zu etablieren, das die Schwächen des Links-Rechts-Schemas ausgleicht und gleichzeitig die politische Positionierung in komplexen Gesellschaften möglichst präzise wiedergibt. Bei aller Kritik hat die Links-Rechts-Unterscheidung immer noch eine funktionale Nützlichkeit, da sie versucht die Komplexität des politischen Raums ohne zu große Informationsverluste zu reduzieren (Roßteutscher, Scherer 2013: 384). Daher bildet das Schema als Orientierungskategorie eine allgemeine Grundlage dieser Untersuchung, indem es zur Selbsteinstufung der Befragten im politischen Meinungsspektrum genutzt wird. Aus den beschriebenen Gründen haben sich die Autoren der vorliegenden Studie jedoch dazu entschlossen, auf den Begriff der ‚Linksaffinität' zurückzugreifen, der einer größeren Differenziertheit politischer Positionen Rechnung trägt.

b)   Zum Begriff der Linksaffinität

Seit einiger Zeit findet der Begriff der Linksaffinität verstärkt Eingang in den politischen und wissenschaftlichen Sprachgebrauch (vgl. Matuschek et al. 2011). Nichtsdestoweniger handelt es sich auch beim Begriff der Linksaffinität nicht um ein trennscharfes Analysekriterium, das eine klare Kategorisierung der Beschreibung politischer Orientierungen erlauben würde. Das macht es notwendig den

Begriff und seinen Deutungsrahmen in seiner Verwendung so weit wie möglich zu präzisieren, um deutlich zu machen, welcher Teil des weiten Spektrums politischer Orientierungen damit im Rahmen der Operationalisierung dieser Studie abgedeckt werden soll.

Die Verwendung des Begriffs der Linksaffinität soll berücksichtigen, dass von einer homogenen linken Identität angesichts der Vielfalt von Gruppen, Positionen und Ideologien im linken Spektrum nicht die Rede sein kann. Stattdessen kennzeichnen vielgestaltige politische Einstellungen, Deutungsmuster und Praxen nebeneinander einen Bereich, in dem häufig mit dem Begriff ,Links-sein' das Gemeinsame zu greifen versucht wird (vgl. Matuschek et al. 2011: 11). Noch stärker als in anderen Bereichen können sich unter dem Begriff also auch sehr weit auseinander liegende politische Positionen finden.

Folgt man dieser Annahme „dann gibt es nicht ,die' Linke, sondern nur verschiedene Positionen, die man mehr oder minder als links bezeichnen kann" (Brie, Spehr 2006: 3). Um dieser Diversität Rechnung zu tragen, findet in der vorliegenden Studie der Begriff der Linksaffinität bei der Beschreibung der politischen Identitäten der befragten Jugendlichen Verwendung. Dies schließt aber keineswegs aus, dass in anderen Zusammenhängen der Begriff des Links-seins genutzt wird oder sich die Jugendlichen in Teilen selbst als links beschreiben.

Was umfasst nun der Begriff Linksaffinität? Matuschek et al. machen in ihrer Studie einen gemeinsamen Kern aus, den linksaffine Gruppen teilen. Maßgeblich ist dabei die Kritik an den bestehenden gesellschaftlichen Zuständen in einer emanzipatorisch-herrschaftskritischen bzw. humanistischen Absicht. Die Gesellschaft wird unter Bezugnahme auf linke Denkmuster und Gesellschaftsbilder (wie etwa soziale Gerechtigkeit, Chancengleichheit oder Solidarität) als zu verändernd thematisiert. Der kleinste gemeinsame Nenner besteht also in einer in unterschiedlicher Klarheit formulierten Wahrnehmung von Defiziten der politischen und ökonomischen Verhältnisse und der bestehenden Gesellschaftsordnung als solcher (Matuschek et al. 2011: 12). Man kann demnach von einem „Kontinuum der politischen Einstellungen mit graduellen Abstufungen" im linken Spektrum ausgehen (Krähnke et al. 2011: 4). Diese Offenheit, die der Begriff der Linksaffinität in Bezug auf die Darstellung verschiedener politischer Positionierungen zulässt, besteht jedoch nur um den Preis einer höchst schwierigen Operationalisierbarkeit.

Für den Rahmen dieser Studie haben wir uns dazu entschieden, die Selbsteinschätzung der Befragten zum zentralen Kriterium der Linksaffinität zu machen. Um eine unangemessene inhaltliche Beschränkung oder Unklarheiten in Bezug auf den Begriff der Linksaffinität zu verhindern, haben die Interviewerinnen und Interviewer keine begriffliche Eingrenzung vorgegeben. Es wurden zunächst weder die Termini links noch linksaffin eingeführt. Während des Interviews wurde schließlich explizit danach gefragt, was die Interviewpartner unter dem Begriff links verstehen bzw. welche Bedeutung Links-sein für sie persönlich hat. Linksaffinität wird hier also vor allem als Zuschreibung genutzt, die einer stärkeren analytischen Klarheit im Rahmen der Untersuchung dienen soll – im Sprachgebrauch der Befragten spielt diese Bezeichnung keine Rolle. Entweder hatten sie sich bereits zuvor selbst als links beschrieben oder aber eine Zuordnung dieses Begriffes wurde mit Verweis auf die Fragwürdigkeit solcher Kategorien kritisiert und inhaltlich ergänzt.

Da, wie in den Kriterien zur Auswahl der Stichprobe näher beschrieben, innerhalb dieser Studie vor allem unkonventionelle Aktionsformen im Zentrum des Interesses stehen, wurde anders als beispielsweise in der Studie von Matuschek et al. (2011) auf ein zusätzliches Kriterium für die Zuweisung einer linksaffinen Positionierung, nämlich die Einstellung gegenüber bestimmten Parteien, verzichtet. Ob Parteien aber darüber hinaus als Bezugspunkte innerhalb der individuellen Verortung der Jugendlichen eine Rolle spielen, muss die Datenauswertung ergeben.

Aus diesen Gründen wird der Begriff der Linksaffinität im Rahmen dieser Studie als Zuweisung zu einem politisch links orientierten Umfeld verstanden, in dem die Veränderung gesellschaftlicher Zustände durch unkonventionelle Formen der Partizipation und unter Bezugnahme auf linke Denkmuster angestrebt wird.

3 Untersuchungsdesign und Methode

In dem folgenden Kapitel werden das Untersuchungsdesign und die angewandten Forschungsmethoden erläutert. Den Forschungszielen entsprechend hat sich das Forschungsteam für ein qualitatives Design entschieden, da so eine Rekonstruktion der biografischen Verläufe, der Engagementziele und der damit verbunden sinnhaften Vorstellungen der Jugendlichen am ehesten gewährleistet werden kann.

Um für die spätere Auswertung eine gewisse Vergleichbarkeit der Ergebnisse zu gewährleisten wird die Methode des ‚Problemzentrierten Interviews' (PZI) (Mayring 2002: 67ff.; Witzel 1982) angewendet, da diese durch die Verwendung eines Leitfadens und dem gezielten Einsatz von Nachfragen eben diese Vergleichbarkeit sicherstellt.

Die Stichprobe der Untersuchung bildeten Jugendliche, die sich aktiv in linken politischen Gruppen beteiligen. Dazu wurden vor allem Jugendliche in Großstädten und Ballungsräumen herangezogen, da hier mit einer ausgeprägten linke Szene zu rechnen war und somit die Zugänglichkeit und Anonymität der Befragten größer war. Darüber hinaus sollten sowohl Jugendliche aus den neuen wie aus den alten Bundesländern vertreten sein. Bei der Stichprobenauswahl orientierten sich die Forscher und Forscherinnen am theoretischen Sampling. Die Konstruktion des Fragebogens für das leitfadengestützte Interview, die Stichprobenziehung, die Strategien der Datenauswertung wie auch die Grenzen des eigenen Forschungsansatzes werden nachfolgend erläutert und kritisch reflektiert.

3.1 Datenerhebung

Im Folgenden wird die Erhebungsmethode, die sich an den Kriterien des PZI orientiert, erläutert. Außerdem werden das Vorgehen bei der Felderschließung sowie die daraus gewonnene Stichprobe beschrieben.

3.1.1 Problemzentrierte Interviews mit politisch engagierten Jugendlichen

Das problemzentrierte Interview ist ein leitfadengestütztes Verfahren, welches von Andreas Witzel (1982) eingeführt wurde. Mittels des aus Fragen und Erzählanreizen

bestehenden Leitfadens werden für die Forschungsfragestellung relevante Themenbereiche angesprochen.
Witzel stellt drei Kriterien auf, die den Kern des problemzentrierten Interviews ausmachen. Das erste Kriterium, die Problemzentrierung, beinhaltet die
Fokussierung des Interviews auf ein in der Gesellschaft diskutiertes und als wichtig
eingeschätztes Thema. Als zweites Kriterium nennt er die Gegenstandsorientie-
rung. Dabei sollen die Forscher nicht starr an vorher bestimmten Untersuchungs-
instrumenten festhalten, sondern das Interview individuell an die Reflexivität und
die Eloquenz des Befragten anpassen. Mit dem dritten Kriterium, der Prozessori-
entierung, weist Witzel auf die Notwendigkeit hin, das Interview prozesshaft auf
die subjektive Problemsicht des Gesprächspartners auszurichten (Witzel 2000: 3).
Diese Kriterien sollen mithilfe von vier Instrumenten – dem Leitfaden, der
Tonbandaufzeichnung des Gesprächs, dem Kurzfragebogen und dem Postskrip-
tum – gewährleistet werden. Zudem kommt der Einleitungsfrage eine große Bedeutung zu, da sie als eine erzählgenerierende Kommunikationsstrategie den Er-
zählfluss anregen soll (Witzel 2000: 3).
Der Vorteil des PZI besteht darin, dass dieses Verfahren eine Einbeziehung
theoretischer Kriterien bei gleichzeitiger Offenheit für die Relevanzstrukturen der
Befragten erlaubt. Dabei ermöglicht die Vorgabe einer theoretischen Struktur im
Verlauf des Interviews gezielt nachzufragen, wenn die Befragten im Hinblick auf
die Vorannahmen überraschende oder neue und unerwartete Informationen vermitteln. Es bietet damit also die Möglichkeit, dass die Jugendlichen selbst Schwerpunkte in der Erzählung setzen und dass zudem durch Nachfragen wichtige Aspekte nicht verloren gehen.
Nach der Vorstellung der Studie und der Klärung des Einverständnisses, der
Anonymität und des Datenschutzes wurde das Interview mit einer einheitlichen
offenen Einleitungsfrage begonnen. Der Eröffnungsstimulus des Interviews laute-
te: „Erzähl uns doch bitte von Beginn an bis heute, wie sich dein politisches Interesse entwickelt hat und wie es dazu gekommen ist, dass du dich politisch und
gesellschaftlich engagiert hast."
Der Einstiegsfrage lag die Intention zugrunde, dass die Jugendlichen an dieser
Stelle eine selbständige Erzählung zur Entwicklung ihres politischen Engagements
generieren und dabei eigene Schwerpunkte setzen können. Daher wurden die Befragten bei ihrer Erzählung nicht unterbrochen. Erst im Anschluss wurden von der
Interviewerin bzw. dem Interviewer verständnisgenerierende Nachfragen gestellt.
Dabei konnten nun gezielt auch bislang ausgesparte, für das Projekt aber theoretisch interessante Themen angesprochen werden, um die Vergleichbarkeit mit
anderen Interviews herstellen zu können.
Zur Unterstützung des Interviews wurde ein Leitfaden genutzt. Der Leitfaden
wurde zu Beginn des Projektes, ausgehend von theoretischen Überlegungen, entwickelt und orientiert sich somit an dessen zentralen Erkenntnisinteressen. Er

wurde individuell an die Diskussionspartner angepasst und hat sich mit zunehmender Erfahrung weiterentwickelt. Der Leitfaden gab dem Interview nachfolgende dreiphasige Struktur:

1) Biografie, Lebensphasen, politisierende Ereignisse,
2) politische Gruppe, Szenezugehörigkeit, Identität, Aktionen, Erfahrungen mit Eskalation und
3) politische Einstellung, Einstellung zur Demokratie sowie Auseinandersetzung mit dem Begriffs Links-sein.

Im biografischen Teil zu Beginn des Interviews stand die politische Sozialisation im Vordergrund. Es wurden daher Fragen nach den zentralen Sozialisationsinstanzen Familie, Schule, Peers und Partner gestellt. Zudem sollten wichtige Ereignisse und Wendepunkte in der Biografie sowie der Einfluss von politischen Ereignissen beschrieben werden. Ebenso wurden die Bedeutung des Wohnumfeldes, des Milieus und die Rolle von Mobilität besprochen. Abschließend wurde der Interviewpartner gebeten, zu resümieren, welches Ereignis er als das wichtigste in seiner politischen Sozialisation erachtet.

Im zweiten Teil des Interviews ging es um die politische Gruppe, in der der Befragte aktiv ist. Von Interesse war dabei die Frage, wie die Person in die Gruppe gekommen ist, welche Aktionen gemeinsam durchgeführt werden, wie zu Veranstaltungen mobilisiert wird und ob es eine Zusammenarbeit mit anderen Gruppen gibt. In diesem Zusammenhang wurde auch über die Bedeutung des Internets und die Neuen Sozialen Medien gesprochen. Erfahrungen auf Demonstrationen und mit der Polizei wurden ebenfalls thematisiert.

Darüber hinaus wurde die Bedeutung der Gruppe für den Interviewten behandelt. Dabei wurden der Stellenwert der Gruppe für den Interviewten, die Identitätsbildung aufgrund der Gruppenzugehörigkeit, Konflikte innerhalb der Gruppe sowie subjektive Problemdeutungen und Legitimationsmuster angesprochen.

Der dritte Teil des Interviews widmete sich den politischen Einstellungen und Gesellschaftsbildern der Befragten. Dabei wurde gefragt, welche Themen den Interviewpartnern besonders wichtig sind. Außerdem wurde über ihre Einschätzung der Demokratie und des aktuellen Gesellschaftssystems gesprochen. Abschließend wurden die Jugendlichen gefragt, was es ihrem Verständnis nach heißt, heute links zu sein.

Ergänzt wurde das PZI durch einen Kurzfragebogen, in dem biografische Angaben zur Person erhoben wurden. Hierin wurden demographische Merkmale (Alter, Schulbildung, Familienstand, Bildung der Eltern, Wohnform und Wohnort) abgefragt, die möglicherweise im Interview nicht zur Sprache gekommen sind. Vervollständigt wurde der Kurzfragebogen durch Fragen zur Internetnutzung und eine Selbsteinstufung auf einer Links-Rechts-Skala.

Die mit dem geschlossenen Fragebogen gewonnenen Daten ermöglichen eine quantitative Beschreibung der Stichprobe und helfen dabei, diese nach demografischen Merkmalen zu gruppieren. Das Links-Rechts-Schema diente der Überprüfung der politischen Selbsteinstufung aus dem Interview und konnte zudem zeigen, ob sich die Befragten überhaupt in dieses Schema einordnen würden.

Im Anschluss an das Interview diskutierten die Interviewer das geführte Gespräch und schrieben mögliche Einflussfaktoren im Postskript nieder. Dabei wurden unter anderem Anmerkungen zur Gesprächsatmosphäre, äußeren Ablenkungen und der Kommunikationsbereitschaft festgehalten. Diese Informationen dienten zur Gütebewertung der Interviews.

Die Interviews wurden immer jeweils von zwei Mitarbeiterinnen bzw. Mitarbeitern des Projektes durchgeführt. Ein Interviewer führte dabei hauptsächlich das Gespräch, während die bzw. der zweite auf nonverbale Kommunikation achtete und ggf. Nachfragen stellte. Die Interviews dauerten zwischen ein und zwei Stunden und wurden je nach Wunsch der Befragten sowohl in einem Büro der Hochschule als auch in Cafés und anderen öffentlichen Einrichtungen durchgeführt. Im Einverständnis mit den Interviewten wurden die Interviews mithilfe eines Diktiergerätes aufgezeichnet. Dadurch konnten die Interviewer sich auf die authentische und präzise Erfassung des Kommunikationsprozesses konzentrieren (Witzel 2000: 3).

Im Anschluss wurden die Tonaufnahmen von erfahrenen studentischen Mitarbeitern transkribiert und anonymisiert. Die Transkription erfolgte in Anlehnung an Mayring (2002: 89f.). Dabei wird auf die Protokollierung von Dialekten und sprachlichen Färbungen verzichtet und das Interview in einfaches Schriftdeutsch übertragen. Bei der Anonymisierung wurden sämtliche Hinweise auf die Person und die politische Gruppe entfernt.

3.1.2 Felderschließung und Beschreibung der Stichprobe

Für das Projekt wurden insgesamt 37 Interviews durchgeführt: 28 davon in ostdeutschen Großstädten inklusive Berlin (September 2012 bis Juni 2013) und neun weitere in westdeutschen Großstädten (März 2013).

Da eine rein zufällige Stichprobenziehung bei der Auswahl der Interviewpartner aus der linksaffinen Szene nahezu unmöglich ist, wurde das Sample nach theoretischen Überlegungen zusammengestellt. Mit der Felderschließung wurde versucht, ein möglichst breites Spektrum von linksaffinen Jugendlichen anzusprechen. Zunächst wurden Kriterien festgelegt, welche Jugendlichen in Betracht kommen. Die Interviewteilnehmer sollten

1)   im Alter von 15 bis 28 Jahren sein,
2)   in einer Gruppe organisiert und aktiv in der linken Szene engagiert sein,

3) sich selbst zur linken Szene rechnen oder sich selbst als links bezeichnen und

4) sich auch an unkonventionellen Aktionsformen beteiligen.

Zudem wurde versucht, ein ausgeglichenes Verhältnis der Geschlechter und der Gruppen zu erreichen.

Eine große Herausforderung für die Felderschließung stellte der Zugang zur linken Szene dar. Erste Verbindungen zu möglichen Interviewpartnerinnen und Interviewpartnern wurden über die Recherche in einschlägigen Veranstaltungsportalen, Webseiten, sozialen Netzwerken und Mailinglisten sowie über die Ansprache in ‚linken' Buch- und Infoläden aufgenommen. Neben Kontaktanfragen per E-Mail und Telefon konnten die Mitarbeiterinnen insbesondere über den persönlichen Besuch von Veranstaltungen und politischen Aktionen Ansprechpartner gewinnen, die den Zugang zu Interviewpartnern eröffnet haben und teilweise selbst als Gesprächspartner in Frage kamen. In Einzelfällen vermittelten bereits gewonnene Interviewpartner den Kontakt zu weiteren engagierten Jugendlichen.

Insgesamt wurde bei den Anfragen darauf geachtet, ein möglichst breites Spektrum innerhalb der linksaffinen Szene abzubilden. Die Teilnahmebereitschaft der angefragten Personen war jedoch sehr unterschiedlich. Während bei gemäßigten Gruppen eine überwiegend offene Haltung gegenüber dem Forschungsprojekt vorherrschte, war die Bereitschaft für eine Interviewteilnahme in vielen anderen Gruppen, insbesondere in der linksradikalen Szene, deutlich geringer und bestand bisweilen auch in einer offenen Ablehnung. Bei der Felderschließung ließ sich beobachten, dass die Teilnahmebereitschaft in verschiedenen Städten unterschiedlich hoch war. Teilweise kam es während der Interviews auch dazu, dass Interviewpartner sich über bestimmte Punkte nicht äußern wollten. In diesen Fällen beriefen sie sich zum einen darauf, dass sie sich nicht mit ihrer Gruppe abgesprochen hatten, ob sie über interne Angelegenheiten der Gruppe reden dürften. Zum anderen befürchteten sie eine Kriminalisierung und Stigmatisierung ihrer Gruppe.

Als eine Zugangsbarriere zur linken Szene erwies sich auch der Auftraggeber. So gibt es in der untersuchten Szene mehr oder weniger starke Vorbehalte gegen das Bundesministerium für Familie, Senioren, Frauen und Jugend und dessen Programm „Initiative Demokratie stärken" im Speziellen. Die Vorbehalte beruhen im Wesentlichen auf der Wahrnehmung der angesprochenen Jugendlichen, dass rechtes und linkes Engagement seitens des Ministeriums sowie der sozialwissenschaftlichen Extremismusforschung gleichgesetzt würden. Potenzielle Interviewpartner befürchten, als Linksextremist unter Generalverdacht gestellt oder ausgeforscht zu werden. Eine weitere Zugangsbarriere stellte daher auch der Fachbereich „Polizei- und Sicherheitsmanagement" der Hochschule für Wirtschaft und Recht Berlin dar. Potenzielle Interviewpartner zogen in Erwägung, dass die gewonnenen Informationen von der Polizei und anderen Sicherheitsbehörden genutzt werden könnten.

Manche vermuteten sogar, die Polizei verwende die erhobenen Daten, um das Vorgehen bei Vernehmungen zu optimieren oder um gezielt linke Strukturen zu zerschlagen. Die Vorwürfe wurden teilweise von einzelnen Interviewten an das Forscherteam gestellt oder sie kursierten im Internet, was die weitere Felderschließung erheblich erschwerte. Ein Interviewpartner hat als Konsequenz auf Gerüchte dieser Art im Internet sein Interview nachträglich zurückgezogen.

In der Stichprobe sind dann dadurch schließlich 24 Männer und 12 Frauen. Die Geschlechterverteilung differiert in den unterschiedlichen Städten. Sechs Personen sind 20 Jahre oder jünger, 21 Personen sind zwischen 21 und 25 Jahren alt und neun sind älter als 25 Jahre. Keine der befragten Personen ist verheiratet oder hat Kinder, 14 leben in einer Beziehung. Lediglich drei Personen verfügen nicht über ein Abitur. Von den Eltern der Befragten verfügt nur bei drei Befragten keines der beiden Elternteile über das Abitur. Im Sample befinden sich Personen aus eher gemäßigten Gruppen bis hin zu Personen aus eher radikaleren Kreisen der Szene. Auf eine genaue Beschreibung der Gruppen muss aufgrund der zugesagten Anonymisierung verzichtet werden. Von den 36 interviewten Personen wurde eine Frau aus dem Sample herausgenommen, da sie, wie sich im Nachhinein herausstellte, zum Zeitpunkt des Interviews nicht in einer politischen Gruppe aktiv war und somit nicht den Samplekriterien entsprach.

3.2 Strategien der Datenauswertung

Die Auswertung der 35 erhobenen Interviews mit jugendlichen Akteuren linksaffiner Protestgruppen bildet das Kernstück dieser Arbeit. Im Folgenden sollen die Ziele und das praktische Vorgehen während der Auswertung veranschaulicht und nachvollziehbar gemacht werden.

3.2.1 Ziel und Struktur der Auswertung

Wie in den vorangegangenen Abschnitten beschrieben, ist es das Ziel der Auswertung zu untersuchen, wie sich politisches Engagement und eine gesellschaftskritische linksaffine Orientierung bei Jugendlichen entwickeln. Zunächst werden hierzu das Selbst- und Gesellschaftsbild, die politischen Überzeugungen, die Ziele und die praktizierten Engagementformen der befragten Jugendlichen fallübergreifend ausgewertet. Die Auswertung auf dieser Ebene erfolgt analytisch-differenzierend, d. h. das Spektrum der politischen Orientierungen und Handlungsformen wird detailliert beschrieben, nach inhaltlichen Kriterien gegliedert, dimensioniert und typisiert (Kap. 4). In einem nächsten Schritt wird die biografische Entwicklung des Engagements untersucht. Hierzu werden die Engagementverläufe systematisiert und in relevante Abschnitte unterteilt. In der ersten Phase, der Vorphase des Engagements, sind die Interviewten noch nicht im eigentlichen Sinne politisch aktiv. Hier stehen daher Instanzen und Prozesse im Vordergrund, die die Voraussetzungen für späteres Engagement schaffen. Eine zweite relevante Phase stellen die Einstiegswege ins politische Engagement dar. Abschließend werden die Erfahrungen in der politisch aktiven Phase und ihre Auswirkungen auf die weitere Entwicklung des Engagements ausgewertet. Innerhalb dieser Phasen wird erneut fallübergreifend nach zentralen Wirkmechanismen und Einflussfaktoren gesucht. Auch hier besteht das Ziel in der Darstellung der empirisch vorgefundenen Mechanismen, ihrer Klassifikation sowie dem Herausarbeiten von Mustern und idealtypischen Entwicklungsprozessen (Kap. 5.1–5.3). Der letzte Schritt der Auswertung besteht in der Einordnung der Ergebnisse in den aktuellen Forschungskontext, also die Bezugnahme auf relevante Theorien und Befunde (Kap. 6).

3.2.2 Praktisches Vorgehen bei der Auswertung

Das konkrete Vorgehen bei der Auswertung der gesammelten Interviewdaten umfasst folgende Schritte:

1) Datenaufbereitung und -organisation
2) Deskriptive Analyse
3) Analyse der Zusammenhänge

Um die Daten für die fallübergreifende Analyse nutzbar zu machen, wurden zunächst alle Interviews transkribiert und codiert. Für den computergestützten Codierprozess wurde ein grobes Kategoriensystem erstellt, das sich am Interviewleitfaden orientiert und damit die zentralen Themen der Interviews abdeckt. In einem mehrstufigen, reflexiven Prozess wurden anschließend differenziertere Codes erarbeitet und systematisch auf das gesamte Datenmaterial angewendet. Um die Besonderheiten der einzelnen Fälle im Blick zu behalten, wurden darüber hinaus knappe Zusammenfassungen von jedem Interview erstellt.

Die codierten Daten wurden nach Themen sortiert und darauf aufbauend ein erstes Konzept für die Darstellung der Ergebnisse entwickelt. In Anlehnung an das Vorgehen von Ritchie, Spencer und O'Conner (2003) wurde nun zu jedem Hauptthema eine thematische Matrix erstellt. Diese enthält drei Abstraktionsstufen, die in Abb. 1 veranschaulicht werden. Auf der ersten Stufe werden nach Fällen geordnet die Daten zu einem bestimmten Thema zusammengefasst. In der vorliegenden Arbeit umfassen diese Themen zum einen Aspekte des Selbstverständnisses und des politischen Engagements, wie die Einstellung zum politischen System, die Gesellschaftskritik oder die Einstellung zu Gewalt, und zum anderen die Stufen des

Engagementverlaufs, wie die politische Sozialisation in der Familie, den Einstieg ins Engagement oder die Lernerfahrungen in der politischen Gruppe. Je nach Thema werden dabei einer oder mehrere Codes des Codesystems berücksichtigt. In die Tabelle werden dann die Kernpunkte jedes Datenstücks unter Beibehaltung des Kontextes und der Sprache der Interviewpartner eingeordnet, wobei sowohl Verständlichkeit als auch Vielfältigkeit der Daten erhalten bleiben und Interpretationen zunächst auf ein Minimum begrenzt bleiben. Durch das Zusammenfassen der Daten wird einerseits die Datenmenge reduziert, andererseits wird damit begonnen die Kernaussagen zu extrahieren. Darüber hinaus wird sichergestellt, dass die Forscher jeden Abschnitt der Originaldaten auf seine Bedeutung und Relevanz prüfen.

Abbildung 1: Deskriptive Auswertung in thematischen Matrizen

Thema 1

Fall	Zusammengefasste Daten zu Thema/ Kategorie 1	Elemente/ Dimensionen	Kategorien/ Klassen
Fall 1 Fall 2 ...	Kernpunkte jedes Datenstücks unter Beibehaltung des Kontextes und der Sprache der Interviewpartner mit der Absatznummer des Transkripts als Index	In den Daten auftretende Konstrukte und ihre Dimensionen	Klassifikation der gefundenen Elemente auf höherer Abstraktionsebene → Beginn der Interpretation auf konzeptueller Ebene, Entdecken von Gemeinsamkeiten

Die nächsten beiden Abstraktionsstufen können bereits als Teilschritte der deskriptiven Analyse angesehen werden, da sie von den zusammengefassten Daten zu deskriptiven Kategorien führen. Ziel ist die Konstruktion einer kohärenten und logischen Struktur, in der die deskriptiven Inhalte dargestellt werden können. Hierzu werden zunächst die in den Daten auftretenden Elemente und Konstrukte notiert. Dabei muss jeweils geprüft werden, ob man es mit einer (neuen) Kategorie zu tun hat oder mit einer Komponente/einem Merkmal einer bereits erfassten Kategorie. Da viele Phänomene mehrere Elemente beinhalten, sollte eine Zelle jeweils so lange untersucht werden, bis alle substantiellen Aspekte erfasst sind. Die gefundenen Elemente werden nun auf höherer Ebene klassifiziert und zu Kategorien zusammengefasst. Hierdurch zeigen sich Muster innerhalb der einzelnen Fälle sowie konzeptuelle Gemeinsamkeiten zwischen den Fällen. Vorteil der Darstellung der verschiedenen Abstraktionsschritte in tabellarischer Form ist, dass die Fälle systematisch miteinander verglichen werden können und die Verbindung zu den Originaldaten nicht verloren geht.

Neben dieser thematisch strukturierten Auswertung wurde außerdem für jeden Fall eine chronologisch strukturierte Verlaufsdarstellung ausgearbeitet, die biografische Ereignisse und Phasen den Entwicklungen im Engagement gegenüberstellt. Diese Darstellungsform ermöglicht es, die Logik des individuellen Falls zu rekonstruieren und Zusammenhänge zwischen Biografie und Engagementverlauf zu entdecken. Abb. 2 verdeutlicht dieses Prinzip beispielhaft.

Abbildung 2: Veranschaulichung der Verlaufsdarstellungen

Lebenslauf	Engagementverlauf	Subjektiv wahrgenommene Einflussfaktoren	Anmerkungen/ Interpretationen
Aufwachsen in kleinem Dorf Schule Bereits während Schulzeit Arbeit bei Lokalzeitung (ab 16) Kursfreie Zeit vor Abiturprüfungen	Vorpolitische Phase: Punk-Szene, Ungerechtigkeitsgefühl, Wunsch nach Veränderung, Auseinandersetzen mit politischen Themen (Zeitung, TV) auch wegen Berufswunsch Journalistin [Ehrenamtl. Organisation für Hilfsbedürftige] =„erstes aktives Engagement" Schülervertretung -Engagement wurde begrüßt, stieß schnell an Grenzen (wird nicht als politische Tätigkeit gesehen)	- Familie: politische Diskussionen sind Gesprächsthema - Eltern: politisch interessiert und informiert (Nachrichten, Polittalkshows), konservativ -„Punkszene" führt dazu, dass sie sich an linker Politik orientiert und anfängt, sich mit der Frage zu beschäftigen, „warum man das System scheiße findet" - Schule: ... - ...	Wunsch nach Abgrenzung von Eltern/ konservativ-ländlicher Umgebung über Punk-Musik + linke Orientierung ... ...
Auslandsaufenthalt	Freiwilligenarbeit (über Organisation)	- ...	
...	...	...	

Ergebnis der bisher beschriebenen Auswertungsschritte ist eine ausdifferenzierte Aufbereitung des Datenmaterials und die Zuordnung zu Themenbereichen und damit eine Konzeptualisierung der Daten. Ziel ist jedoch die Rekonstruktion von Zusammenhängen und die Entwicklung von Erklärungen für die untersuchten

Phänomene. Erklären bedeutet hierbei nicht, „einen linearen Zusammenhang zwischen A und B nachzuweisen, sondern zu zeigen, wie bestimmte Elemente ineinandergreifen und so zu einem spezifischen Resultat führen". Diese verstehende Form des Erklärens basiert auf der „Rekonstruktion von Konfigurationen und Mechanismen" (Przyborski, Wohlrab-Sahr 2010: 318). Hierzu ist es notwendig, das Material nach Verknüpfungen zwischen Phänomenen zu durchsuchen und Muster aufzudecken. Zentrales Mittel hierfür ist der systematische Vergleich zwischen einzelnen Fällen oder Untergruppen des Samples.

Die gefundenen Verbindungen und Cluster werden abschließend soweit möglich zu Typen integriert. Unter einer Typologie wird dabei „das Ergebnis eines Gruppierungsprozesses verstanden, bei dem ein Objektbereich anhand eines oder mehrerer Merkmale in Gruppen bzw. Typen eingeteilt wird" (Kelle, Kluge 2010: 85). Dabei sollten sich die Elemente innerhalb eines Typs möglichst ähnlich sein, während die Unterschiede zwischen den Typen hinreichend groß sein müssen. Die dadurch entstehenden Typen enthalten eine Gesetzmäßigkeit in abstrakter Form und können dadurch Fälle erfassen, die dieser Logik folgen, auch wenn sie sich in ihrer konkreten Ausprägung unterscheiden (Schulze 2010: 578). Wichtig ist dabei, dass die Elemente, die durch einen Typus beschrieben werden, zwar häufig ,Fälle' im Sinne von Interviewpartnern umfassen, sich jedoch durchaus auch auf andere Ebenen beziehen können, z. B. auf Ereignisse, Handlungen oder Personengruppen. Typen können Unterschiede bezüglich eines einzelnen Merkmals abbilden oder durch eine bestimmte Merkmalskombination definiert werden (mehrdimensionale Typologien). Ziel der Typenbildung ist jedoch nicht nur die deskriptive Gruppierung von Fällen, vielmehr bildet sie die Grundlage für das Entdecken von Sinnzusammenhängen und damit letztlich für die Entwicklung von Theorien (Kelle, Kluge 2010: 90).

3.3 Grenzen der Untersuchung

Wie in den vorangegangenen Abschnitten ausgeführt wurde, eignen sich die Methoden der biografisch ausgerichteten, problemzentrierten Interviews in besonderem Maße dazu, die Perspektive der linksaffinen Jugendlichen zu erfassen, ihr Selbst- und Gesellschaftsbild zu untersuchen und die Entwicklung ihrer individuellen Engagementverläufe darzustellen. Dennoch gehen mit dem gewählten Studiendesign auch einige Schwierigkeiten und Begrenzungen einher, die bei der Interpretation der Daten angemessene Berücksichtigung finden müssen. Potenzielle und tatsächliche Einschränkungen für die Analyse des Datenmaterials ergeben sich erstens aus dem Vorgehen bei der Felderschließung und der daraus resultierenden Beschaffenheit der Stichprobe und zweitens aus dem angewendeten Erhebungsinstrument.

3.3.1 Samplestruktur und Generalisierung

Bezüglich der Sampleauswahl wurde bereits in Kap. 3.1.2 darauf hingewiesen, dass durch die gewählten Zugangswege der Forscherinnen und Forscher, aber auch durch die variierende Teilnahmebereitschaft auf Seiten der Interviewpartner nur ein bestimmter Ausschnitt innerhalb des linksaffinen Spektrums erfasst wurde, der nicht als repräsentativ für die gesamte Bandbreite linker oder linksaffiner Orientierungsmuster, Handlungsbereitschaften und Engagementformen angesehen werden kann. Die folgenden Analysen können daher weder für sich in Anspruch nehmen, verallgemeinerbare Aussagen über *die* ‚linke Szene' oder *die* Linksaffinen zu treffen, noch eine umfassende ‚Kartografie' des linken Spektrums zu erstellen, wie dies beispielsweise in der Untersuchung von Matuschek et al. (2011) versucht wurde. Dies wäre auch aufgrund der – im Vergleich zu quantitativen Studien – relativ kleinen Fallzahl von 35 Interviews – nicht möglich gewesen. Beides war jedoch auch nicht erklärtes Ziel der Studie. So streben qualitative Untersuchungen in der Regel keine Generalisierung von einer repräsentativen Stichprobe auf eine Grundgesamtheit an, vielmehr geht es ihnen um die Generalisierung und Prüfung von Theorien. Dieses theoretische Schließen basiert auf der Methode des systematischen Vergleichs. Während dies in quantitativen Studien über den Vergleich von Mittelwerten oder anderer numerischer Kennwerte erfolgt, werden in der qualitativen Forschung Idealtypen miteinander verglichen (Przyborski, Wohlrab-Sahr 2010: 46). Entscheidend ist hierfür nicht die Repräsentativität der Fälle bezogen auf eine Population, sondern es gilt solche auszuwählen, die bezogen auf die Forschungsfrage hohen Informationsgehalt besitzen, die also die relevanten Eigenschaften und Dimensionen der erforschten Konzepte möglichst vollständig abbilden. Dieses Vorgehen wird als theoretische Stichprobenziehung bezeichnet (vgl. Kelle, Kluge 2010: 41–55; Schreier 2010). Welche Faktoren als theoretisch relevant anzusehen sind, stellt sich dabei häufig erst im Verlauf der Untersuchung heraus.

In der durchgeführten Untersuchung wurde die theoretische Relevanz der erfassten Fälle durch die Festlegung der Samplekriterien sichergestellt. Innerhalb dieser Kriterien wurde versucht, ausreichend Heterogenität in der Stichprobe bezüglich Alter, Bildungsstand, beruflicher Situation, sozioökonomischem Hintergrund, Gruppenzugehörigkeit und Art des Engagements sowie eine etwa ausgeglichene Verteilung der Geschlechter zu erreichen. Trotz dieser Bemühungen weist das erreichte Sample teilweise starke Tendenzen bezüglich bestimmter Merkmale auf, die zu einem möglichen Bias bei der Interpretation führen können. So beträgt der Anteil weiblicher Interviewpartnerinnen lediglich ein Drittel. Auch kommen die Interviewpartner tendenziell eher aus bildungsnahen Elternhäusern. Bei 62 Prozent verfügt mindestens ein Elternteil über einen akademischen Abschluss. Noch ausgeprägter ist die Homogenität beim Bildungsstand der Befragten selbst. Alle Befragten verfügen mindestens über die mittlere Reife, 92 Prozent sogar über das

Abitur. Auch bezüglich der aktuellen Lebenslagen findet sich eine ungleiche Verteilung. So sind 71 Prozent der Befragten Studenten, lediglich 17 Prozent üben einen
Lehrberuf aus bzw. befinden sich in einer Ausbildung und nur drei Interviewpartner haben ihr Studium abgeschlossen und befinden sich bereits im Berufsleben. Insgesamt lässt sich festhalten, dass die Stichprobe männlich dominiert, sehr
bildungsaffin und studentisch geprägt ist. Ob diese ungleiche Merkmalsverteilung
in etwa die Verteilung innerhalb der Zielgruppe widerspiegelt oder ob sie durch
andere Faktoren zustande gekommen ist, kann im Rahmen dieser Untersuchung
nicht geklärt werden.

Der Anspruch, ein möglichst breites Spektrum linksaffiner Gruppen zu inklu-
dieren, konnte also nur zum Teil verwirklicht werden. Obwohl Jugendliche aus
Gruppen mit sehr unterschiedlichen Schwerpunkten von Globalisierungskritik
über Antifaschismus bis zu Anarchismus und Feminismus interviewt wurden, stieß
das Untersuchungsvorhaben in radikaleren Gruppen tendenziell eher auf Ablehnung. Auch Interviewpartner, die sich der autonomen Szene zugehörig fühlen,
konnten im Zusammenhang dieser Studie nicht befragt werden. Diese Begrenzung
ist bei der Darstellung der politischen Orientierungen und der Einstellungen zu
politischen Strategien und Gewalt zu beachten.

3.3.2 Rekonstruierte Biografien, Ereignisse und Erfahrungen als Datenmaterial

Die zweite Quelle für Begrenzungen bei der Dateninterpretation ist das gewählte
Erhebungsinstrument selbst und die daraus resultierende Beschaffenheit der Daten. Bei dem Material, das dem Projekt für die Analyse zur Verfügung steht, handelt es sich um autobiografische Erzählungen von Jugendlichen mit bestimmten
inhaltlichen Schwerpunkten, die von diesen innerhalb der Interviews, also gerahmt
von einer bestimmten sozialen Situation, rekonstruiert und durch die Fragen der
Forscherinnen und Forscher strukturiert wurden. An dieser stark verkürzten Darstellung des Erhebungsprozesses wird bereits deutlich, dass die vorhandenen Daten keinesfalls mit dem ‚tatsächlichen Lebensverlauf‘ der Interviewpartner ver-
wechselt werden dürfen. Vielmehr handelt es sich um die Rekonstruktion von
Erfahrungen aus der Gegenwartsperspektive. Diese ist damit „weder eine vollstän-
dige noch eine interessenlose Beschreibung von vergangenen Ereignissen und
Handlungssituationen" (Kohli 1981: 290f.).

Biografien werden daher im Folgenden nicht als objektiv gegeben betrachtet,
sondern als Rekonstruktionsleistung des Subjekts verstanden. In diesem Sinne
müssen drei Aspekte beachtet werden: (1) gesellschaftlich vorgegebene Orientierungsfolien und -prinzipien, (2) der Einfluss der aktuellen Lebenssituation sowie
(3) die kommunikative Interviewsituation und die Erzählabsicht.

Individuelle Lebensgeschichten erscheinen auf den ersten Blick als private und besonders persönliche Angelegenheit. Die Tatsache, dass wir unsere Erfahrungen in eine zusammenhängende Erzählung integrieren, die andere verstehen können, weist jedoch darauf hin, dass es Ordnungsprinzipien gibt, „Orientierungsfolien und […] Formtraditionen, die es uns überhaupt erst erlauben, die privat-persönlichen Inhalte zu übermitteln bzw. aufzunehmen" (Fuchs-Heinritz 2009: 25). Wir besitzen also ein kulturell geprägtes Wissen darüber, wie Biografien normalerweise verlaufen sollten und wie sie erzählt werden. Ebenso existieren gesellschaftliche Regeln, die vorgeben, welche Inhalte in welchem Kontext thematisiert werden können und dürfen (Rosenthal 2002).

Wie anfangs betont wurde, ist die Rekonstruktion vergangener Erfahrungen aus der Gegenwart einerseits nicht mit dem tatsächlich Erlebten gleichzusetzen, andererseits aber auch nicht als unabhängig davon zu betrachten. Vielmehr stehen Erleben, Erinnern und Erzählen in einer wechselseitigen Beziehung zueinander und verweisen sowohl auf das in der Vergangenheit Erlebte als auch auf das heutige Leben mit dieser Vergangenheit. Die erzählten Erinnerungen und ihre Sinnzusammenhänge sind somit nicht frei konstruiert oder erfunden, auch wenn die Gegenwartsperspektive ihre Auswahl, ihre Verknüpfung und die Art der Darstellung beeinflusst. Das Erzählen der Biografie ist somit eine nachträgliche Strukturierungsleistung, die heute anders ausfallen kann als gestern, denn je nach der aktuellen Lebenslage verschiebt sich der Fokus des Blicks auf die Vergangenheit. So kann es besonders durch Wendepunkte im Leben zu Neufassungen der eigenen Lebensgeschichte kommen (Fuchs-Heinritz 2009: 53f.). Dieser rekonstruktive Charakter von Biografien muss bei ihrer Interpretation berücksichtigt werden. Je nach Forschungsinteresse kann daher der Einbezug von zusätzlichen Datenquellen sinnvoll sein. Wenn jedoch das Interesse aufgrund der Forschungsfrage vor allem auf den heutigen Deutungsmustern liegt, ist der Fokus nicht so sehr auf den exakten Ereignisverlauf gerichtet, sondern gerade auf dessen Rekonstruktion und Sinneinbettung durch das Subjekt (Fuchs-Heinritz 2009: 163). Dies ist auch in der vorliegenden Arbeit der Fall.

Der dritte Aspekt, der in Bezug auf die Rekonstruktivität von Erinnerungen berücksichtigt werden muss, ist die konkrete Situation in der die Erzählung erfolgt. Hier sind vier Faktoren zu berücksichtigen, die die Produktion der Erzählung beeinflussen können: die situativen Gegebenheiten, die Interviewerin bzw. der Interviewer, die oder der Interviewte sowie die Interaktion zwischen ihnen (Helfferich 2005: 52). So können etwa die Rahmenbedingungen des Interviews, der zeitliche Kontext, die Merkmale der Umgebung, Vertrautheit zwischen den Interviewpartnern, Ablenkungen etc. entscheidend dazu beitragen, was und wie erzählt wird. Eine zentrale Rolle spielen darüber hinaus die Interviewer, ihre Erwartungen, ihre Fähigkeiten, soziale Situationen zu gestalten, ihr Fragestil und das nonverbale Verhalten. Vielleicht der wichtigste Faktor ist jedoch die bzw. der Interviewte selbst, die Erwartungen, die Bereitschaft, sich auf das Interview einzulassen und der Erzählstil. Hierbei muss betont werden, dass in der biografischen Kommunikation vergangene Ereignisse mit einer bestimmten Absicht erzählt werden. Der Erzähler möchte, dass der Zuhörer seine Geschichte akzeptiert und wird daher „versuchen, die Verstehensbereitschaft, die Kriterien für akzeptable Lebensweise und Lebensauffassung beim jeweiligen Gegenüber mit zu berücksichtigen" (Fuchs-Heinritz 2009: 55). In diesem Sinne ist die Interviewsituation auch als Selbstdarstellung des Interviewpartners zu verstehen, in der beispielsweise der Mechanismus der sozialen Erwünschtheit zu Tendenzen der Beschönigung oder des Weglassens bestimmter Aspekte führen kann. Es ist davon auszugehen, dass dies insbesondere Themen betrifft, die als sensibel oder persönlich bewertet werden, wie etwa die politischen Einstellungen oder Erfahrungen mit Gewalt. Bei der Analyse ist daher zu beachten, dass die Jugendlichen tendenziell versuchen, in den Interviews ein konsistentes und positives Bild von sich selbst, aber auch von ihrer Biografie zu vermitteln. Es ist daher Aufgabe der Forscher bei der Interpretation eine kritische Distanz zu den Interviewaussagen einzunehmen.

Besonders wichtig ist außerdem die Beziehung zwischen Interviewer und Interviewtem. Hier wirken sich unter anderem Sympathie, Rollenverteilung und die Hierarchie zwischen den Gesprächspartnern darauf aus, ob sich eine vertrauensvolle Atmosphäre entwickeln kann. In diesem Sinne ist die erzählte Biografie auch eine *gemeinsame* Rekonstruktion, die von den jeweils ganz spezifischen Gegebenheiten der Interviewsituation geprägt wird.

4 Selbstverständnis, Gesellschaftsbild und politisches Engagement linksaffiner Jugendlicher

Wie bereits im Untersuchungsdesign beschrieben, soll in der vorliegenden Studie anders als in vielen Jugendstudien, die sich mit der Partizipation Jugendlicher und der Herausbildung ihrer Einstellungen beschäftigen, die Datengrundlage der Untersuchung nicht aus der Beobachterperspektive des Forschungsteams, sondern aus den individuellen Selbstbeschreibungen der Jugendlichen generiert werden. Das Ziel ist dabei, „politische Expressionen und Aktionen Jugendlicher in deren Lebenswelt […] zu suchen", wie es sich etwa Pfaff in einem 2012 erschienenen Beitrag von der sozialwissenschaftlichen Jugendforschung wünscht (S. 281). Den Interviewten wird in der Studie somit die Möglichkeit geboten, aus ihrer eigenen Sicht und unter eigener Schwerpunktsetzung sowohl über ihr Verhältnis zu Parteien, Demokratie und Staat als auch über ihre politischen Ideale und Utopien des gesellschaftlichen Zusammenlebens zu sprechen. Anstatt sich auf tradierte Muster und festgefahrene Begrifflichkeiten zu berufen, wird darüber hinaus untersucht, was die Jugendlichen heute selbst unter Links-sein verstehen und wie sie sich innerhalb des politischen Raums auf Grundlage ihrer beschriebenen politischen Orientierungen einordnen. Im Anschluss daran werden die Ziele und Aktionsformen des politischen Engagements sowie deren Legitimierung genauer beschrieben und Argumentationsmuster für die Ablehnung oder Befürwortung unterschiedlicher Formen des Gewalteinsatzes nachgezeichnet.

Die Herausbildung politischer Interessen und Einstellungen im Jugendalter ist ein vielschichtiger Prozess. Um diesen Strukturen näher zu kommen, sollen in diesem Kapitel also das politische Selbstverständnis und das politische Handeln der befragten linksaffinen Jugendlichen genauso wie die Aktionsformen, die sie dafür verwenden, im Zentrum stehen.

4.1 Selbstverständnis und Gesellschaftsbild

4.1.1   Das Verhältnis der Jugendlichen zu Parteien, Demokratie und Staat

Die subjektive Orientierung der Bürger gegenüber dem politischen System, in dem sie leben, ist ein wesentliches Kriterium der Stabilität (Almond, Verba 1963) und der Funktionsfähigkeit (Putnam 1993) einer Demokratie. Insofern bildet die Einstellung von Jugendlichen zu Parteien, Demokratie und Staat ein wichtiges Themenfeld, das in der Jugendforschung der vergangenen Jahrzehnte einen zentralen Platz eingenommen hat (Corcoran et al. 2011; Roller et al. 2006: 7). Schließlich sind die politischen Einstellungen von Jugendlichen auch ein Gradmesser für den Erfolg der Einbindung nachwachsender Generationen in ein demokratisches System und für das zukünftige Verhältnis von Bürgern und Staat (Abold, Juhász 2006: 77; Hoffmann-Lange 1995: 14). Im Mittelpunkt der Untersuchungen zu Jugend und Politik sind dabei zuvorderst die Shell-Jugendstudie (Shell Deutschland Holding 2010) sowie der Jugendsurvey des Deutschen Jugendinstituts (DJI) zu nennen, der in bislang drei Wellen erhoben wurde (Gaiser et al. 2006; Gille, Krüger 2000; Hoffmann-Lange 1995). Beide Studien basieren auf repräsentativen Umfragen unter Jugendlichen und bilden eine zentrale Grundlage für weitere Forschungen auf diesem Gebiet. Gleichzeitig kommen die Studien aber in wichtigen Fragen teilweise zu unterschiedlichen Ergebnissen, wie etwa bei der Untersuchung des politischen Interesses von Jugendlichen (Roller et al. 2006: 7ff.).[7] Die Gründe für die Abweichungen können an dieser Stelle nicht diskutiert werden. Vielmehr soll lediglich die Tatsache, dass quantitative Verfahren in diesem Bereich bislang keine einheitlichen Befunde erbringen konnten, nochmals die Notwendigkeit einer Ergänzung der bisherigen empirischen Ergebnisse um weitere tiefergehende qualitative Studien deutlich machen (vgl. Krähnke et al. 2011).

Die hier vorliegende qualitative Untersuchung bildet einen begrenzten Ausschnitt aus einem breiten Spektrum politischer Orientierungen, liefert dabei aber individuelle Einblicke in die subjektiven Einstellungen politisch engagierter linksaffiner Jugendlicher. In diesem Kapitel stehen Fragen nach der Identifikation der Jugendlichen mit Parteien sowie ihrer Einstellung zu Demokratie und Staat im Zentrum. Inwieweit decken sich die Ergebnisse der qualitativen Studie mit dem allgemein beklagten Rückgang der Demokratiezufriedenheit unter Jugendlichen (Roller et al. 2006: 15), mit der oftmals beschriebenen Politikverdrossenheit der

---

[7] Roller et al. stellen etwa heraus, dass im Falle des politischen Interesses von Jugendlichen im Rahmen der Shell-Jugendstudie (Deutsche Shell 2002) eine negative Entwicklung festgestellt wurde, die als Beleg für die Annahme einer wachsenden Distanz von Jugend und Politik gewertet wird, während der DJI-Jugendsurvey (Gaiser et al. 2005) lediglich eine leichte Abnahme feststellt, die nicht allein auf eine unterschiedliche Länge der Zeitreihen zurückzuführen sein dürfte (Roller et al. 2006: 8ff.).

jungen Generation und der ihr zugeschriebenen verstärkten Ablehnung gegenüber Parteien und Staat (Niedermayer 2006: 268f.)?

a)   *„Parteien sind halt schon ein konstituierendes Element einer repräsentativen*
         Demokratie" – die Einstellung zu Parteien

Dem Einstellungsobjekt der Parteien wird insbesondere seit Anfang der 1990er Jahre in der öffentlichen Diskussion unter dem Schlagwort der ‚Parteienverdrossenheit' zunehmend Beachtung geschenkt und in diesem Zusammenhang auch auf die grundlegenden Veränderungen im Verhältnis zwischen Bürger und Staat hingewiesen (Abold, Juhász 2006: 79; Maier 2000). Die Empirie zeigt, dass es in den vergangenen Jahrzehnten zu einem generellen Rückgang der Parteienidentifikation innerhalb der Gesamtbevölkerung gekommen ist (Matuschek et al. 2011: 146). Dabei wird vor allem Jugendlichen eine zunehmend ablehnende Haltung gegenüber Parteien zugeschrieben (Niedermayer 2006: 268). Bestätigt sich also diese Annahme auch bei den hier untersuchten gesellschaftspolitisch aktiven linksaffinen Jugendlichen? Und wenn eine solche Ablehnung tatsächlich erkennbar sein sollte, ist es dann wirklich zulässig, dies als Beleg für die vielbesagte These einer wachsenden Distanz der Jugendlichen zur Politik zu werten (Roller et al. 2006: 9)? Welche Zusammenhänge könnten darüber hinaus zur Erklärung solcher Orientierungen dienen?

Gerade deshalb, weil die Zugehörigkeit zu einer organisierten Gruppe als Teil der Samplekriterien dieser Untersuchung vorausgesetzt wurde, erkennt man im Falle der hier befragten Jugendlichen eine grundsätzliche Bereitschaft, sich zu organisieren. Nachweisbar ist jedoch, dass Jugendliche in Parteien deutlich, wenn auch in unterschiedlichem Maße, unterrepräsentiert sind (Niedermayer 2006: 280; Wiesendahl 2001: 7). Im Vergleich zur Gesamtbevölkerung ist nur ein sehr geringer Prozentsatz parteipolitisch organisiert (Niedermayer 2006: 287). Die in dieser Studie betrachteten Jugendlichen sind ebenfalls mehrheitlich nicht in Parteien aktiv, auch wenn ein kleiner Teil der Gesprächspartner neben dem Engagement in gesellschaftspolitisch aktiven Gruppen zugleich über eine Parteimitgliedschaft verfügt. Welche Bezüge stellen die Jugendlichen also selbst zu Parteien her und wie erklärt sich ihre Motivation für das individuelle Verhalten?

In Anlehnung an das Ebenenmodell des demokratischen Systems von Fuchs (2002) werden im Folgenden die jeweiligen Einstellungsobjekte, also Parteien, Demokratie und Staat, auf drei unterschiedlichen Ebenen betrachtet. In der Forschung zu Demokratie und politischer Kultur hat sich die Unterscheidung zwischen einer Wert-, einer Struktur- und einer Performanzebene durchgesetzt (Fuchs 2002: 83ff.), die später eine Grundlage für die Betrachtung der Auswertungsergebnisse bilden sollen.

Verwendet man also Parteien als Einstellungsobjekt, so wird auf der Werteebene zunächst die grundsätzliche Einstellung gegenüber Parteien, also der Ausdruck der jeweiligen Orientierung der Gesprächspartner betrachtet. Auf der Strukturebene steht die entsprechende Umsetzung durch das Handeln der Parteien im Fokus. Die Performanzebene beschreibt schließlich die Einstellungen der Jugendlichen zur Parteiwirklichkeit.

Die Auswertungsdaten zeigen deutlich, dass die eigene Haltung gegenüber Parteien für fast alle Befragten eine Rolle spielt. Die Beschäftigung mit den politischen Themen im Rahmen ihres Engagements bringt in der Konsequenz auch eine Beschäftigung mit den entsprechenden Positionen der verschiedenen Parteien mit sich. Zudem haben viele der Befragten ebenfalls über ihr Engagement direkten Kontakt zu Parteiorganisationen, wenn sie beispielsweise im Rahmen von Bündnissen oder gemeinsamen Aktionen mit Parteien zusammenarbeiten oder selbst Parteimitglied sind. Aus diesem Erfahrungsspektrum heraus entwickeln sich sehr unterschiedliche Positionen gegenüber politischen Parteien.

Eine ganz grundlegende Skepsis gegenüber Parteistrukturen ist vielen Interviewten gemeinsam. Daraus ergibt sich aber nicht zwingend eine klare Ablehnung von Parteien auf Seiten der Jugendlichen. Grundsätzlich lassen sich die Einstellungen grob unterteilen in eine (1) deutliche bzw. (2) bedingte Befürwortung sowie eine (3) bedingte oder (4) kategorische Ablehnung von Parteien. Hierbei handelt es sich wohlgemerkt nicht um eine klar quantifizierbare Einteilung, sondern lediglich um eine Grobgliederung des sehr breit gefächerten Einstellungsspektrums, das zahlreiche weitere Abstufungen enthält. Die hier getroffene Unterteilung soll lediglich dazu dienen, die Ausrichtung der Befragten im Hinblick auf ihre Einstellung zu Parteien in einem größeren Kontext deutlich werden zu lassen und später in Bezug auf das erwähnte Ebenenmodell nutzbar zu machen.

Im Falle der deutlichen Befürwortung stehen häufig die Breitenwirkung, welche Parteien durch ihren organisatorischen Aufbau erreichen, ebenso wie die Bedeutung von politischen Organisationen insgesamt als Teil und Funktionsgarant des demokratischen Systems im Vordergrund. Ein Befragter formuliert die Verbindung seiner Interessen mit dem Engagement in einer Partei folgendermaßen:

> Für mich war immer ganz klar, wenn man einen demokratischen Sozialismus haben will, dann muss man nach demokratischen Spielregeln spielen. Und die Veränderung einer Gesellschaft geht leider eben nur über Mehrheiten, über politische Mehrheiten. Und dann muss man eben halt auch nach diesen politischen Mehrheiten suchen. Und dann heißt das natürlich auch, dass man mitregieren muss.
> (I-31)

Wie auch in anderen Fällen wird hier die besondere Stellung von Parteien im demokratischen Interessenfindungsprozess als positiver Bezugspunkt erwähnt. Neben dieser systemischen Einordnung von Parteien erfährt auch das Parteienkonstrukt an sich in einigen Fällen eine Wertschätzung, die sich auf die konkreten

Regelungsmechanismen und Entscheidungsinstanzen bezieht, mit denen die Erwartung an eine effektivere Durchsetzung der eigenen politischen Ziele verbunden ist:

> Also für mich war das im Prinzip schon irgendwie relativ klar, sowieso eigentlich mehr, dass ich mich im Rahmen von [Parteien] dann im Umfeld stärker engagiere als jetzt in kleineren autonomeren Gruppen, weil ich ja schon der Überzeugung bin, dass man wirklich eine große Organisation braucht, um gesellschaftlich was zu verändern, und nicht bloß sich in kleinen Splittergruppen organisieren sollte. (I-2)

Am deutlichsten zeigt sich diese Einstellung tatsächlich bei den wenigen Befragten, die neben ihrem Engagement in einer Gruppe auch Mitglied einer Partei sind. Der vielfach beschriebene Gegensatz zwischen einer konventionellen Parteimitgliedschaft und dem Engagement in protest- und aktionsbezogenen Gruppen (Wiesendahl 2001: 13) lässt sich in diesen Fällen keineswegs nachweisen. Die linksaffinen Jugendlichen, die sowohl in einer Gruppe als auch in einer Partei aktiv sind, zeigen sich gegenüber beiden Partizipationsbereichen offen.

Doch längst nicht alle Parteimitglieder aus dem Sample äußern eine deutliche Befürwortung von Parteien. Der größte Teil der Parteimitglieder vertritt vielmehr eine Form der bedingten Befürwortung, die aber genauso von mehreren Befragten ohne Parteibuch beschrieben wird. Dabei lag im Rahmen der Interviews ebenfalls eine deutliche Betonung auf der Wichtigkeit von Parteistrukturen als Element demokratischer Auseinandersetzung. Die Kritik wird hier jedoch stärker auf die Defizite gerichtet, die innerhalb dieses Systems aus Sicht der Befragten bestehen. So wird mehrfach darauf hingewiesen, dass die Möglichkeiten der aktiven Themensetzung in kleineren Gruppen sehr viel deutlicher gegeben sei als im starren und hierarchisierten Parteikontext. Vorbehalte bestehen bei vielen Jugendlichen auch gegenüber den als begrenzt wahrgenommenen Möglichkeiten von Parteien, sich im Angesicht immer wieder bevorstehender Wahlkämpfe tatsächlich inhaltlichen Themen zu widmen, ohne sich zu sehr auf den Machterhalt innerhalb des politischen Systems oder der Parteistrukturen zu fokussieren. Dies wird etwa in der folgenden Beschreibung eines Interviewpartners deutlich, der das Parteiensystem zwar offensiv befürwortet, gleichzeitig aber die Ausrichtung an Wahlperioden und das mangelnde Zutrauen der politisch Verantwortlichen in die Kompetenz der Bürger als schwerwiegende Fehlentwicklungen wahrnimmt:

> Ich glaube, dass Parteiensysteme in einer gewissen Weise sinnvoll sind, weil sie Mehrheiten sichern können. Also irgendwie, ich bin auch der Ansicht, dass man einmal gegen seine eigene Meinung für irgendetwas stimmen muss. Einfach, weil es vielleicht auch pragmatisch weiterhilft. Dass man manchmal auch in Unkenntnis abstimmen muss. Dafür gibt es halt auch in Parteien immer Experten. Was ich allerdings problematisch sehe ist, dass wir halt quasi immer ,vor der Wahl' haben und es Parteien nicht gedankt wird, wenn sie Kontroversen anstoßen. Das sehe

ich an diesem Parteienstaat einfach sehr, sehr problematisch, dass man sich immer bemüht auf Wählerfang zu gehen. Den Wähler auch generell für ziemlich dumm hält und ihm am besten auch gar nicht erzählt, was man vorhat. (I-5)

Die Kritik, die von den Jugendlichen in diesem Bereich angesprochen wird, bezieht sich dabei vor allem auch auf die in den Parteien vertretenen Akteure und ihre mangelnde Fähigkeit, die Interessen der Jugendlichen angemessen zu vertreten. Es besteht die Sorge, dass die generell als positiv betrachteten Elemente des Parteiensystems stückweise entwertet werden, etwa durch den Missbrauch bestimmter Instrumente, übersteigerte Machtorientierung oder eine Assimilierung im Politikbetrieb. Die erwähnten Vorbehalte werden aber in den Argumentationsmustern dieser Befragten in der Regel letztlich von der positiven Bewertung der grundsätzlichen Wichtigkeit der Parteien überlagert. Bei ihnen besteht eher ein Interesse an einer konstruktiven Veränderung der als problematisch angesehenen Bereiche. Die Erweiterung der organisatorischen Mitwirkung in etablierten Parteien um die Beteiligung in Aktionsformen außerhalb etablierter politischer Institutionen wird dabei von den Befürwortern als sinnvoll hervorgehoben. Dies lässt abermals eine Offenheit gegenüber beiden Formen der politischen Partizipation deutlich werden.

Diese tendenziell positive Sichtweise wird aber nur von einem Teil der Befragten vertreten. Deutlich wird in vielen Fällen durchaus die bedingte Ablehnung von Parteien, die vor allem auf einer verstärkten Kritik am Aufbau und der Funktionsweise dieser Organisationsform beruht. Anders als bei der bedingten Befürwortung überwiegen hier die Kritikpunkte. Die als positiv empfundenen Aspekte finden trotzdem grundsätzliche Anerkennung finden. Neben den hierarchischen Strukturen und der starken Formalisierung überwiegt auch hier die Wahrnehmung von Parteiakteuren als machtorientierte Wahlkämpfer, die den Blick auf die tatsächlichen Problemfelder verlieren und sich so schrittweise von ihren eigentlichen Idealen verabschieden. Mangelnde Möglichkeiten, sich nach den eigenen Vorstellungen in die Parteiarbeit einzubringen und eigene Ideen im Rahmen einer Parteimitgliedschaft durchsetzen zu können, werden ebenso angeführt. So spricht etwa ein Befragter davon, dass die Vorstellung, sich innerhalb einer Partei bestimmten Kompromissen beugen zu müssen, ihm das Gefühl gibt, in seiner persönlichen Freiheit eingeschränkt zu sein. Ein anderer Interviewpartner kritisiert die Sach- und Organisationszwänge, denen man sich in einer Partei unterordnen müsse:

Was ich auch problematisch finde, ist das Parteiendenken so ein bisschen, also Fraktionszwang, also dass eigentlich Sachen – auch wirklich sehr offensichtlich gute Sachen oder wichtige Sachen oder doch nicht ganz blöde Sachen – irgendwie dann eigentlich konsequent abgelehnt werden, wenn sie von der Opposition kommen oder gerade wenn sie von den Linken kommen oder so. Und das sehe ich schon als Problem irgendwie an. (I-32)

Einige der Befragten, die es ablehnen, parteipolitisch aktiv zu werden, können sich aber sehr wohl ein Engagement in einer Partei vorstellen, sofern diese eine ansprechende Alternative zu den etablierten Parteien bieten würde:

> Ich meine, es ist alles ganz nett, was wir machen, aber es hat ja nicht wirklich eine Breitenwirkung. Und ich glaube, wenn man wirklich was machen will, bräuchte man theoretisch schon ein größeres Netz eigentlich. Ja, wenn es halt eine richtig gute Partei geben würde, könnte man wahrscheinlich mit der Partei wesentlich mehr machen, glaube ich schon. (I-1)

Schließlich liegt in einigen wenigen Fällen auch die kategorische Ablehnung von Parteistrukturen vor. Eine Einstellung, die sich in vielen Punkten mit der bedingten Ablehnung deckt, im Gegensatz dazu aber kaum mehr die Vorzüge des Parteiensystems anerkennt. Ein Hauptmotiv ist dabei die Überzeugung, dass die etablierten Parteien die drängenden politischen Probleme nicht lösen können. Der hierarchische Aufbau der Parteien wird hier mit verstärkter Vehemenz kritisiert, ebenso die als hochproblematisch angesehene Machtorientierung der Akteure. Erweitert wird ihre Haltung in diesen Fällen um weitere zentrale Kritikpunkte, wie etwa die vermutete charakterliche Schwäche der Parteipolitiker, inhaltliche Differenzen oder schlichtweg eine mangelnde Anziehungskraft parteipolitischer Arbeit und die Arbeitsatmosphäre innerhalb der Parteistrukturen:

> Ja ich weiß nicht – ich war mal, weil mein [Verwandter] ist bei der SPD, bei den Jusos. Und ich war da mal bei so einem Jusotreffen, weil der mich immer, jahrelang versucht hat, zu den Jusos zu locken. Hat aber nie geklappt. Und dann war ich da halt auch mal. Und da waren so zehn Leute und da war noch eine andere Frau und sonst waren es alles Männer. Und schon das Redeverhalten, also ich weiß nicht, die Frau hat dann auch gar nichts gesagt, überhaupt gar nichts. Ich weiß nicht, ob es daran lag, dass sie sowieso nie was sagt oder so, aber ich hatte halt total das Gefühl: Diese Atmosphäre hier ist einfach einschüchternd. Und gerade bei jüngeren Leuten, wo es dann auch so um Sexualität geht oder keine Ahnung, [das] spielt ja eine wichtige Rolle. Ja, die hat sich einfach eingeschüchtert gefühlt und ich habe mich auch eingeschüchtert gefühlt. Weil es die ganze Zeit – weiß ich nicht, dann haben die auch die ganze Zeit so auf ‚krasser Politiker' gemacht. Und haben dann irgendwelche Reden geschwungen, zehn Minuten lang ohne Punkt und Komma. Und man wurde einfach schon von diesem Verhalten erniedrigt und erdrückt. Und da habe ich halt keine Lust drauf, das finde ich halt anstrengend. (I-18)

Das vorangehende Zitat macht zudem deutlich, dass sich die hier beschriebene Wahrnehmung mit den empirischen Befunden deckt, wonach Parteiarbeit nach wie vor „nur eine kleine, überschaubare Zahl höher gebildeter, kognitiv ressourcenstarker" (Wiesendahl 2001: 9), überwiegend männlicher Mitglieder anzieht (Gille, Krüger 2000: 272ff.; Niedermayer 2006: 277). Für die linksaffinen Jugendlichen wirkt die Wahrnehmung einer solchen Atmosphäre eher abschreckend. Daneben stehen die innerparteilichen Demokratiedefizite und die unzureichende themenorientierte Problembearbeitung im Mittelpunkt der Kritik und lassen Parteien damit für diesen Teil der Befragten als völlig unattraktiv erscheinen. Die Vorzüge der eigenen, oftmals thematisch begrenzten und loser organisierten Gruppen, welche mehr Mitarbeitsanreize bilden, werden hier in den offenen Gegensatz zu der „erstarrten Versammlungsroutine" (Wiesendahl 2001: 11) der Parteien gestellt, die stattdessen als anachronistisch und verkrustet wahrgenommen werden (Niedermayer 2006: 287).

Eine ganz grundlegende Skepsis gegenüber Parteistrukturen ist also tatsächlich bei einem überwiegenden Teil der Interviewten – ob Parteimitglied oder nicht – zu finden. Die wenigen Befragten, die neben ihrem Engagement in einer Gruppe auch über eine Parteimitgliedschaft verfügen, äußern zwar eine tendenziell positivere Gesamtsicht auf das Konstrukt der Partei an sich, sprechen aber ohne Ausnahme alle auch Kritikpunkte oder Verbesserungsmöglichkeiten an.

Versucht man nun, diese Ergebnisse der Befragungen auf das zu Beginn erwähnte Ebenenmodell zu übertragen, so wird sehr schnell deutlich, dass sich die grundsätzliche Kritik vor allem auf die Struktur- und Performanzebene und nicht auf die Werteebene bezieht. Die ,Daseinsberechtigung' von Parteien und ihre Wichtigkeit für die Interessendurchsetzung in einem demokratischen System werden – bis auf einige wenige Ausnahmen – nicht in Frage gestellt. Vielmehr wird die Funktion von Parteien als konstituierendes Element einer repräsentativen Demokratie hervorgehoben. Die der Parteien Ablehnung wird in der Breite auf der Strukturebene deutlich, wenn der hierarchische Parteiaufbau, die überkommenen Beteiligungsmuster sowie die Atmosphäre innerhalb der Parteien in der Kritik stehen. Die Performanzebene wird tangiert, wenn sich das politische Programm und die Handlungen der Parteipolitiker nicht decken, also das Gefühl entsteht, dass die Interessen der Bürger nicht ausreichend repräsentiert und die als wesentlich wahrgenommenen Themenfelder nicht effektiv bearbeitet und in der Entscheidungsfindung wiedergegeben werden. Verstärkt wird diese Wahrnehmung unzureichender Performanz durch den Integritätsverlust, der den Hauptakteuren der Parteien zugeschrieben wird.

Blickt man nun noch einmal auf die zu Beginn getroffene Einteilung im Hinblick auf die Einstellungen der Jugendlichen zu Parteien zurück, so wird offensichtlich, dass die deutliche bzw. bedingte Befürwortung vor allem auf einer Wertschätzung der Werteebene gründen, die bedingte bzw. kategorische Ablehnung ist dagegen eindeutig auf eine Kritik innerhalb der Struktur- bzw. Performanzebene zurückzuführen. Das Missempfinden der hier befragten linksaffinen Jugendlichen geht also in den betreffenden Fällen nicht auf eine grundsätzlich feindselige Haltung gegenüber Parteien als solchen zurück, sondern entzündet sich an der subjektiv wahrgenommenen Parteienwirklichkeit. Erfahrungen und Beobachtungen auf der Strukturebene prägen ganz entscheidend das Bild der Interviewten. In Kombination mit der Performanzebene, auf der die Leistungen der Parteien als unzureichend wahrgenommen werden, entsteht so die beschriebene Distanz, die bei den Jugendlichen erkennbar ist. Dabei lässt diese Distanz keineswegs Rückschlüsse auf eine Entfremdung der Jugendlichen zum politischen Geschehen generell zu. Die These einer „politischen Einmischungsverarmung" unter Jugendlichen (Wiesendahl 2001: 15) wird dadurch jedenfalls nicht erhärtet. Die hier befragten linksaffinen Jugendlichen verfügen sogar im Gegenteil eher über ein überdurchschnittliches politisches Interesse und zudem über eine hohe Organisationsbereitschaft, die ihren Ausdruck in dem gesellschaftspolitischen Engagement in den jeweiligen Gruppen findet. Die mangelnde Attraktivität parteipolitischen Engagements entwickelt ihren Ursprung also vielmehr in der konkret erlebten negativen Parteienwirklichkeit, die für die Befragten häufig im Gegensatz zu der grundsätzlichen Akzeptanz gegenüber Parteien steht.

Auch wenn es sich bei Parteien um sogenannte ‚kontroverse' Elemente (Easton, Dennis 1969) des politischen Systems handelt, deren Bewertung nicht zuletzt immer auch von tagespolitischen Positionen abhängt, so bilden sie doch einen ganz zentralen Bestandteil jeder demokratischen Ordnung und prägen die Bündelung von Interessen im politischen Prozess (Hoffmann-Lange 1995: 183). Aus diesem Grund ist es von besonderem Interesse, die Einstellung der befragten linksaffinen Jugendlichen gegenüber Parteien auch im Hinblick auf die Legitimität des gesamten politischen Systems in die Analyse der Untersuchungsdaten mit einzubeziehen (Abold, Juhász 2006: 90).

b) *„Demokratie ist eine leere Hülse. Es kommt darauf an, wie man sie füllt" – die Einstellung zu Demokratie und Staat*

Neben den Parteien als ausgewähltem Bereich des politischen Systems stehen auch Demokratie und Staat und damit die politische Ordnung an sich als Orientierungsobjekte im Untersuchungsfokus der Kultur- und Demokratieforschung (Gabriel 2009; Tenscher, Scherer 2012: 95). Um diese Einstellungsobjekte im Rahmen der Auswertung unserer Studie erfassen zu können, wird auch hier eine Betrachtung der Ergebnisse in Anlehnung an das bereits beschriebene Ebenenmodell aufgeführt.

Auf der Werteebene wird diesmal die Haltung der Befragten gegenüber Demokratie und Staat im Allgemeinen, also die grundsätzliche Zustimmung zur demokratischen Idee erfasst. Auf der Strukturebene wird die Unterstützung der demokratischen Ordnung des jeweiligen Landes und auf der Performanzebene die Einstellungen zu den Leistungen der vorhandenen demokratischen Ordnung, also gegenüber der demokratischen Wirklichkeit, betrachtet (Abold, Juhász 2006: 79; Tenscher, Scherer 2012: 95ff.).

Die Struktur- und die Werteebene gehen in Bezug auf die Einstellungsobjekte Demokratie und Staat in vielen Fällen mehr oder weniger ineinander über. Denn wie die grundsätzliche Haltung zur Demokratie beschrieben wird, hängt in der Regel direkt mit der Frage zusammen, wie die spezifische Form der Demokratie in der Bundesrepublik bewertet wird. Dabei zeigt sich bei den interviewten linksaffinen Jugendlichen, dass einige der Befragten mit der im Grundgesetz verankerten Demokratie nicht unbedingt zufrieden sind, wohl aber das demokratische Ideal im Allgemeinen unterstützen. Ebenso gibt es einen kleinen Teil der Gesprächspartner, der nicht nur der deutschen Demokratie in ihrer gegenwärtigen Ausprägung, sondern der Staatsform im Generellen ablehnend gegenüber steht. Eine vorbehaltlose Würdigung von Demokratie und Staat wird zwar in keinem der Fälle offen geäußert, viele der Befragten setzen aber – bei aller Kritik, die sie an der gegenwärtigen politischen Ordnung äußern – die bestehende Demokratie in Bezug zu anderen politischen Ordnungsvorstellungen oder Systemen und entwickeln darüber eine durchaus positive Einstellung zur demokratischen Ordnung im eigenen Land:

> Aber ansonsten weiß ich halt, dass wir glücklich sein können, dass wir so eine Demokratie haben, so im Vergleich zur Welt und zu anderen Ländern und so weiter, dass wir unsere Meinungen doch relativ frei sagen können, also wie ich hier gerade bei einer Veranstaltung war, wo man gemerkt hat, dass es da auch Grenzen gibt und so weiter, irgendwie kann man doch sich sehr frei bewegen. In Deutschland. Und natürlich finde ich das gut so. (I-32)

Mehrere Befragte beziehen sich dabei auch auf ganz konkrete Erfahrungen, etwa aus einem Auslandssemester oder aus Urlaubsreisen in nicht demokratisch verfasste Staaten. Die Wirkung, die die staatlichen Strukturen und die politischen Ordnungsinstanzen nach einem Aufenthalt in diesen Ländern auf die Interviewten hatten, führt zu einer bewussteren und deutlich positiveren Einstellung zur Demokratie in Deutschland. Auch andere Interviewte halten die Demokratie an sich für eine gute Staatsform und befürworten die Strukturprinzipien einer demokratischen Ordnung, wie etwa das Recht auf freie Meinungsäußerung und das Prinzip der Versammlungsfreiheit. Das bedeutet aber nicht in jedem Fall, dass sie auch die tatsächliche Ausprägung der Demokratie in ihrer jetzigen Form unterstützen. Ein Interviewpartner stellt dabei in Frage, ob jedes System, das sich selbst als Demokratie versteht, diese Bezeichnung tatsächlich auch verdient:

> Na Demokratie an sich – ist eine leere Hülse. Demokratie ist immer das, wie man sie füllt so, ne? Es gibt tausend Systeme auf der Welt, die sich als Demokratie bezeichnen, die sind total unterschiedlich zueinander, ja? Die Sowjetunion hat sich Demokratie genannt, demokratisch etc. Die DDR hat sich Demokratie genannt, die BRD nennt sich Demokratie, ja? Frankreich nennt sich Demokratie, China nennt sich Demokratie. Ja, wir nutzen dieses Wort. Also Demokratie ist eine leere Hülse. Es kommt darauf an, wie man sie füllt. Also es ist – Es ist weder zu verteufeln – Also ich würde es weder verteufeln, noch würde ich sagen, es ist die Allheillösung. […] Eine Demokratie, die Gleichberechtigung schafft, die soziale Gerechtigkeit schafft, die die Gleichheit der Menschen betont, die Gerechtigkeit

betont, ja, die unterstütze ich natürlich. Aber Deutschland ist angeblich – ist auch eine Demokratie, aber sie tut es nicht. Deswegen bin ich nicht gegen Demokratie, aber das, was in Deutschland gerade ist, das ist ja scheiße. (I-33)

Die Kritik, die an der Ausgestaltung der Demokratie auf der Strukturebene geäußert wird, geht in den meisten Bereichen bereits in die Performanzebene über. Mit Abstand am häufigsten wird dabei die Forderung nach mehr direkten Beteiligungsmöglichkeiten genannt. Für den überwiegenden Teil der befragten linksaffinen Jugendlichen stellen die unzureichenden Möglichkeiten der Beeinflussung des politischen Prozesses und der Einbringung eigener Ideen und Vorstellungen einen schwerwiegenden Mangel dar. Das Fehlen entsprechender Partizipationsmöglichkeiten wird dabei von einigen Befragten als klare Abweichung von den grundsätzlichen Kernelementen des ursprünglichen Demokratiemodells empfunden:

> Und ich halte Demokratie in dem Sinne, die Idee verstehe ich natürlich, aber ich halte es für unmöglich, eigentlich die Idee umzusetzen, weil, die Problematik besteht darin, dass es eigentlich ein Idealbild einfach nur ist. Man kann nicht Leute anregen, sich zu beteiligen politisch, aber gleichzeitig Strukturen vorgeben, wo diese Beteiligung halt nicht gefordert wird sozusagen. Also diese Basisdemokratie fordert ja einen selber und man kann das, die Leute müssen lernen, selbständig zu handeln, damit sowas funktioniert. Und deshalb halte ich so ein repräsentatives System von Demokratie auf jeden Fall für, es ist ein Idealbild, was es nicht geben kann, meiner Meinung nach. Es kann nicht funktionieren. (I-10)

> […] weil es keine Einflussmöglichkeiten gibt. Man kann alle vier oder fünf Jahre wählen und das war es. Es gibt halt keine Möglichkeit zwischendurch zu intervenieren. (I-14)

Diese Wahrnehmung der fehlenden Möglichkeiten den politischen Prozess zu beeinflussen, wirkt sich deutlich auf die Einstellung der Befragten zur politischen Ordnung aus. Das Gefühl bei der eigentlichen politischen Themensetzung und Entscheidungsfindung außen vorzubleiben, führt bei den befragten Jugendlichen zu Unzufriedenheit und Ohnmachtsgefühlen. Die grundsätzlich als positiv wahrgenommenen Möglichkeiten, die das demokratische System seinen Bürgerinnen und Bürgern verspricht, werden als Enttäuschung empfunden. Bei dem Versuch, sich über ihr außerinstitutionelles Engagement einzubringen, sehen sich einige der Befragten zu Unrecht kriminalisiert, obwohl ihnen aus ihrer Sicht ein anderer effektiver Zugang zu den demokratischen Entscheidungsprozessen verwehrt bleibt:

> Volksbeteiligung. Dass wirklich eben die Möglichkeit besteht, dass die Bevölkerung relativ einfach Anträge einbringen kann, die dann abgestimmt werden. Aber man muss erst zu seinem Vertreter gehen, der geht dann zu seinem Vertreter, und der geht dann wieder woandershin, also dass man in einem Parlament, dass halt ein Parlamentarier seinen Wahlkreis vertritt, das ist grundlegend eine gute Sache, aber man sollte auch der Bevölkerung die Chance geben, sich selbst zu erheben, ohne dass man sofort als Terrorist gebrandmarkt wird. Das wär schön. (I-12)

Die Interviewten bewerten das Repräsentativitätsprinzip mehr oder weniger als gescheitert. Zum einen, weil sie ihre eigenen Interessen nicht vertreten sehen und sich nicht im demokratischen Prozess wiederfinden, zum anderen, weil der Eindruck vorherrscht, dass auch andere Teile der Bevölkerung, insbesondere, wenn sie Minderheiten darstellen, nicht angemessen im Rahmen der parlamentarischen Demokratie repräsentiert werden:

> Ich finde das sehr stark verbesserungswürdig. Das ist einfach, [dass] wir in einem repräsentativen System leben, wo die Interessen der Repräsentierenden irgendwie – also deren Inhalte sehr stark einfach die Debatte bestimmen. Und die, die eigentlich repräsentiert werden sollten bzw. auch die Menschen, die überhaupt keine Lobby haben, wie Arbeitslose oder eben Migranten, dass die halt einfach nicht vorkommen, so. Dass [es] in dieser Gesellschaft hier, wo es eigentlich heißt, alle sind irgendwie vor dem Gesetz gleich, einfach enorme Machtunterschiede gibt, entsprechend da, wo man halt ökonomisch steht. Wenn man viel Geld hat bzw. überhaupt viel Einfluss, dann hat man auch die Möglichkeit, viel Macht auszuüben. (I-28)

> […] aber ich bin der Meinung, dass das Volk oder die Bevölkerung nicht wirklich mehr eingebunden ist in den demokratischen Prozess, einfach weil, Politik elitengesteuert ist inzwischen und von wirtschaftlichen und politischen Eliten, und die Entscheidungen nicht mehr zum Wohle der Gesamtbevölkerung getroffen werden, sondern zum Wohle dieser Eliten. Die Demokratie ist quasi korrumpiert oder das politische System ist korrumpiert und deswegen, denke ich, dass dieses Repräsentationsprinzip nicht mehr funktioniert und dass es wieder neu organisiert werden muss bzw., dass man darüber nachdenken muss, wie man die tatsächliche Mitbestimmung wieder hinbekommt und dass die Entscheidungen auf allen Ebenen wieder von denen getroffen werden, die sie auch wirklich betreffen, und das fängt im Haus, in der eigenen Straße an und geht dann hoch bis auf die internationalen Ebenen tatsächlich. (I-4)

In vielen Aussagen wird in diesem Zusammenhang vor allem auch der große Einfluss von Lobbyisten und ökonomischen Eliten auf den politischen Prozess kritisiert. Die bereits bei der Analyse der Einstellungen zum Parteiensystem beschriebenen Vorbehalte der Befragten gegenüber den Sach- und Handlungszwängen in Parteien, die als Begrenzung der politischen Gestaltungsmacht empfunden werden, werden hier noch ergänzt durch die Befürchtung der unverhältnismäßigen Durchsetzung elitengesteuerter Machtinteressen, der Sorge vor Korruption und charakterlicher Schwäche der politischen Akteure.

Ein Teil der Interviewten kritisiert darüber hinaus auch die übermäßigen Regelungsmechanismen, von denen sie sich durch den Staat in ihrer Lebensgestaltung eingeschränkt und bevormundet fühlen. Langwierige bürokratische Verfahren, Regeln und Verbote werden als Zwänge empfunden, die die eigene Selbstentfaltung, aber auch das gesellschaftspolitische Engagement behindern. Bürgerrechte und persönliche Freiheiten sehen sie etwa durch eine verstärkte staatliche Überwachung und zunehmende Repression eingeschränkt.

Aus dieser Wahrnehmung heraus entwickelt sich ein tiefes Misstrauen gegenüber dem Staat und seinen Vertretern, das in auffällig vielen Interviews Erwähnung findet. Neben den bereits beschriebenen Vorbehalten gegenüber der Integrität der politischen Akteure gerät dabei insbesondere die Justiz in den Mittelpunkt der Kritik. Hier werden offen Zweifel an rechtsstaatlichen Prozessen und juristischen Entscheidungen geäußert. Bei einem Teil der Befragten geht diese Einstellung auf persönliche Erfahrungen zurück, andere beziehen sich auf juristische ,Präzedenzfälle', die in den Medien, und vor allem in der linken Szene Beachtung gefunden haben.

In der Konsequenz ergibt sich daraus, dass die Befragten zum einen denkbare Alternativen oder Verbesserungsmöglichkeiten anführen, um die von ihnen grundsätzlich befürwortete Idee der Demokratie wieder handlungsfähig und legitim erscheinen zu lassen. Die Vorschläge reichen dabei von einer Einführung des Konsensprinzips, über eine Abschaffung des vierjährigen Wahlrhythmus bis hin zur Implementierung von teilweise rätedemokratischen Strukturen mit imperativem Mandat und einer Stärkung der Eigenverantwortung des einzelnen Bürgers. Zum anderen beschränken sie sich darauf, der bestehenden Demokratie ihre Berechtigung, sich als solche zu bezeichnen, abzusprechen, wie es etwa bei folgender Aussage der Fall ist:

> Welche Demokratie? Naja, welche Demokratie? Naja, Demokratie würde ja bedeuten, dass der Wille des Volkes, also der Wille der Bevölkerung umgesetzt wird. Aber das sehe ich nicht. Wir dürfen alle vier Jahre wählen gehen, danach haben wir die Fresse zu halten, und sobald man sich dann hinstellt und so sagt ,Hey, Moment!', bist du automatisch Wutbürger oder ein linker Extremist. Daher Demokratie? Die wurde schon lange abgeschafft. (I-12)

Einige wenige der befragten Jugendlichen lehnen als Konsequenz nicht nur die Demokratie in ihrer gegenwärtigen Ausprägung, sondern die Staatsform als solche ab. Dabei steht nicht unbedingt die bewusste Ablehnung zentraler demokratischer Strukturprinzipien im Vordergrund. Vielmehr speist sich diese Einstellung aus den als eklatant empfundenen Mängeln auf der Performanzebene, die aus Sicht der Befragten mit den Mitteln demokratischer Strukturen nicht behoben werden können:

> Nee, es war mehr eine Desillusionierung von dem System halt aus. Dass das eigentlich alles nur größtenteils auch Propaganda ist, was propagiert wird. Mit Demokratie und jeder soll sich beteiligen können und jeder hat Rechte, so was halt. Und dass Probleme lösbar sind, das. Und ein Stück weit natürlich auch, dass das schwierig ist, ist klar, aber was mich halt weiterbringt ist halt: Ich sehe keine Alternativen. Ich sehe keine Zukunft im jetzigen System für mich und auch mittelfristig schon nicht. Vielleicht in fünf Jahren oder so denke ich, wird es wieder genauso Zustände geben, wie es jetzt in Spanien gibt, in die Richtung. (I-10)

Grundsätzlich könnte dies zunächst Befunde aus der Empirie bestätigen, die eine leicht abnehmende Zustimmung zur Idee der Demokratie bei zunehmender Unzufriedenheit mit der Demokratiewirklichkeit konstatieren (Gaiser et al. 2005: 177, 181; Roller et al. 2006: 8). Im Rahmen dieser qualitativen Studie muss aber festgestellt werden, dass eine grundsätzlich ablehnende Haltung gegenüber der Demokratie auf allen drei Ebenen gleichzeitig, also Werteebene, Struktur- und Performanzebene, die Ausnahme bleibt. Insgesamt wird in den Aussagen der Befragten vielmehr eine hohe Unterstützung für die demokratische Idee als grundlegendes politisches Ordnungsprinzip deutlich. Das dominierende Muster besteht in einer in Abstufungen vorliegenden Befürwortung auf der Werteebene, die allerdings durch eine geringe Akzeptanz gegenüber der tatsächlichen Ausprägung dieser Idee auf der Struktur- und vor allem auf der Performanzebene besteht. Man kann also von einer Diskrepanz zwischen der diffusen und der spezifischen Unterstützung des politischen Systems sprechen, wobei sich die Zufriedenheit mit der Systemperformanz als zentrales Entscheidungskriterium erweist (Schäfer 2006: 240).

Es ist daher nicht zu weit gegriffen, von einem Legitimitätsverlust des politischen Systems bei den befragten Jugendlichen zu sprechen, innerhalb dessen die Unzufriedenheit mit dem Funktionieren der Demokratie die grundsätzlich positive Einstellung zur demokratischen Idee überlagert.

Sowohl die Einstellung der befragten linksaffinen Jugendlichen zu Parteien als auch die zu Demokratie und Staat lässt erkennen, dass in beiden Fällen auf der Werteebene eine grundsätzlich hohe Unterstützung zu den Einstellungsobjekten erkennbar ist. Auf der Strukturebene, vor allem aber auf der Performanzebene besteht dagegen eine ausgeprägte Unzufriedenheit, die die Wahrnehmung auf die politische Ordnung in hohem Maße bestimmt. Eine grundsätzlich positive Systemakzeptanz steht damit einer negativen Systemwahrnehmung gegenüber. Anders formuliert, die Jugendlichen sind überwiegend weder partei- noch demokratiefeindlich eingestellt, aber durchaus von einer tiefen Enttäuschung im Hinblick auf die Leistungen des demokratischen Systems in Deutschland geprägt.

Die These einer wachsenden Distanz von Jugendlichen zur Politik lässt sich mit diesen Befunden differenzieren. Sowohl das politische Interesse als auch die Akzeptanz gegenüber der politischen Ordnung auf der Werteebene sind hoch. Die Unzufriedenheit mit den entsprechenden Ausprägungen äußert sich keineswegs in einem Rückzug ins Unpolitische. Vielmehr suchen die Jugendlichen nach alternativen Möglichkeiten, sich und ihre Interessen in das politische System und in politische und gesellschaftliche Entscheidungsprozesse einzubringen.

Prägend für die Entwicklung des Verhältnisses von Individuen zu politischen Objekten ist nach den Erkenntnissen der politischen Einstellungsforschung in erster Linie die primäre Sozialisation im Kindes- und Jugendalter (Abold, Juhász 2006: 79). Daher ist neben der Einstellung der Jugendlichen gegenüber der politischen Ordnung vor allem auch der Blick auf ihre biografischen Verläufe und die Entwicklung ihres politischen Interesses von Bedeutung (vgl. Kap. 5).

4.1.2 Ungleichheit, Ökonomisierung, Entpolitisierung: Kritik der Jugendlichen an gesellschaftlichen Entwicklungen

Zu den politischen Orientierungen einer Person gehört weit mehr als ihre Einstellung zu bestimmten Aspekten des politischen Systems wie dem Staat, der Verfassung, der Regierungsform, den Parteien oder einzelnen Politikern. Sie umfassen vielmehr auch Denkmuster, die sich auf eine große Vielzahl von Themen beziehen, von gesamtgesellschaftlichen und globalen Problemen wie der Verteilung von Ressourcen oder dem Umweltschutz bis hin zu Fragen der persönlichen Lebensführung und des zwischenmenschlichen Zusammenlebens. Im Folgenden wird daher dargestellt, (1) welche gesellschaftlichen Fragen die engagierten Jugendlichen bewegen und warum ihnen diese wichtig sind sowie (2) welche Ansichten sie in den jeweiligen Bereichen vertreten und welche typischen Argumentationsmuster dabei geäußert werden.

Gemeinsam ist den interviewten Jugendlichen, dass sie einen kritischen Blick auf die aktuelle Gesellschaft und ihre Zukunft werfen. In dieser Kritik kommen neben der argumentativen Ebene auch bestimmte moralische Vorstellungen bzw. Werthaltungen zum Ausdruck. So argumentieren die Jugendlichen beispielsweise, dass eine ungleiche Verteilung gesellschaftlicher Ressourcen ungerechtfertigt sei, da eine gerechtere Verteilung mehr Menschen ein gutes Leben ermöglichen würde. Auf der Werteebene verknüpfen sie dies mit einem egalitären Gerechtigkeitsverständnis. Eine entscheidende Rolle spielen neben dem Bekenntnis zu bestimmten Werten die Emotionen, die sie mit ihrer Gesellschaftskritik verbinden. Hier berichten die Interviewten von Empörung, starkem Ungerechtigkeitsempfinden, Wut, aber auch Mitleid gegenüber Benachteiligten. In den Worten eines Interviewten klingt dies beispielsweise so:

> Es war halt so ein diffuses Ungerechtigkeitsgefühl. […] Es war mir jetzt nicht egal, wenn ich Nachrichten über irgendwelche Hungersnöte kriege oder sonst irgendwas gesehen habe, sondern da war schon immer dieses: ‚Das stimmt so nicht oder das kann nicht sein'. (I-30)

Durch diese emotionale Involviertheit werden die kritisierten Zustände nicht als etwas Fernes, außerhalb der eigenen Person Stehendes wahrgenommen, sondern direkt erfahren. Darin zeigt sich, dass für die Entstehung von Protest nicht objektives Leiden, sondern die Beurteilung als „*politisch* und *moralisch* nicht gerechtfertigt" zentral ist (Ziegler 2011: 100). Diese Bewertung findet auf der emotionalen Ebene statt und äußert sich in Empörung und Entrüstung. Die Analyse weist darauf hin,

dass dieser emotionale Aspekt der Gesellschaftskritik für die Veränderungsmotiva-
tion und das Bedürfnis, sich persönlich einzubringen, besonders bedeutsam sind.
Darüber hinaus sind die hierin zum Vorschein kommenden Werte eine wichtige
Basis für die langfristigen politischen Orientierungen und das Selbstverständnis der
Jugendlichen.

Neben sozialen Motiven und dem Wunsch nach Selbstverwirklichung stellt
somit die Wahrnehmung gesellschaftlicher Probleme und deren Einschätzung als
nicht hinnehmbar den Hauptgrund für die Beteiligung der Jugendlichen an Pro-
testaktivitäten dar. Auch bildet sie in vielen Fällen die Argumentationsgrundlage für
die verwendeten politischen Strategien und Handlungsformen. Es ist daher von
einigem Interesse, diese Problemwahrnehmung weiter aufzuschlüsseln und ihre
Hintergründe zu untersuchen. Bedeutsam für die Engagementbereitschaft ist darüber hinaus, die Einschätzung gesellschaftlicher Zustände als nicht naturgegeben
oder alternativlos, sondern als veränderbar.

Ein kritischer Blick auf die Gesellschaft ist jedoch kein Alleinstellungsmerk-
mal engagierter linksaffiner Jugendlicher. Vielmehr zeigen repräsentative Umfragen, dass ein großer Prozentsatz der Jugendlichen einen skeptischen Blick in die
gesellschaftliche Zukunft wirft (vgl. Gensicke 2010). Sorgen machen ihnen etwa die
Erhaltung des Friedens sowie die Ausländerfeindlichkeit in Deutschland (Tenscher,
Scherer 2012: 64). Auch die Entwicklung der ökologischen Situation und der
Klimawandel werden von Jugendlichen als große Probleme wahrgenommen.
Gleichzeitig zeigen die genannten Studien, dass diese skeptische Bewertung der
gesellschaftlichen und ökologischen Entwicklung mit einer eher optimistischen
Einstellung für das eigene Leben einhergeht. Diese Diskrepanz versuchen Jugend-
liche vor allem mit persönlicher Leistung und sozialer Einbindung zu überbrücken
(Gensicke 2010: 187).

Die hier befragten Jugendlichen sprechen in den Interviews eine Vielzahl
problematischer Punkte an. Diese reichen vom Leistungsdruck auf der Arbeit über
Konfrontationen mit rassistischen Ressentiments und die wahrgenommene Entpolitisierung ihrer Altersgenossen bis hin zur Feststellung einer allgemeinen Entsolidarisierung der Gesellschaft. Bemerkenswert ist dabei jedoch, dass diese Kritik-
punkte nicht als isoliert voneinander betrachtet werden. Vielmehr stellen die
Jugendlichen Verbindungen zwischen den einzelnen Bereichen her, analysieren
diese auf zugrunde liegende Mechanismen hin und gründen darauf ihre allgemeine
Kritik an einem, mehr oder weniger, kohärent konstruierten Gesellschaftsbild.
Wichtigster gemeinsamer Bezugspunkt ist dabei für die meisten der ‚Kapitalismus'.
Der Begriff beinhaltet dabei für die Jugendlichen nicht nur die Bezeichnung eines
Wirtschaftssystems, sondern wird als ein umfassendes Gesellschaftssystem gedacht,
das sich historisch herausgebildet hat und in dem die ökonomische Verwertungslo-
gik zunehmend alle Lebensbereiche durchdringt. In diesem Sinne werden viele der
angesprochenen Problemfelder als direkte oder vermittelte Auswirkungen des

Kapitalismus angesehen. Dennoch wird mit dieser Zuschreibung im Allgemeinen kein simplifizierendes Freund-Feind-Schema bedient. Vielmehr setzen sich die Befragten häufig sehr umfänglich mit den als problematisch empfundenen Phänomenen sowie mit möglichen Lösungen auseinander und versuchen diese in ihrem eigenen Engagement umzusetzen.

Dabei fällt ebenfalls auf, dass die Gesellschaftskritik der Jugendlichen selten in einen umfassenderen ideologischen Rahmen eingebettet ist und zumindest in den Interviewäußerungen wenig theoriegeleitet erscheint.[8] So verwenden sie kaum Begriffe aus der marxistischen Kapitalismuskritik und beziehen sich eher selten und lose auf Theoretiker wie Marx, Gramsci, die Frankfurter Schule oder Foucault. Vielmehr bilden häufig konkrete Erfahrungen, die die Jugendlichen in ihrem Alltag an der Universität, im Arbeitsleben und im zwischenmenschlichen Umgang gemacht haben, den Ausgangspunkt für ihre Gesellschaftskritik.

Nachfolgend wird versucht, die zentralen Felder dieser Kritik herauszuarbeiten und dadurch das Gesellschaftsverständnis der befragten Jugendlichen zu veranschaulichen. Zu berücksichtigen ist dabei, dass die einzelnen Jugendlichen sich nicht immer auf alle der ermittelten Kritikdimensionen beziehen, sondern jeweils einzelne Punkte stärker hervorheben als andere.

Die aktuelle Gesellschaft ist nach Ansicht der Jugendlichen durch folgende problematische Merkmale geprägt: (1) Ungleichheit, (2) Ökonomisierung, (3) Herrschaft und (4) den unzulänglichen Umgang mit gesellschaftlichen Risiken (vgl. Abb. 3). Die Kritik an Ungleichheit bezieht sich dabei vor allem auf die ungleiche Verteilung ökonomischer Ressourcen sowie auf die Diskriminierung bestimmter Menschengruppen. Demgegenüber wünschen sich die Jugendlichen mehr Gleichberechtigung und Chancengleichheit. Die unter dem Stichwort der Ökonomisierung zusammengefasste Kritik richtet sich gegen die wahrgenommene Ausdehnung ökonomistischen Denkens in allen Lebensbereichen. Die Folgen dieses Trends sind nach Ansicht der Jugendlichen Leistungsdruck, Egoismus, Entsolidarisierung und psychische Erschöpfung. Sie fordern eine Besinnung auf ein solidarisches Miteinander. Ein Großteil der Jugendlichen kritisiert darüber hinaus die hierarchische Organisation der Gesellschaft, die zu Unterdrückung und Fremdbestimmung führe und damit die freie Entfaltung des Individuums verhindere. Um dem entgegenzuwirken, fordern sie mehr Basisdemokratie und Selbstorganisation. Die letzte Kritikdimension bezieht sich auf die rasante ökonomische und technologische Entwicklung der Gegenwart, die aus Sicht der Jugendlichen unabsehbare Risiken für Umwelt, Gesundheit und das soziale Zusammenleben mit sich bringt. Kritisiert

---

[8] Gleichzeitig beschäftigen sich die meisten der befragten Jugendlichen nach eigener Darstellung umfassend mit theoretischen Ansätzen. Diese Diskrepanz könnte dadurch zu erklären sein, dass die Jugendlichen in der Interviewsituation versucht haben, ihre Gesellschaftskritik in einer verständlichen Form an die Interviewer zu vermitteln und von diesen dabei kaum nach theoretischen Hintergründen gefragt wurden.

wird hierbei weniger die Entwicklung also solche, sondern der gesellschaftliche Umgang mit diesen Risiken. Nach Meinung der Befragten herrschen in weiten Teilen der Gesellschaft Gleichgültigkeit, Oberflächlichkeit und Konsumorientierung vor. Gesellschaftskritische Positionen hingegen würden ausgegrenzt und kriminalisiert. In der folgenden Darstellung werden diese Problemwahrnehmungen detaillierter aufgeschlüsselt. Außerdem wird auf die Forderungen und alternativen Vorstellungen der Jugendlichen eingegangen.

Abbildung 3: Dimensionen der Gesellschaftskritik

Ungleichheit	Ökonomisierung
Soziale Ungleichheit Diskriminierung Rassismus	Leistungsdruck Egoismus Psychische Erschöpfung
Forderung: Gleichberechtigung Chancengleichheit	**Forderung:** Solidarität Mitmenschlichkeit
Herrschaft	**Umgang mit gesellschaftlichen Risiken**
Hierarchien Fremdbestimmung Gesellschaftliche Zwänge	Zerstörung ökologischer und sozialer Lebensgrundlagen Passivität/Entpolitisierung
Forderung: Selbstorganisation Selbstverwirklichung	**Forderung:** Aufklärung bewusste Lebensführung

a)   *„Dass viele Menschen halt an den sozialen Rand geschoben werden" – Kritik an Ungleichheit*

Zentraler Bezugspunkt linker Politikansätze ist bereits seit der französischen Revolution das Ideal einer egalitären Gesellschaft. Dem liegt die Vorstellung der grundsätzlichen Gleichheit aller Menschen als Basis für eine gerechte Gesellschaft zugrunde. Im Mittelpunkt standen dabei zunächst die Verteilung des gesellschaftlichen Reichtums sowie die Gewährleistung gleicher Rechte und Pflichten über die verschiedenen gesellschaftlichen Schichten hinweg. Inzwischen liegt der Fokus darüber hinaus auf der Gleichberechtigung einer Vielzahl benachteiligter gesellschaftlicher Gruppen und Minderheiten (z. B. Frauen, Homosexuelle, ethnische und religiöse Minderheiten, ältere Menschen und Behinderte). Die Kritik an Ungleichheit und die Forderung nach Gleichberechtigung gehören damit zu den zentralen Dimensionen linker politischer Orientierungen. Sie ist auch besonders wichtig für die Abgrenzung zum rechten politischen Spektrum, das ein gewisses Maß an Ungleichheit, begründet auf Leistung, Fähigkeiten oder Herkunft, rechtfertigt.

Die aktuelle Gesellschaft nehmen die Befragten als durch fundamentale ökonomische Ungleichheiten und gruppenspezifische Ungleichbehandlungen bzw. Benachteiligungen geprägt wahr. Dies sehen sie als das primäre Problem, das zum einen die Rechte und Partizipationsmöglichkeiten der betroffenen Menschen verletzt, aber auch den gesellschaftlichen Zusammenhalt als Ganzes bedroht. Ein in diesem Zusammenhang häufig verwendetes Bild ist das der „Schere zwischen Arm und Reich" (I-1), die sich immer weiter öffnet. Ursache für die vorhandene Ungleichheit ist, nach Ansicht der Jugendlichen, in erster Linie die Funktionsweise des kapitalistischen Wirtschaftssystems. Durch den Prozess der Akkumulation sammle sich immer mehr Kapital bei einer kleinen Klasse von Kapitalisten, während die Klasse der Lohnarbeiter ausgebeutet und dadurch immer ärmer werde. Der beschriebene Zusammenhang kommt etwa im folgenden Zitat zum Ausdruck:

> Ich merke, dass viele Menschen ausgebeutet werden, durch die Arbeit, viele Menschen halt an den sozialen Rand geschoben werden, wegen Hartz IV und so weiter. Weil die großen Kapitalisten sagen: ‚Nee, wir brauchen nicht mehr Arbeiter.' [...] Obwohl sie das machen könnten. Sodass es allen besser geht. Wenn alle zusammenarbeiten, kann es allen besser gehen. Aber es wird nicht gemacht, weil es bloß Wenige besser haben wollen. Und die Wenigen sind dann die Grundbesitzer oder die Besitzer. Und die, die das Geld scheffeln. (I-26)

Die massive Ungleichverteilung von Ressourcen in der Gesellschaft empfinden die Jugendlichen als ungerecht und illegitim. Sie äußert sich in der Ansicht der Jugendlichen darin, „dass Menschen am Rande des Existenzminimums leben und andere Menschen unglaublich reich sind" (I-24). Anders als dies im obigen Zitat von Interviewpartner 14 zum Ausdruck kommt, betonen die meisten Jugendlichen jedoch gleichzeitig, dass in der heutigen komplexen Gesellschaft die Konzepte von ‚Kapitalisten' und ‚Arbeiterklasse' nicht mehr leicht anzuwenden seien. Sie wenden sich damit gegen eine pauschale Schuldzuweisung an bestimmte Personen oder Gruppen. Stattdessen verstehen sie den Kapitalismus als ein komplexes System, für dessen Aufrechterhaltung alle Beteiligten verantwortlich sind. Die folgenden beiden Interviewauszüge veranschaulichen diese Einstellung:

> Also [das ist] gerade in einer vollkommen globalisierten, digitalisierten und vernetzten Welt unglaublich schwer zu greifen. Also, vielleicht vor einhundertfünfzig Jahren hat man noch sagen können: Ja, das waren irgendwie die Kapitalisten und die, was weiß ich, Adeligen, der Klerus und noch ein paar einflussreiche Menschen. Aber das ist ja heute alles nicht mehr so. (I-30)

> Und das ist halt nicht dann die Schuld der Leute, die Geld anhäufen wollen oder so, sondern das liegt halt in der Funktionsweise des– oder in dieser kapitalistischen Logik liegt das halt drin so. Das ist halt nicht irgendwie so eine persönliche Gier oder so. Ja, deswegen würde ich da halt keine Person oder Menschengruppe sagen, die hat irgendwie mehr Schuld dran als andere. (I-22)

Die Ursachen für die soziale Ungleichheit werden damit in erster Linie als strukturelle Merkmale der kapitalistischen Gesellschaft angesehen und nicht dem individuellen Verschulden einzelner Akteure zugeschrieben.

Besonders kritisch beurteilen die Jugendlichen den wahrgenommenen Trend hin zu einer Verschärfung sozialer Unterschiede in der Gesellschaft. Dabei beziehen sie sich zum einen auf den sozialstaatlichen Umbau in Deutschland (v. a. die Agenda 2010 und Hartz IV). Der Abbau sozialer Sicherungen führe dazu, dass Menschen „durch das soziale Netz fallen" (I-31). Dies geschehe ohne objektiv vorhandene Notwendigkeit, da die Gesellschaft über ausreichend Ressourcen verfüge, um allen Menschen ein besseres Leben zu ermöglichen. Zum anderen sehen sie die soziale Spaltung durch die aktuelle Finanz- und Wirtschaftskrise bzw. die sich daran anschließende Austeritätspolitik in Europa massiv verschärft. Durch diesen politischen Kurs werde

> […] eine Art Klassenkompromiss aufgekündigt […] und einfach knallhart soziale Rechte, die erkämpft wurden in den letzten 100 Jahren, […] zerschlagen […] und die Leute halt so dem– ja, so einer nackten Logik ausgeliefert. (I-35)

Soziale Ungleichheit wird jedoch von den Jugendlichen nicht nur materiell verstanden. Sie heben auch die ungleichen Möglichkeiten zur gesellschaftlichen Teilhabe in sozialer, kultureller und politischer Hinsicht hervor. In diesem Zusammenhang sprechen die Jugendlichen unter anderem mangelnde Chancengleichheit und Bildungsungerechtigkeit an. Sie sehen diese Probleme in erster Linie durch ökonomische Ungleichheit begründet. Sie weisen darauf hin, dass ökonomisch schwächere Bevölkerungsschichten (z. B. Arbeitslose oder Flüchtlinge) gesellschaftlich ausgegrenzt würden. Da diese weniger Möglichkeiten hätten, sich für ihre Interessen einzusetzen und keine Lobby besäßen, würden sie von der Politik nicht berücksichtigt. Aus diesem Grund erachten die Aktivisten es als notwendig, sich stellvertretend für diese Gruppen einzusetzen, während sie im Allgemeinen das Repräsentationsprinzip eher ablehnen.

Die Ablehnung von Diskriminierung in allen Erscheinungsformen ist für viele der interviewten Jugendlichen ein konstitutives Element ihrer politischen Orientierung. Während für einige der Kampf gegen Rassismus und Ausländerfeindlichkeit im Zentrum ihres Engagements steht, beziehen sich andere darüber hinaus auf Antisemitismus, Islamophobie, Sexismus, Homophobie und die Diskriminierung von Arbeitslosen. Das verbindende Element dieser verschiedenen Formen von Diskriminierung und Ausgrenzung sehen sie in einer Ideologie der Ungleichheit, die Menschen aufgrund äußerer Merkmale oder der Art, wie sie ihr Leben gestalten, die Gleichwertigkeit abspricht und sie in ihren Menschenrechten beschneidet. Demgegenüber wünschen sich die Jugendlichen eine Gesellschaft, die alle Menschen integriert, in der „Menschen zusammen leben, ohne eben rassistisch, sexistisch, antisemitisch et cetera pp zu sein" (I-27), und in der es „keine Unterschiede zwischen [den] Menschen geben sollte" (I-12). Aus diesem Verständnis heraus ist das Engagement gegen den Rechtsradikalismus für viele der Befragten eine Selbstverständlichkeit:

> [...] eben für eine tolerante Gesellschaft. [...] [gegen] sexistische, rassistische, homophobe, antisemitische, all diese Äußerungen, [...] dagegen möchte ich mich immer engagieren, weil das immer eine Gesellschaft kaputt macht. (I-24)

Die Jugendlichen betonen jedoch auch, dass die Diskriminierung von Menschengruppen, anders als vielfach angenommen, nicht nur seitens extremer politischer Randgruppen praktiziert werde. Vielmehr sei „die Mitte der Gesellschaft [...] ja meistens genauso nationalistisch, rassistisch, homophob, sexistisch so und das finde ich halt ziemlich bedenklich" (I-27). Auch in diesem Bereich nehmen die Jugendlichen eine negative Entwicklung war. So konstatieren viele eine Verschärfung fremdenfeindlicher und faschistischer Tendenzen angesichts ökonomischer Krisen und zunehmender sozialer Ungleichheit. Sie machen dies fest am Aufstieg rechtspopulistischer Parteien und der Wahrnehmung gestiegener Ressentiments in der Gesellschaft. Teilweise sind sie der Ansicht, dass die Konstruktion ethnisch-kultureller Unterschiede und die damit einhergehende Ausgrenzung von Minderheiten durch den ökonomischen Verteilungskampf um verknappte Ressourcen ausgelöst wird und beziehen sich damit auf die These der *Ethnisierung sozialer Konflikte* (vgl. z. B. Bozay 2011). Kritisiert wird auch beim Thema der Ausgrenzung nicht nur das diskriminierende Verhalten einzelner Personen, sondern ebenso werden die strukturellen Ursachen von Diskriminierung hervorgehoben.

Rassismus und anderen Formen der Ausgrenzung sind im Alltag sehr konkret erfahrbare Phänomene, die die Jugendlichen emotional stark betroffen machen. Die besondere Relevanz des Engagements gegen „gruppenbezogene Menschenfeindlichkeit" wird von ihnen auch damit begründet, dass im schlimmsten Fall – etwa bei fremdenfeindlich motivierten Übergriffen – die Unversehrtheit und das Leben der betroffenen Menschen bedroht seien.

Neben dem Antifaschismus und Antirassismus wird von vielen Jugendlichen auch die Ablehnung von Sexismus als wichtiger Aspekt der politischen Orientierung hervorgehoben. Sie beschäftigen sich mit dem Machtgefälle zwischen Männern und Frauen und daraus resultierenden Gleichstellungsfragen ebenso wie mit sexueller Belästigung und der Kritik an gesellschaftlich propagierten Schönheitsidealen. Die Gleichberechtigung der Geschlechter sehen besonders einige Interviewpartnerinnen als ein Thema an, welches für sie im Alltag konkrete Bedeutung besitzt. Im

Bereich der Politik erachten sie Frauen nach wie vor als marginalisiert und benachteiligt. Auch innerhalb der linken Szene sehen sie sich – trotz einer erhöhten Sensibilität für das Thema – sexistischem Verhalten ausgesetzt. Eine Interviewte beschreibt ihre Wahrnehmung des Politikbetriebs etwa folgendermaßen:

> Politik wird halt super oft von männlich sozialisierten Personen gemacht und auch gerade repräsentiert. Wenn man sich Veranstaltungen anguckt oder irgendwelche Podien oder so, da sprechen halt ganz oft Männer und repräsentieren halt linke Politik oder generell Politik. Und ich hab da keine Lust drauf, also ich hab keine Lust in einer Gesellschaft zu leben, in der nur Männer wichtige Entscheidungen machen oder auch repräsentieren oder das Außenbild halt männlich geprägt ist. (I-18)

Die männliche Dominanz im Politikbetrieb und die patriarchale Struktur vieler konventioneller politischer Organisationen haben die Interviewpartnerinnen und Interviewpartner in ihrem politischen Alltag teilweise bereits ganz direkt erfahren. Sie wünschen sich in der Politik, aber auch in der Gesamtgesellschaft eine stärkere Sensibilisierung für das Thema Sexismus.

Die einzelnen Formen von Benachteiligung werden dabei von einigen Jugendlichen nicht nur als untereinander verknüpft angesehen, sondern wiederum mit der Kapitalismuskritik in Zusammenhang gebracht:

> Also ich denke, irgendwann, wenn man sich da genauer mit beschäftigt, muss man halt an den Punkt kommen zu fragen: Wo ist der Nährboden für Faschismus, wo ist der Nährboden für Nationalismus? Und ich denke, da ist es eigentlich, also für mich, die einzig logische Konsequenz, dass das Ganze quasi auf den Ausbeutungsmechanismen des Kapitalismus beruht. [...] Das nennt sich Unity of Oppression, also dass im Prinzip ganz viele Unterdrückungsmechanismen ineinander greifen. Das heißt Sexismus, Nationalismus, Rassismus, Faschismus. (I-15)

Zusammenfassend lässt sich damit sagen, dass die Jugendlichen sowohl soziale Ungleichheit, als auch alle Formen von Ausgrenzung und Diskriminierung als große gesellschaftliche Probleme betrachten, die in erster Linie durch die Funktionsweise des Kapitalismus verursacht werden. Dem stellen sie das Ideal einer egalitären Gesellschaft gegenüber, mit der sie jedoch weniger eine materielle Gleichheit als die Chancengleichheit aller Gesellschaftsmitglieder verbinden.

b)   *„Dass die Hegemonie der Wirtschaft in alle Bereiche vordringt" – Kritik an der Ökonomisierung*

Wie Matuschek et al. feststellen, zeichnen sich linksaffine politische Einstellungen durch eine Orientierung am „Leitbild einer solidarischen und gemeinwohlorientierten Gesellschaft" aus (Matuschek et al. 2011: 172ff.). Solidarität kann demnach neben Gleichheit als zentraler linker Wert angesehen werden. Dies gilt auch für die hier befragten Jugendlichen. In der gegenwärtigen gesellschaftlichen Entwicklung nehmen sie jedoch einen entgegengesetzten Trend, hin zu einer Ökonomisierung und Entsolidarisierung wahr. Die Ursachen hierfür werden in der überhandnehmenden Logik des kapitalistischen Wirtschaftssystems verortet, dessen Ausrichtung auf ökonomischen Mehrwert und stetiges Wachstum sich auf andere Lebensbereiche ausdehne. Auch ursprünglich nach anderen Prinzipien organisierte Lebensbereiche wie etwa soziale Beziehungen würden dadurch beeinträchtigt und menschliche Bedürfnisse hinter dem ökonomischen Nutzenkalkül zurückgedrängt. Auch in ihrem eignen Alltag, z. B. an der Universität, haben sie das Gefühl, eher wie ein Produkt behandelt zu werden, anstatt wie „jemand, der Teil hat am kulturellen und politischen Leben" (I-14).

Konkret beklagen die Jugendlichen einen steigenden Leistungsdruck in der Gesellschaft, die Bewertung von Menschen nach ökonomischen Gesichtspunkten, Egoismus und Konkurrenz in zwischenmenschlichen Beziehungen sowie die übertriebene Fokussierung auf Lohnarbeit als dem zentralen Lebensinhalt. Demgegenüber fordern sie eine Gesellschaft, in der menschliche Bedürfnisse und zwischenmenschliche Beziehungen höher eingeschätzt würden als ökonomische Werte. Sie betonen, dass sie „den Mensch ins Zentrum von Gesellschaftskritik […] rücken" (I-37) wollen. Es solle demnach gefragt werden, ob die gesellschaftlichen Verhältnisse so beschaffen sind, dass es

> […] um Menschenwürde, um den einzelnen Menschen, das Individuum geht, oder
> ob es in der Gesellschaft eher um andere Dinge geht, wie z. B. um den Waren
> tausch und die Mehrwertakkumulation, um Wachstum. (I-37)

Besonders kritisiert wird der steigende Leistungsdruck, dem sich die Jugendlichen auch selbst in ihrem Alltag, im Studium oder bei der Arbeit ausgesetzt sehen, und den sie in ihrem näheren Umfeld immer wieder spüren. Dieser Druck würde Menschen vor allem psychisch stark belasten, wie dies beispielhaft im folgenden Zitat zum Ausdruck kommt:

> Was mich eigentlich besonders stört, […] ist, dass ich sehe, wie Menschen, also
> gerade in meinem politischen Umfeld, von dem System […] also wirklich kaputt
> gemacht werden. Also durch diesen Leistungsdruck, aber eben auch durch diesen
> Egoismus und diese Ellbogengesellschaft, die ja immer mehr gefördert wird, und
> jeder denkt an sich– dass manche dabei einfach persönlich so untergehen und
> psychisch daran auch vor allem zugrunde gehen. So, die dann halt sagen, sie
> kommen damit nicht zurecht, wie die Menschen sich zueinander verhalten. So
> dieses Unmenschliche, teilweise. (I-7)

Wie dieser Interviewauszug deutlich macht, erkennen die Jugendlichen nicht nur einen wachsenden Leistungsdruck auf das Individuum, sondern auch eine Zunahme von eigennützigem Verhalten. Sie betonen die psychischen und zwischenmenschlichen Auswirkungen dieser Entwicklungen, weisen jedoch auch darauf hin, dass der soziale Zusammenhalt der Gesellschaft insgesamt bedroht sei. Die Befragten fordern daher zum einen mehr Solidarität auf gesamtgesellschaftlicher Ebene, auch über Deutschland und Europa hinaus, und zum anderen einen mitfühlenden, respektvollen Umgang im zwischenmenschlichen Bereich.

Neben der Leistungsorientierung wird auch die als übertrieben wahrgenommene Fokussierung auf Arbeit im gesellschaftlichen Diskurs kritisch beurteilt. Ein Interviewpartner bezeichnet diesen sogar als „Arbeitswahn":

> Also auch dieser Arbeitswahn, dass wir unbedingt Arbeitsplätze brauchen, obwohl das Ziel eigentlich sein sollte, da alles effektiv und effizienter geworden ist, wir uns mehr frei nehmen sollten. Das haben viele auch irgendwie verinnerlicht und denken: Ja, das Leben, das besteht nur aus Arbeit und das Ziel ist irgendwie Profite zu machen, sich irgendwie reich zu arbeiten. (I-9)

Wie das Zitat verdeutlicht, sind die Jugendlichen der Ansicht, dass Arbeit nicht den zentralen Stellenwert im Leben einnehmen sollte. Sie befürchten, dass vielen Menschen durch die Ausrichtung ihres Lebens auf Lohnarbeit kaum Zeit und Ressourcen zur Verfügung stehen, um sich kritisch mit der Gesellschaft auseinanderzusetzen:

> Wer 40 Stunden in der Woche arbeitet, in einem Job, der ihm keinen Spaß macht, der hat auch keinen Bock, sich abends irgendwie noch dahinzusetzen und eine Wochen- oder Tageszeitung zu lesen. (I-5)

Viele fordern explizit eine Verkürzung der Wochen- und Lebensarbeitszeit, andere sprechen sich für das bedingungslose Grundeinkommen aus. Auch sollten Menschen nicht diskriminiert werden, weil sie nicht arbeiten (wollen). Vielmehr sei es in Ordnung, „wenn Leute sagen, dass sie nicht arbeiten möchten, [...] weil ich glaube, dass alle Menschen am liebsten nicht arbeiten würden" (I-18). Von einer Reduzierung der Arbeitszeit erhoffen sie sich, dass die Menschen dadurch in ihrem Leben mehr Freiraum für Selbstentfaltung gewinnen und Potenziale sowie Motivation zu sozialem Engagement und politischer Beteiligung freigesetzt werden.

Neben einer Reduzierung von Arbeitszeit halten die Jugendlichen eine Veränderung im Bewusstsein der Menschen für notwendig. Sie wünschen sich eine Abkehr von Gewinnorientierung und Wachstumsstreben. Statt Karriere und Konsum sollten zwischenmenschliche Beziehungen und ein solidarischer Umgang im Vordergrund stehen. Ein Interviewpartner beschreibt dies folgendermaßen:

> Mein Leben besteht doch nicht nur aus Arbeit und Essen. Gesellschaft – das kann auch erfüllend sein, dass man mal ins Altenheim geht oder sich irgendwie um andere Menschen kümmert. (I-25)

Damit sich dieser Bewusstseinswandel einstellen könne, müsse „Solidarität [...] wieder erlebbar werden" (I-15). Die Menschen müssten ein Zusammenleben lernen, bei dem „sie als Gemeinschaft funktionieren, ohne sich als Individuum aufzugeben" und ein Bewusstsein dafür entwickeln, „dass man zusammen weiter kommt, als man sich das alleine jemals ausdenken könnte" (I-11). Die Jugendlichen üben damit auch Kritik an der von der Politik oft ins Feld geführten ‚Alternativlosigkeit' bestimmter Maßnahmen. Diese lassen sie nicht gelten, sondern weisen darauf hin, dass genügend Handlungsspielräume zur Verfügung stünden. Die Organisation des Zusammenlebens dürfe nicht ökonomischen Prozessen überlassen werden.

Zusammenfassend lässt sich festhalten, dass die befragten Jugendlichen der Ansicht sind, die Gesellschaft werde zunehmend nach ökonomischen Prinzipien organisiert und dadurch nahezu alle Lebensbereiche von einer ökonomischen Logik durchdrungen. Dies habe eine umfassende Entsolidarisierung und Entpolitisierung zur Folge. Dieser Entwicklung wollen sie durch eine Veränderung in der Mentalität der Menschen entgegenwirken.

c)   *„Eine permanente Gewalt, die sich in gesellschaftlichen Zwängen ausdrückt" –*
    Herrschaftskritik

Eine weitere Kritikdimension, die sich in vielen Interviews identifizieren lässt, kann mit dem Begriff der Herrschaftskritik umschrieben werden. Gemeint sind damit Aussagen, die sich kritisch mit gesellschaftlichen Hierarchien und ihren Auswirkungen auf das Zusammenleben auseinandersetzen.[9] Das Ziel der Überwindung von Herrschaftsstrukturen und der Schaffung einer herrschaftsfreien Gesellschaft ist traditionell Teil linkslibertärer Strömungen und nimmt für die Befragten einen hohen Stellenwert ein. Teilweise wird eine lose Anknüpfung an poststrukturalistische Ansätze erkennbar, diese werden jedoch in den Interviews selten weiter theoretisch ausgeführt.

Während einige Jugendliche sich mit ihrer Kritik vor allem auf Mitbestimmungsdefizite in einzelnen Bereichen beziehen, bildet die Auseinandersetzung mit Herrschafts- und Machtstrukturen für manche der Befragten das grundlegende Element ihrer Gesellschaftskritik. Für sie führt Herrschaft als ein zentrales Merkmal unserer Gesellschaft zu Unfreiheit und Gewalt und bildet die Grundlage von Unterdrückung, Ausgrenzung und Ausbeutung. Die Jugendlichen besitzen unterschiedlich ausdifferenzierte Konzepte davon, was Herrschaft für sie bedeutet. Viele sehen diese nicht durch konkrete Personen verkörpert, sondern verstehen sie als komplexes System, in welchem alle Menschen sowohl als Unterdrückte als auch als Unterdrücker auftreten. Betont wird damit auch die eigene Verstrickung in

---

[9] Im folgenden Absatz werden die Begriffe ‚Herrschaft' und ‚Herrschaftsstrukturen' in dem Sinne verwendet, wie die Jugendlichen sie in den Interviews gebrauchen. Dies kann mitunter von der Verwendung im soziologischen Diskurs abweichen. So wird beispielsweise nicht zwischen den Begriffen ‚Macht' und ‚Herrschaft' differenziert.

Herrschaftsstrukturen. Notwendig sei es, diese Herrschaftsstrukturen zu verstehen, aufzudecken und zu dekonstruieren.

Die Schuld am gegenwärtigen Zustand der Fremdbestimmung verorten die Jugendlichen also nicht in erster Linie bei den Machteliten, sondern bei allen Menschen, die durch ihr Verhalten zur Aufrechterhaltung des Systems beitragen. Hierin äußert sich das bereits angesprochene komplexe Verständnis von Herrschaft, die nicht personengebunden ist, sondern als ein System betrachtet wird, in dem eine Person verschiedene Rollen einnehmen und dadurch im einen Kontext zur Gruppe der Beherrschenden und in einem anderen zu jener der Beherrschten gehören kann. Im folgenden Zitat beschreibt ein Befragter diese komplexe Verstrickung in Herrschaftsstrukturen:

> Es gibt ja viele, die der Meinung sind, Schuld würden die da oben haben, aber, ich glaube, Schuld hat die breite Menge der Menschen, die die Verantwortung für ihr Handeln abwälzt auf Befehlshierarchien, auch die, die sich beherrschen lassen, die, die keine Initiative ergreifen, sich freiwillig und in freien Zusammenschlüssen mit anderen zusammenzufinden und darauf basierend ihre Angelegenheiten selbst zu regeln und für das, was sie tun, wirklich auch die Verantwortung zu übernehmen. Insofern– die Hauptschuld liegt bei der breiten Masse der Menschen, aber das Ganze wird natürlich jetzt noch befördert und die Stabilität in dieser Richtung wird erhalten, dadurch dass Gesetze oder staatliche Institutionen, so wie ich das mit der Bürokratie beschrieben habe und so, es verunmöglichen, dass Leute von der Basis her sich selbst organisieren. (I-17)

Der repressive Charakter, den die Jugendlichen der Gesellschaft zuschreiben, gründet ihrer Ansicht nach vor allem auf der hierarchischen Organisation aller Lebensbereiche. Diese verhindere, dass die Menschen im Alltag, z. B. im Betrieb oder in der Universität, selbstbestimmte Entscheidungen treffen könnten und schränke sie dadurch in ihren Lebensmöglichkeiten ein. Diese Begrenzungen äußern sich sowohl in Vorschriften und Gesetzen als auch in ungeschriebenen Verhaltensnormen, die als einzwängend empfunden werden und ihnen das Gefühl vermitteln, dass es ihnen nicht ermöglicht wird, ihr Leben nach eigenen Vorstellungen zu realisieren. Die hierarchische Struktur der Gesellschaft führt nach Ansicht der Jugendlichen dazu, dass die Gesellschaft „von oben herab diktiert" (I-9) werde, anstatt von unten nach oben bestimmt zu werden. Entscheidungen würden von einer kleinen politischen und ökonomischen Elite getroffen, während die Menschen im Alltag kaum Einflussmöglichkeiten auf Entscheidungen hätten, die sie und ihre Lebensumstände konkret betreffen:

> Über wirkliche politische Fragen, die die Leute wirklich konkret was angehen, können sie nicht mitbestimmen, dann ist fast ihr gesamter Lebensalltag, der sich in irgendwelchen Fabriken oder so abspielt – was heißt Fabriken? irgendwelchen Betrieben halt – im Allgemeinen überhaupt nicht durch ein demokratisches Leben gestaltet, sondern da ist es selbstverständlich, dass man diese Top-down-Hierarchien

immer noch hat, anstatt, was ich eigentlich selbstverständlich finden würde in einer sich demokratisch verstehenden Gesellschaft, dass man diese Demokratie auch in die Institutionen reinträgt, das heißt auch in die Behörden und auch in die Firmen, dass man die von unten nach oben aufbaut […] (I-17)

Dennoch sehen sie auch den Staat als zentrale Herrschaftsinstanz an, der ihnen bei politischen Aktionen, aber auch im Alltag als einschränkende Ordnungsmacht gegenübertritt und dessen Regeln ihnen nicht immer als rational nachvollziehbar erscheinen. Viele Befragte befürchten außerdem, dass der repressive Charakter des Staates in Zukunft weiter zunehmen wird. Darüber hinaus sind sie der Ansicht, dass die unverhältnismäßige Bürokratie eine Mitbestimmung der Bürger erschwert und teilweise unmöglich macht. Engagement verliere sich im ‚Bürokratiedschungel‘ und führe zu Frustration und Desillusionierung bei den Bürgerinnen und Bürgern.

Das Gegenteil von Herrschaft ist für die Jugendlichen Selbstbestimmung bzw. Emanzipation im Sinne der Überwindung von Herrschaftsverhältnissen. Auch wenn dieses Ideal von den meisten Befragten geteilt wird, unterscheiden sie sich bezüglich der Reichweite ihrer Forderungen und der Wichtigkeit, die sie ihnen zumessen. Während einige die repräsentative Demokratie lediglich um einzelne basisdemokratische Elemente erweitern wollen, fordern andere in Anlehnung an anarchistische Ideen eine herrschaftsfreie Gesellschaft ohne Hierarchien, in der Entscheidungen über Aushandlungsprozesse getroffen werden, an denen alle Betroffenen gleichermaßen beteiligt werden, „eine Gesellschaft […] in der sich jeder, so wie er, sie, es ist, sich frei entfalten kann, unter der einzigen Einschränkung, dass niemand die Freiheit eines anderen einschränkt" (I-30). Voraussetzung dafür sei es, Autoritäten und ihre Legitimität grundsätzlich in Frage zu stellen und Hierarchien jeglicher Art in kleinen Schritten abzubauen, so z. B. auch Wissens- und Kommunikationshierarchien.

Um eine selbstbestimmtere Lebensweise zu erreichen, wird vor allem an die Eigenverantwortung der Bürger appelliert. Diese sollten Entscheidungen, die ihr Leben betreffen, nicht anderen überlassen, sondern selbst in die Hand nehmen und sich für die Verbesserung ihrer Lebensbedingungen einsetzen. Hieran wird die enge Verbindung zwischen Privatleben und gesellschaftlicher Entwicklung deutlich, die Faltin (1990) als typisch für das alternativ-linke Milieu beschreibt. Die Jugendlichen möchten zum einen selbstbestimmter leben und zum anderen eine gesamtgesellschaftliche Alternative verwirklicht sehen. Hierzu reicht es ihrer Ansicht nach nicht aus, Forderungen an Politiker zu stellen oder sich über konventionelle Wege zu beteiligen. Vielmehr müssten die geforderten Veränderungen im eigenen Leben umgesetzt werden. Selbstorganisation ist dabei für die Jugendlichen das zentrale Prinzip für die Überwindung von Herrschaft. Diese solle bei kleinen, alltäglichen Fragen anfangen und dann auf größere Ebenen ausgeweitet werden: „Das fängt im Haus, in der eigenen Straße an und geht dann hoch bis auf die internationalen Ebenen" (I-4). Dadurch sollen alle Menschen beteiligt sein und nicht eine Minderheit über die Mehrheit bestimmen. Auch für dieses Ziel sehen die Jugendlichen die Voraussetzung in erster Linie bei einer Änderung im Bewusstsein der Menschen. Um eine selbstbestimmtere Gesellschaft zu verwirklichen, benötige es vor allem „Mut zur Teilhabe" und die Vorstellung, „dass man für sich und für andere, viel, viel besser sorgen kann als all unsere Führungspolitiker […] zusammen" (I-11).

Ziel ist dabei nicht eine Gesellschaft ohne Regeln, in der alle Menschen sich so verhalten, wie sie möchten. Vielmehr betonen die Jugendlichen die Bedeutsamkeit gesellschaftlicher Aushandlungsprozesse und „freiwillige[r] Vereinbarungen" (I-9) als gesellschaftliche Steuerungsmechanismen. Diese böten für alle die Möglichkeit, eine bewusste Entscheidung darüber zu treffen, wie sie das gemeinsame Leben gestalten wollen. Selbstbestimmung als Gegenstück von Herrschaft wird von ihnen also nicht nur als individuelle Selbstentfaltung gesehen, sondern als ein gesamtgesellschaftliches Prinzip, wie dies im folgenden Zitat zum Ausdruck kommt:

> Also ich hätte gern, für mich selbst und für alle Menschen, einen Zugewinn an – ja, jetzt benutze ich mal so pathetische Wörter – an Freiheit, an irgendwie Bestimmung darüber, was passieren soll, an so bewussten Entscheidungen: Wie wollen wir – wie will ich mein Leben, wie wollen wir unser Leben gestalten oder unser Zusammenleben? Genau. Eben an diesen bewussten Entscheidungen. (I-22)

Für die Jugendlichen ist es wichtig, die geforderten Veränderungen im kleinen Rahmen umzusetzen, sie in ihren Alltag zu integrieren und dadurch als mögliche Vorbilder zu handeln. Solche Umsetzungsversuche bezeichnen sie auch als „Freiräume". Hierzu zählen die Jugendlichen zum Beispiel alternative Wohnprojekte, selbstorganisierte kulturelle Zentren, aber auch das soziale Miteinander in der Gruppe. Diese sehen sie als Versuch, bereits in der Gegenwart „herrschaftsfreie Räume" zu schaffen und die Prinzipien von Selbstorganisation, Basisdemokratie und lokaler Organisation umzusetzen. Im nachfolgenden Zitat beschreibt ein Befragter diese Vorstellungen von einer praktischen Umsetzung seiner Ideale:

> Oder halt man versucht irgendwie Freiräume zu schaffen so. Wo halt Menschen selbstbestimmt- oder selber entscheiden können, was dort gemacht wird, was für 'ne Kultur dort angeboten wird, z. B. was für Inhalte dort bearbeitet werden. So was vielleicht, aber ja, das sind vielleicht Anfänge, so von so solidarischen Strukturen. Ja. Oder dass auch einfach Kommunikation oder Zusammenarbeit versucht wird, halt hierarchiefrei zu organisieren. (I-37)

Einige der Befragten haben im Rahmen ihrer politischen Arbeit ermutigende Erfahrungen gemacht und sind davon überzeugt, dass die Selbstorganisation, die auf der Ebene der politischen Gruppe funktioniert, auch auf gesellschaftlicher Ebene realisiert werden kann. Das Stellvertreterprinzip der klassischen Politik lehnt zumindest ein Teil der Jugendlichen ab.

d) „*Diese ganze Thematik mit Klimaerwärmung, da habe ich schon Angst, dass dieses Umdenken einfach zu spät passiert*" – *Umgang mit gesellschaftlichen Risiken*

Die vierte Kritikdimension bezieht sich auf den politischen, aber auch den privaten Umgang mit gesellschaftlichen Risiken. Ähnlich wie es Beck (1986) mit seinem Konzept der ‚Risikogesellschaft' formulierte, haben die befragten Jugendlichen das Gefühl, dass der rasante wissenschaftliche und technologische Fortschritt sowie das drastische ökonomische Wachstum zwar auf der einen Seite eine Erhöhung des gesellschaftlichen Wohlstandes und eine Steigerung von Optionen für das durchschnittliche Gesellschaftsmitglied mit sich gebracht haben. Auf der anderen Seite seien jedoch das Ausmaß ihrer Auswirkungen auf Umwelt, Gesundheit und sozialen Zusammenhalt unabsehbar. Dies betreffe die unberechenbaren Folgen des CO_2-Ausstoßes für das Klima, eine steigende Schadstoffbelastung durch Industrie und Landwirtschaft, die demografische Entwicklung oder die langfristigen Konsequenzen der Nutzung von Atomenergie, um nur einige zu nennen. In diesem Kontext sind die Jugendlichen der Ansicht, Politik und Gesellschaft könnten mit diesen Gefährdungen nur unzureichend umgehen, während gleichzeitig eine Vielzahl möglicher Risiken unbemerkt bleibe.

Die durch Ökonomie, Technik, Wissenschaft und internationale Politik produzierten Risikolagen betreffen diffuse, aber möglicherweise dramatische Auswirkungen in der nahen und fernen gesellschaftlichen Zukunft. Auch können diese Konsequenzen potenziell jeden betreffen, unabhängig von sozialen Grenzen. Insbesondere bei Jugendlichen, die den Großteil ihres Lebens noch vor sich haben und daher mit diesen Auswirkungen konfrontiert sein werden, können daher Bedrohungsgefühle und Verunsicherung auftreten (Mansel 1995). Zu beachten ist dabei, dass diese Risiken meist sehr abstrakt sind und daher selten direkt als persönliche Bedrohung wahrgenommen werden. Entscheidend ist hierfür die vermittelnde Rolle der Massenmedien. Damit sind die (wahrgenommenen) Risiken auch Resultat eines gesellschaftlichen Konstruktionsprozesses.

Die in dieser Studie befragten Jugendlichen äußern teilweise massive Befürchtungen in Bezug auf die gesellschaftliche Zukunft und die globalen Folgeprobleme des ökonomischen und technischen Wachstums. Bezogen auf die Klimaerwärmung äußert sich eine Befragte etwa folgendermaßen:

> Also natürlich auch diese ganze Thematik mit Klimaerwärmung und so weiter, da habe ich halt schon manchmal Angst, dass dieses Umdenken einfach zu spät passiert, […], dass man das nicht mehr aufhalten oder nicht mehr retten kann, und dass es dann einfach zu spät ist. Also, ich bin da manchmal auch schon in so einem Konflikt, dass ich denke: Möchte ich überhaupt Kinder in die Welt setzen? Möchte ich, dass meine Kinder miterleben, wie es kein Öl mehr gibt oder wie das auch alles vielleicht noch mehr nach Leistung und so weiter ausgerichtet wird? So, da habe ich schon manchmal Angst vor. (I-7)

Hieran wird deutlich, dass gravierende Folgen etwa des Klimawandels oder der Ressourcenverknappung auch für die eigenen Lebensumstände erwartet werden. Darüber hinaus nennen die Jugendlichen Armut, Hunger, Wasserknappheit, Kriege und Umweltzerstörung als drängende globale Probleme. Aufgrund dieser globalen wirtschaftlichen und ökologischen Entwicklungen würden „Millionen Menschen sterben" und eine „ökologische Katastrophe" (I-10) herbeigeführt. Durch die Ausbeutung von Ressourcen und die mangelnde ökologische Nachhaltigkeit unserer Lebensweise würden die Menschen ihre eigene Lebensgrundlage zerstören. Zentrales Moment der Argumentation ist dabei wieder die Kritik am Kapitalismus. Dieser sei auf permanentes Wachstum angewiesen, wodurch natürliche Ressourcen ausgebeutet und die Umwelt zerstört werde. Durch die alleinige Fokussierung auf ökonomischen Gewinn würden mögliche Konsequenzen für Mensch und Umwelt ignoriert. Auch habe der Kapitalismus eine ihm immanente Neigung, beständig neue Krisen zu produzieren.

Damit beziehen sich die Jugendlichen nicht nur auf die aktuelle Finanz- und Wirtschaftskrise, vielmehr sehen sie eine Reihe von Krisen in verschiedenen Gesellschaftsbereichen, die miteinander verknüpft sind, wie dies im folgenden Zitat deutlich wird:

> Aber halt so in dieser Vieldimensionalität, also nicht Krise als ‚Wir reden nur von einer Finanzkrise', sondern es gibt, nämlich von Ulrich Brand zum Beispiel, das Konzept der multiplen Krise, also, dass man sagt, es findet nicht nur eine Krise der Finanzmärkte oder der Realwirtschaft statt, sondern es gibt auch eine Krise der Geschlechterverhältnisse, es gibt eine sich weiter zuspitzende [...] ökologische Krise, genau, und dass das ebenso ganz viele verschiedene Aspekte hat. Oder Krise und Rassismus ist halt auch ein Thema, das ich total spannend finde. Also, das merkt man halt auch in Griechenland, dass so Rassismus viel offener zu Tage tritt. Oder halt auch eben, genau, so rassistische, faschistische Kräfte in der Krise in ganz Europa Zuwachs bekommen. (I-35)

Wichtiger als die problematischen Entwicklungen selbst ist in den Interviews jedoch das Thema des gesellschaftlichen Umgangs mit den Risiken der Moderne. Nach Ansicht der Jugendlichen realisiere der Großteil der Menschen nicht, wie wichtig diese Entwicklungen und wie stark der Einfluss auf ihr eigenes Leben seien. Damit kritisieren sie sowohl Gleichgültigkeit, als auch Passivität der Menschen, die sich Missstände einfach gefallen ließen oder die Augen vor ihnen verschlössen und sich stattdessen ins Private zurückzögen und mit oberflächlichem Konsum ablenkten. Eine solche Haltung erscheint den Jugendlichen unverständlich:

> [...] wo ich dann halt immer dastehe und die anderen feiern um mich rum und ich kann es einfach nicht verstehen. Und, ja, sowas passiert auf der Welt und davor werden einfach die Augen verschlossen. (I-7)

Die Normalgesellschaft wird nicht nur als entpolitisiert, sondern auch als oberflächlich und belanglos empfunden. Einen Teil der Verantwortung für das mangelnde kritische Bewusstsein der Menschen sehen die Jugendlichen bei den Massenmedien. Oberflächliche und reaktionäre Berichterstattung führe zu einer
Verdummung der Bevölkerung und zur Verbreitung von Ressentiments gegenüber
gesellschaftskritischen Positionen und Engagement. Aktivisten würden als Kra-
wallmacher dargestellt, deren Ziel es sei, sich mit der Polizei anzulegen. Dadurch
nehme in der Gesellschaft die „Empathie für soziales und zivilgesellschaftliches
Engagement massiv ab" (I-5).

Hier fordern die Jugendlichen die Entwicklung eines kritischen Bewusstseins
gegenüber den angesprochenen Entwicklungen. Die Menschen sollten ihre eigene
Lebensweise stärker reflektieren und berücksichtigen, „was unsere Handlungen
hier im globalen Maßstab für Auswirkungen haben" (I-8). Neben der Reflexion der
aktuellen Lebensweise und ihrer Folgen wünschen sie sich ein verstärktes Nachdenken über gesellschaftliche Alternativen. Viele der Jugendlichen versuchen diese
Alternativen in der eigenen Lebensführung umzusetzen. So beschäftigen sie sich
nicht nur intensiv mit gesellschaftlichen Entwicklungen, sondern bemühen sich
auch im Alltag um eine nachhaltigere Lebensweise. Viele ernähren sich vegetarisch
oder vegan, konsumieren fair gehandelte Produkte oder versuchen ihren Konsum
generell zu reduzieren.

e)   Kapitalismuskritik als sinn- und identitätsstiftender Master Frame

Die Analyse der Gesellschaftskritik hat deutlich gemacht, dass die befragten Jugendlichen sich grundsätzlich auf viele traditionelle linke Denkmuster beziehen,
etwa mit ihrer kritischen Sicht auf soziale Ungleichheit und der Forderung nach
einer gerechten Gesellschaft. Der Kapitalismus bildet für die meisten der befragten
Jugendlichen den zentralen Bezugspunkt ihrer Gesellschaftskritik. Dem liegt das
Verständnis von Kapitalismus als einem komplexen, schwer zu durchschauenden,
jedoch alle Gesellschaftsbereiche strukturierenden System zugrunde. Aufgrund
dieser Vielschichtigkeit des Phänomens bietet sich der Kapitalismusbegriff an,
verschiedene Probleme zu erklären und miteinander in Zusammenhang zu bringen.
Damit nimmt die Kapitalismuskritik eine sinnstiftende Funktion für die Jugendlichen ein. Gleichzeitig führt die Offenheit des Begriffs dazu, dass sich unterschiedliche Meinungen unter dem Label der Kapitalismuskritik vereinen lassen. Damit
wird der Kapitalismus zum Anknüpfungspunkt für ein breites Spektrum von
Kritikansätzen. Problematisch empfundene Themenbereiche wie Globalisierung,
Anomie, Entfremdung, Umweltverschmutzung, Rassismus und Sexismus können
mit dem Kapitalismus in Zusammenhang gebracht werden. Hierdurch eignet sich
die Kapitalismuskritik als gemeinsamer Bezugspunkt für verschiedene linke Strömungen und besitzt damit eine identitätsstiftende Funktion. In diesem Sinne stellt

die Kapitalismuskritik einen gemeinsamen Nenner der linksaffinen Aktivistinnen und Aktivisten dar und kann somit als ein ‚Master Frame'[10] betrachtet werden. Auffällig ist, dass sie sich dabei jedoch kaum einer klassischen marxistischen Terminologie oder eines anderen ideologischen Rahmens bedienen. Sie beziehen sich in ihrer Argumentation sowohl auf wahrgenommene Probleme im sozialen Nahbereich als auch auf globale Probleme, über die sie aus den Medien erfahren. Auch grenzen sie sich meist deutlich von Formen des realexistierenden Sozialismus und autoritären Kommunismus ab. Sie legen Wert auf eine differenzierte Sichtweise und bedienen sich keines simplifizierenden Freund-Feind-Schemas. Die politischen Ansichten der Jugendlichen in den Interviews erscheinen meist durchdacht und wenig dogmatisch. Vielmehr zeichnet sich ihr Selbstverständnis dadurch aus, dass sie dieses ständig überdenken und hinterfragen. Bemerkenswert ist zudem die Reflexion der eigenen Position in der kritisierten Gesellschaftsordnung. So fragen sich die Jugendlichen, wie sie selbst zur Aufrechterhaltung ungerechter Zustände beitragen und was sie in ihrem eigenen Leben umsetzen können, um diese zu beseitigen.

4.1.3   Links-sein im Verständnis der Jugendlichen

Die vorangehenden Kapitel haben sich mit den politischen Orientierungen der befragten Jugendlichen, mit ihren Einstellungen und der an vielfältigen gesellschaftlichen Bereichen geäußerten Kritik beschäftigt. Dabei ist deutlich geworden, dass diese Positionierungen für die Jugendlichen auf verschiedene Art und Weise Teile einer linken Identität bilden und Bezugspunkte für eine eigene Verortung im politischen Raum liefern können. Ebenso wie individuelle Positionen und Handlungsmuster der Interviewpartner in dieser Studie nachgezeichnet werden, wird nun auch der Linksbegriff aus Sicht der Jugendlichen untersucht, anstatt sich an bestehenden Definitionen des Linksbegriffs zu orientieren, die eng mit dem Problem der mangelnden Differenziertheit verbunden sind (vgl. Bauer-Kaase 2001: 208; Neugebauer 2010: 3f.). Damit trägt die Studie zugleich dem Umstand Rechnung, dass nicht von *einer* linken Identität die Rede sein kann und sich vielmehr plurale

---

[10] Als ‚Frames' bezeichnet man in einer sozialen Bewegung kollektiv geteilte Interpretationsmuster, die der Organisation von Wahrnehmungen und der Anleitung und Legitimation von Handlungen dienen. Sie enthalten unter anderem eine den Beteiligten gemeinsame Problemdefinition, identifizieren schuldige Akteure und bieten mögliche Lösungen an. Entscheidend für den Mobilisierungserfolg einer Bewegung ist ihre Resonanzfähigkeit, das heißt ihre Anschlussfähigkeit an die Werte, Alltagswahrnehmungen und kulturellen Erzählungen der Zielgruppe. Master Frames zeichnen sich durch ihren breiten Anwendungsbereich, ihre Inklusivität, Flexibilität und hohe kulturelle Resonanz aus (Benford, Snow 2000).

politische Einstellungen, Deutungsmuster und Praxen nebeneinander finden (Matuschek et al. 2011: 11), wie in Kap. 2.3.3 bereits erläutert wurde. Die Befragten bezeichneten sich in den Interviews in der Mehrzahl der Fälle selbst als in irgendeiner Form ‚links' und ordneten sich auf einer abgefragten Links-Rechts-Achse meist im äußeren linken Spektrum ein, sodass eine Einordnung als *linksaffin* gerechtfertigt scheint. Es regte sich jedoch auch Kritik an dem Begriff, etwa mit Verweis auf einen möglichen Etikettierungseffekt oder eine eindimensionale Betrachtungsweise. Dieser kritische Umgang mit dem Begriff seitens der Interviewten macht deutlich, dass es von enormer Wichtigkeit zu sein scheint, auch die Beziehung der Jugendlichen zum Linksbegriff näher zu analysieren. Inwieweit wird also die Einordnung auf einer Links-Rechts-Achse akzeptiert, welchen Stellenwert hat der Linksbegriff für die eigene politische Einordnung und welche Relevanz besitzen die etablierten, aber zugleich hochumstrittenen Begriffe ‚links' und ‚rechts' überhaupt noch für die hier befragten Jugendlichen?

a)   Die Selbsteinschätzung der Jugendlichen im politischen Raum

Die Frage der politischen Verortung wird mit zuverlässiger Regelmäßigkeit in Jugendstudien gestellt. In der 16. Shell-Jugendstudie aus dem Jahr 2010 (Schneekloth 2010) etwa ordnen sich auf einer Skala von 0 (links) bis 10 (rechts) 9 Prozent der Jugendlichen im Alter von 15 bis 25 Jahren als „links" (Werte von 0–2) ein und 29 Prozent als „eher links" (Werte 3–4). Als „eher rechts" bezeichnen sich dagegen nur 15 Prozent (Werte 6–7) und nur 3 Prozent der Jugendlichen zählen sich zur Kategorie „rechts" (Werte 8–10). Vergleichsweise stark ist die „Mitte" (Wert 5) mit 29 Prozentpunkten ausgeprägt. „Ohne Positionierung" werden 14 Prozent der Jugendlichen wiedergegeben, wobei offen bleibt, ob es sich dabei um eine Protesthaltung handelt, weil die Einteilung des politischen Raums auf diese schematische Art und Weise abgelehnt wird, ob die Jugendlichen sich über ihre politische Verortung unschlüssig sind oder eventuell sogar die Frage nicht verstanden haben.
Die Daten ähneln damit den Befunden der Shell-Studien aus den Jahren 2002 und 2006. Insgesamt ordnen sich die Jugendlichen in der Regel etwas weiter links ein als die Gesamtbevölkerung (Schneekloth 2010: 134f.). Dazu lassen sich auch semantische Untersuchungen finden (vgl. Bauer-Kaase 2001; Wilamowitz-Moellendorff 1993), die zeigen, dass der Linksbegriff seit den 1980er Jahren eine positivere Wertung erfährt und mit positiveren Konnotationen verbunden wird (Roßteutscher, Scherer 2013: 383). Welche konkreten Vorstellungen bei den Befragten mit dieser Einordnung verknüpft sind, ist aus den Zahlen allein nicht ersichtlich. Sie bilden eine Darstellung der Verteilung bestimmter politischer Positionen, liefern aber keine Aussagen über deren Bedeutung.

Diese Aufgabe erfüllt zunächst auch die am Ende der Befragung innerhalb der vorliegenden Studie gestellte Aufforderung an die Jugendlichen zur Selbsteinschätzung auf einer Links-Rechts-Skala[11]. Anders als bei der Shell-Jugendstudie lag in diesem Fall eine Skalierung von -4 (links) bis +4 (rechts) vor, wobei 0 den mittleren Wert darstellt. Da die Samplekriterien bereits auf linksaffine Jugendliche ausgerichtet waren, konnte eine einseitige Verteilung im negativen Wertebereich von -4 bis -1 erwartet werden. Tatsächlich schätzt sich keiner der Befragten als rechts ein, wodurch die Auswahl des Samples mit einem Wert von 0 Prozent im Bereich von +1 bis +4 bestätigt wird. Auch auf dem neutralen mittleren Wert 0 ordnet sich keiner der Interviewten ein. Der größte Teil der 35 befragten Jugendlichen, nämlich 16 Personen, schätzt sich auf der Position -3 auf der Links-Rechts-Achse ein, gefolgt von 13 Jugendlichen, die sich auf dem äußersten Wert im Linksbereich, also -4 verorten. Für den Wert -2 haben sich 4 Personen entschieden, während keiner der Befragten den Wert -1 gewählt hat. Soweit lässt sich die reine Verteilung der politischen Selbsteinschätzung anhand der erhobenen Datenbögen darstellen, bei denen die Befragten eine Bereitschaft gezeigt haben, sich auf der vorgegebenen Skala einzuordnen. Nur 2 von 35 befragten Jugendlichen haben eine Verortung auf der Links-Rechts-Achse abgelehnt. Eine Zahl, die in Anbetracht der zu erwartenden und vielfach geäußerten Kritik am Linksbegriff und dabei insbesondere an der schematischen Einteilung des politischen Raums, auf den ersten Blick überraschend gering erscheint. Diese Angaben lassen zunächst aber wiederum keine Rückschlüsse auf die der Entscheidung zugrunde liegenden Ursachen zu. Gerade diese ist aber von zentralem Interesse für die Beantwortung der Frage, welche Relevanz die Begriffe links und rechts für die Befragten besitzen und welche Konzepte sie damit verbinden.

Daher wurde zusätzlich zu der erfragten Selbsteinschätzung auf der Links-Rechts-Achse, innerhalb des leitfadengestützten Interviews die Frage gestellt: „Was bedeutet es für Dich links zu sein?". Damit sollte den Jugendlichen die Möglichkeit geboten werden, innerhalb des Erzählvorgangs ihre ganz individuellen Bedeutungen des Begriffs Links-sein darzustellen bzw. eine mögliche Ablehnung dieses Konzepts zur Einteilung des politischen Raums und eventuelle Alternativkonzepte zu erläutern. Erst diese zusätzlichen Informationen machen es schließlich möglich, eine Verbindung zwischen den aus der Skaleneinschätzung gewonnenen Daten und den tiefergehenden Erläuterungen zum Begriffsverständnis zu ziehen und damit

---

[11] Die exakte Aufforderung im Fragebogen lautet: „Bitte ordnen Sie sich in folgendes Schema ein!" – gefolgt von einer Links-Rechts-Achse mit einer Skala von -4 (links) bis +4 (rechts). Die Selbsteinschätzung dient lediglich als Rückbindung an die Samplekriterien und als Teil der Analyse der Haltung der Jugendlichen gegenüber dem Linksbegriff. Sie liefert damit einen Überblick über die vorliegende Verteilung der politischen Orientierung der befragten Jugendlichen – in Anbetracht der geringen Fallzahl und der vorangehenden zielgerichteten Sampleauswahl erhebt sie aber keineswegs den Anspruch, repräsentative Ergebnisse abzubilden.

ein umfassendes Bild darüber zu gewinnen, was Links-sein im Verständnis der Jugendlichen bedeutet.

b)   Gruppen- und themenbezogene Aspekte politischer Selbstverortung

Welche Mechanismen führen aber überhaupt dazu, dass Menschen sich einer bestimmten Position im politischen Raum zuordnen? So kann eine kann eine politische Positionierung sich über die Zugehörigkeit einer sozialen Gruppe entwickeln, die über politische Mobilisierung mit einer eindeutigen ideologischen Position in Verbindung gebracht wird. Daneben kann eine Selbstverortung auch das Ergebnis einer Neigung zu bestimmten politischen Parteien bilden, die ebenfalls mit konkreten Ideologien konnotiert werden. Schließlich können verschiedene Werte und Themen, die in einen ideologischen Bezug gebracht werden, zu einer Einstufung innerhalb eines politischen Spektrums führen (Roßteutscher, Scherer 2013: 384).

Eine Möglichkeit, auf Basis dieser Grundannahmen die empirisch erfassten Bedeutungen eines Links-Rechts-Schemas zu typisieren, ist die Unterscheidung in gruppenbezogene und themenbezogene Aspekte, wie sie etwa von Jagodzinski und Kühnel (1994) angewendet wird (vgl. Wächter 2004: 49). Die gruppenbezogene Variante fokussiert auf gesellschaftliche Gruppen und dabei vor allem auf Parteien, während die themenbezogene Deutung die Begriffe mit „Leitbildern wirtschaftlicher, sozialer, politischer oder kultureller Ordnung in Verbindung" (Jagodzinski, Kühnel 1994: 350) bringt. Im Gegensatz zu den Erwachsenen in der Studie von Jagodzinski und Kühnel, die mehrheitlich dazu neigen die Begriffe links und rechts mit Parteien gleichzusetzen, weisen Studien mit Jugendlichen (z. B. EUYOU-PART) darauf hin, dass diese die Schlagworte links und rechts häufiger mit ideologischen Begriffen als durch die Identifikation mit einer Partei erklären (Wächter 2004: 14). Solche Ergebnisse decken sich deutlich mit den Antworten der hier befragten linksaffinen Jugendlichen und sind vor allem deshalb so interessant, weil dieses Ergebnis unter anderem durch die anfangs untersuchten Einstellungen der Interviewten gegenüber Parteien erklärt werden kann. Wie auch Wächter feststellt, erschließt sich die Tendenz der Jugendlichen, die Links-Rechts-Begrifflichkeiten themenbezogen zu deuten, nicht zuletzt aus der Kritik der Befragten an den Parteien (Wächter 2004: 15).

Die im ersten Teil dieses Kapitels beschriebenen und von den Befragten wahrgenommenen Defizite auf der Struktur- und Performanzebene des Parteiensystems machen es wahrscheinlich, dass die eigene Verortung im politischen Raum sich viel stärker über inhaltliche Strukturen zeigt, die auf der Werteebene relevant sind. Diese inhaltlichen Strukturen werden damit teilweise bereits in den vorangehenden Analysen der Einstellungen und Bezugspunkte der Jugendlichen deutlich, sollen im Folgenden aber noch einmal durch die Untersuchung der konkreten

Antworten auf die an sie gerichtete Frage zur persönlichen Bedeutung des Begriffs Links-sein rekapituliert werden.

Die in den Interviews beschriebenen Bedeutungen des Links-seins zeigen deutliche thematische Gemeinsamkeiten, die sich in ihrer jeweiligen Gewichtung, aber als überaus individuell und ganz eindeutig als themenbezogen erweisen. Lediglich vereinzelte Befragte haben als spontane Reaktion auf die Frage nach der Bedeutung des Linksbegriffes eine parteibezogene Antwort gegeben, die sie aber im Anschluss daran ausnahmslos um themenbezogene Aspekte erweitert haben. Direkte Zusammenhänge zu Parteien, aber auch anderen gruppenbezogenen Verknüpfungen, also etwa zur eigenen Gruppe oder zu bestimmten Interessengruppen, werden viel seltener im Rahmen dieser Frage angeführt, als – nach der im gesamten Gesprächsverlauf relativ häufig geäußerten Parteienkritik – vielleicht zu erwarten gewesen wäre. Geht es um die eigene Verortung im politischen Raum, scheinen Parteien für die hier befragten Jugendlichen weniger stark als Bezugsgröße relevant zu sein. Dies gilt sowohl in positiver als auch in negativer Hinsicht, da Parteien auch zu Abgrenzungszwecken nur in wenigen Fällen angeführt werden. Stattdessen reichen die inhaltlichen und themenorientierten Bezüge von Schlagworten wie Gleichheit, Mitbestimmung, Solidarität, persönlicher Freiheit und Toleranz über die Einstellungen zu politischen Ideologien wie Anarchismus, Kommunismus, Sozialismus und Kapitalismus bis hin zu konkreten Vorstellungen des gesellschaftlichen Zusammenlebens und der damit verbundenen Gesellschaftskritik. Als ganz zentraler Begriff erweist sich in fast allen Aussagen das Thema Gerechtigkeit. In den meisten Fällen ist damit die Vorstellung einer sozialen Gerechtigkeit verbunden, die in direktem Zusammenhang mit Verteilungsideologien gesehen wird und damit eine Rückbindung an die vielfach geäußerte Kapitalismuskritik erfährt. Die gesellschaftlichen Rahmenbedingungen, die etwa durch die bestehende marktwirtschaftliche Ordnung, aber auch durch eine verfehlte Sozial- und Arbeitsmarktpolitik geprägt seien, werden als ungerecht wahrgenommen. Kern des eigenen Links-seins ist dabei der Anspruch an eine mögliche Verbesserung der Situation, die Vorstellung, dass die Rahmenbedingungen veränderbar sind und dass es möglich sein kann, eine gerechtere Gesellschaft zu schaffen. Ein Befragter formuliert seine Einstellung zum Links-sein etwa folgendermaßen:

> Also auf jeden Fall eine gewisse Einstellung zu sozialer Ungerechtigkeit und eine Einstellung dazu, dass die [Probleme] irgendwie auch menschengemacht sind und deswegen auch verändert werden können. Auch eine gewisse Einstellung dazu, dass Leute selber darüber entscheiden können sollten, was für sie ein gutes Leben ist und dass, also zumindest – jetzt komme ich wieder zu mir, was für mich links ist. Ich glaube nicht, dass ein 40-Stunden-Job ein gutes Leben für alle Menschen ist, wo sie nicht mal gut bezahlt werden oder so. (I-6)

Gerechtigkeit wird als weit gefasster Begriff oftmals mit einem ‚guten Leben‘ für alle Menschen gleichgesetzt. Als Merkmale dieser Lebensvorstellung werden in erster Linie Chancengleichheit, die Auflösung von Hierarchien, Nachhaltigkeit und vor allem Freiheit im Sinne von freier Entfaltung und Freiheit der Wahl individueller Lebensmodelle genannt. Interessant ist dabei, dass die bei der Beantwortung dieser konkreten Frage genannten Gerechtigkeitsvorstellungen der Jugendlichen – die grundsätzlich sehr eng mit dem Handeln von Parteien und Politikern auf der Performanzebene verbunden sind und ihren Niederschlag letztlich in den Gerechtigkeits- und Verteilungsideologien der Parteien finden – auch an dieser Stelle nur selten in den direkten Bezug zu Parteien gesetzt werden. Zwar werden teils auch Politiker als Verursacher ungerechter Verhältnisse genannt, die Lösung der Gerechtigkeitsproblematik wird aber vielmehr auf einer höheren Ebene in gesamtgesellschaftlichen Entwicklungen und weniger in parteipolitischen Auseinandersetzungen gesehen. Die konkreten Problemfelder werden stattdessen mit diffusen, als Teil des eigenen Links-seins verstandenen Wertvorstellungen und Idealen verknüpft. Dies deckt sich mit den Ergebnissen aus Kap. 4.1, die der Werteebene in der Wahrnehmung der Jugendlichen eine besondere Wichtigkeit zusprechen.

Eine weitere Auffälligkeit in den Antworten der Jugendlichen besteht in der häufigen Erwähnung der auf verschiedene Art formulierten Feststellung: Links sein bedeutet, Dinge zu hinterfragen. In der Regel wird damit eine kritische Grundhaltung gegenüber gesellschaftlichen und politischen Entwicklungen oder der aktuellen Gesamtsituation an sich verbunden. Vielfach beziehen die Jugendlichen dieses Hinterfragen aber auch auf sich selbst und erklären damit die Selbstreflexion direkt oder indirekt zu einem für sie wichtigen Bestandteil des Links-seins.

Eine als Gemeinsamkeit auftretende Eigenschaft, die in den Antworten der Jugendlichen mit Links-sein verbunden wird, ist zudem die Weigerung, bestehende Missstände als gegeben hinzunehmen. Die Interviewten belassen es in ihren Beschreibungen nicht allein bei der Feststellung von Ungerechtigkeiten und dem Glauben an deren Abänderbarkeit oder bei einem bloßen Hinterfragen und Kritisieren der Zustände. Sie beschreiben darüber hinaus das aktive Handeln und Aufbegehren als Teil ihrer linken Identität. Diese Position ist vielen Befragten gemeinsam – egal welche Mittel zur Erreichung der angestrebten Ziele im Einzelfall bevorzugt werden:

> Hm, das bedeutet für mich vordergründig die ganzen, also die große, riesige Vielzahl an verschiedensten Ungerechtigkeiten nicht einfach hinzunehmen und nicht nur nicht hinzunehmen, sondern auch aktiv da dagegen einzustehen. Und darüber hinaus auch immer eine Perspektive zu haben, was danach kommen sollte. (I-30)

Für viele dient die eigene Positionierung im linken Spektrum aber auch als schlichte Abgrenzung gegen rechts. Damit ist nicht allein die Abgrenzung auf einer Links-Rechts-Achse gemeint, auch wenn diese Einteilung und damit die Begriffe links und rechts dadurch wiederum eine gewisse Relevanz erfahren. Vielmehr als der Begriff wird jedoch auch hier das Konzept der ‚linken Identität' mit ihren beschriebenen Werten und Gesellschaftsvorstellungen, dem Konzept einer ‚rechten Weltanschauung' entgegengestellt:

> Für mich ist links nicht rechts und in sehr klarer Abgrenzung, in Gegnerschaft zu allen menschenverachtenden Ideologien, gruppenbezogenen Menschenfeindlichkeiten. (I-24)

c)   *Kritik am Linksbegriff*

Die genannten inhaltlichen Dimensionen decken sich in den meisten Fällen mit den politischen Einstellungen, thematischen Orientierungen und Kritikpunkten, die auch bereits zuvor im Verlauf des Gespräches deutlich geworden sind. Die zugespitzte Frage danach, was Links-sein für den Einzelnen bedeutet, bietet den Jugendlichen aber noch einmal Gelegenheit, ihre eigenen Schwerpunkte zu setzen und eine individuelle Positionierung wiederzugeben. Darüber hinaus hat die Frage in den meisten Fällen auch den gewünschten Effekt erzielt, dass es noch einmal mehr oder weniger zu einer kritischen, teilweise kontroversen Beschäftigung mit dem expliziten Linksbegriff kam. Selbst dann, wenn die Befragten den Begriff links in ihren vorangehenden Ausführungen durchgehend selbst verwendet haben, fordert die konkret gestellte Frage noch einmal eine offene Positionierung zum begrifflichen Diskurs heraus.

> Also, den Begriff links finde ich eigentlich schon mal schlecht. Weil der halt nur auf irgendeiner Sitzplatzordnung in der Französischen Revolution basiert, und sich doch in diesem Bereich links wirklich sehr konträre Sachen zusammenfinden, also in dem was man jetzt unter links alles einordnen würde. (I-17)

> Ich weiß nicht. Das ist vielleicht ganz schön kompliziert, komplex. Ich weiß nicht, an und für sich gefallen mir eben diese Begriffe nicht. (I-11)

Die geäußerte Kritik reicht dabei von einer nicht näher bestimmten Abneigung gegen den Begriff an sich, über Erklärungen zur mangelnden Differenziertheit der Zuordnung, den damit verbundenen plakativen Zuschreibungen, einer fehlenden Abgrenzung zwischen verschiedenen Gruppen innerhalb eines heterogenen Spektrums bis hin zu einer ungerechtfertigten Gleichsetzung der Begriffe links und rechts oder gar der Wahrnehmung, dass mit der Zuordnung zur Bezeichnung links bereits die Annahme einer Verfassungsfeindlichkeit gleichgesetzt würde. Einige der befragten Jugendlichen ‚arrangieren' sich aufgrund der Problematik mehr oder weniger mit dem Begriff, der für sie – unabhängig von ihrer inhaltlichen Positionierung – die Funktion eines Zuordnungsbegriffs erfüllt:

> Ja, ja. Das von rechts und links, ich habe das ja schon ganz am Anfang gesagt, das sind immer so Etiketten. Also das ist jetzt ein bisschen schwierig. Ich könnte links jetzt nicht für mich definieren. Das ist schwierig. Also ich würde mich schon als links bezeichnen, aber nicht aus freien Stücken, sondern einfach weil es diese Eti-

ketten gibt und wenn ich mich einem zuordnen müsste, dann müsste ich das nehmen, so, weil es halt nur die gibt. Aber ja, was bedeutet das für mich? (I-4)

Auffällig ist dabei, dass die spätere Aufforderung zur Selbsteinstufung auf der Links-Rechts-Achse von 33 der 35 Befragten ausgeführt wurde – auch dann, wenn sie auf die Frage „Was bedeutet es für Dich, links zu sein?" eine Kritik an der Verwendung des Begriffs geäußert haben. Ein Interviewpartner, der sich auf dem Datenbogen im Links-Rechts-Schema auf dem Wert -4 einordnet, lehnt eine Selbstbezeichnung als links bei der Beantwortung der im Interview gestellten Frage ab und bezeichnet sich stattdessen als ‚Antideutscher Kommunist'. Damit gibt er eine Alternative an, die er als zutreffender als den Linksbegriff empfindet, für die aber keine Wiedergabemöglichkeit im Links-Rechts-Schema besteht. Ein weiterer Interviewpartner, dessen Selbsteinschätzung auf der Skala des Datenbogens bei einem Wert von -3 lag, tut sich bei der Beantwortung der Interviewfrage schwer damit, sich überhaupt unter den breitgefassten Begriff des Links-seins einordnen zu lassen. Zwar deckt seine politische Orientierung sich mit dem, was er als eigene linke Identität versteht, der Begriff links als allgemeiner Begriff zur Verortung im politischen Raum bietet für ihn aber keine ausreichende Möglichkeit sich innerhalb eines sehr heterogenen Spektrums von linken Haltungen abzugrenzen, die er nicht teilt oder sogar ablehnt. Ähnliches wird auch bei anderen Befragten deutlich:

> Deswegen ist es eine schwierige Frage, weil sich viele Punkte, die als links verstanden werden, auch mit meiner Meinung decken. Nicht alle, aber viele. (I-14)

Ein anderer Interviewpartner, der sich auf der Skala bei einem Wert von -4 einschätzt, erklärt auf die Frage nach seiner persönlichen Bedeutung des Links-seins, dass die Inhalte und Einstellungen, die er vertritt, von außen als links wahrgenommen würden, dass dabei aber eine mangelnde Fähigkeit zur Binnendifferenzierung im linken Spektrum angenommen werden müsse. Daher könne er selbst sich zwar als links bezeichnen, jedoch nur, weil er davon ausgeht, dass damit die Grundzüge einer linken Identität verbunden werden, während eine stärkere Differenzierung – in seinem Fall lautet die präferierte Selbstbezeichnung ‚Anarchosyndikalist' – von der Mehrheit nicht verstanden oder gar missverstanden würde. In seinen Ausführungen schwingt auch die Sorge mit, dass die Zuordnung bestimmter Begriffe mit einer Etikettierung als gewalttätiger, radikaler ‚Linker' verbunden sein könnte. Ähnlich argumentiert auch ein Jugendlicher, der sich eher als ‚Sozialist' verstehen will und im Zusammenhang mit der Benutzung des Linksbegriffs auf die Extremismustheorie sowie die damit verbundenen Zuschreibungen verweist:

> Weil ich diese Einteilung eigentlich ablehne. Also es gibt ja diese sogenannte Extremismustheorie, das ist euch ja sicherlich ein Begriff und die kommt halt aus der bürgerlichen Mitte und wo dann irgendwo ab einem gewissen Punkt links und rechts gleichgestellt wird und das lehne ich einfach komplett ab. Ich würde mich

als, ja wie würde ich mich bezeichnen? Ist eine gute Frage. Als Sozialist eigentlich. Im weitesten Sinne. (I-29)

Trotz einer teils sehr deutlichen Ablehnung des Linksbegriffs, hat keiner dieser Jugendlichen die Aufforderung zur Einordnung auf der Links-Rechts-Achse verweigert Lediglich zwei Befragte waren nicht dazu bereit, diesen Punkt im Datenbogen auszufüllen. Beide erläutern ihr Verhältnis zum Links-sein in der zuvor gestellten Interviewfrage, so dass es möglich ist, Rückschlüsse auf die Intention ihrer Ablehnung zu ziehen, ohne im Bereich der Spekulationen zu bleiben. Eine der beiden Jugendlichen formuliert ihre Weigerung, sich unter den Linksbegriff einordnen zu lassen, wie folgt:

> Ich weiß nicht, ich kann das nicht, ich würde das nicht – nicht richtig einordnen wollen, weil das so ein Gemisch ist an Leuten, wo ganz bestimmt einige, wo ich einige als links bezeichnen würde, wo ich andere –. Ich weiß nicht, es ist schwierig, das einzuordnen in irgendeine Art von Kategorie, finde ich. (I-11)

Der zweite unterscheidet bei der Bezeichnung mit politischen Richtungsbegriffen zunächst zwischen Außen- und Selbstwahrnehmung und bezieht sich, wie andere Befragte vor ihm, auch auf mangelnde Möglichkeiten zur Binnendifferenzierung innerhalb der linken Szene:

> Ich würde so bezeichnet werden. Das ist, glaube ich, die Antwort. Ich glaube, ich habe ein zu starkes Abgrenzungsbedürfnis zu vielen anderen Linken, also die sich so nennen. Also ich werde, denke ich, von außen als links bezeichnet, aber, ich glaube, ich selber würde es nicht machen. […] Eben dass es quasi halt – also für mich ist es ganz wichtig, mich auch quasi innerhalb dem, was sich halt linke Szene nennt, ganz klar abzugrenzen so, von verschiedensten Gruppen. (I-27)

Sein Verhältnis zum Links-sein beschreibt er im Anschluss ebenfalls anhand von eigenen Wertvorstellungen des gesellschaftlichen Zusammenlebens:

> Na ja, dass man halt quasi darauf Wert legt so, dass die Menschen zusammen leben ohne eben rassistisch, sexistisch, antisemitisch etcetera pp zu sein so. Also ich bin ja auch ganz klar kein Linker, also. Ich sage ja auch 'Ja' zu Kriegen. Also ich bin kein Linker, inhaltlich überhaupt nicht. (I-27)

Damit wird deutlich, dass die beiden Interviewten, die eine Selbsteinstufung auf der Links-Rechts-Achse abgelehnt haben, für sich eine so individuelle Zusammensetzung ihrer linken Identität in Anspruch nehmen, dass der Obergriff Links-sein für sie keine zutreffende Umschreibung ihrer politischen Orientierung abbildet. Tatsächlich handelt es sich dabei auch weniger um eine Protesthandlung im eigentlichen Sinne – beide sehen sich sehr sachlich in keiner der angebotenen Kategorien wiedergegeben und entscheiden vielmehr pragmatisch, dass sie daher auf eine Selbstverortung im Datenbogen verzichten. Ihre Argumentationen unterscheiden sich nicht wesentlich von der Kritik, die auch von den Jugendlichen geäußert wurde, die sich dennoch auf der Skala eingeordnet haben. Im Gegensatz zu diesen Befragten haben die Beiden aber versucht, sich durch ihre Ablehnung der Skaleneinteilung im Datenbogen der Zuschreibung von außen als links zu entziehen und damit ihrer Kritik auch in ihrem konkreten Handeln Ausdruck verliehen.

Insgesamt hat sich die Mehrzahl der Interviewpartnerinnen und Interviewpartner in irgendeiner Form zum Begriff des Links-seins bekannt, jedoch zugleich auch eine inhaltliche Kritik am Links-Rechts-Konzept geäußert, die oftmals auch in einer gewissen Unsicherheit der eigenen politischen Zuordnungsdimensionen deutlich geworden ist. Die in den vorangehenden Kapiteln beschriebenen Orientierungen und Wertvorstellungen werden von den Interviewten als Teile linker Identität wahrgenommen und lassen dabei, trotz der sehr individuellen Beschreibungen, Gemeinsamkeiten deutlich werden. Gleichzeitig tun sich die Befragten aber schwer damit, diese empfundene Identität unter den einen Begriff des Links-seins zu fassen:

> Ich habe mich eigentlich nie so als links bezeichnet, aber das, was ich jetzt mit links verbinde, verbinde ich mit sehr großen Überzeugungen, und ich bin dann einfach links, aber ich glaube, ich habe auch – also Linke sehen sich ja auch irgendwie so ein bisschen als Gegensatz zu Bürgerlichen und so, und ich habe das Gefühl, ich bin auch ziemlich bürgerlich irgendwie, sei es von dem Auftreten vielleicht auf den ersten Blick oder so, oder von dem, was ich mache, oder irgendwie – also irgendwie sind die Kategorien für mich da nicht so entscheidend, aber von dem was ich vertrete, bin ich da schon eigentlich ziemlich links einzuordnen. (I-32)

d)   Individuelles Verständnis von Links-sein

Insgesamt wird deutlich, dass die Jugendlichen eine differenzierte, themenbezogene Betrachtung und Bewertung von Politik bevorzugen, die der Verwendung von eindimensionalen Begriffen wie links und rechts aus ihrer Sicht mehrheitlich nicht gerecht wird (vgl. Wächter 2004: 15). Die Tatsache, dass sich dennoch lediglich zwei Befragte nicht auf der Links-Rechts-Achse einordnen und der größte Teil der Jugendlichen trotz der geäußerten Kritik selbst auf die Begriffe zurückgreift, lässt jedoch auch erkennbar werden, dass die Kategorien links und rechts bei den Befragten nach wie vor eine gewisse Relevanz besitzen. Oftmals wird dies mit der Außenwahrnehmung erklärt, die eben in den beschriebenen Kategorien stattfindet, teilweise spielt auch der Wunsch nach Abgrenzung gegenüber dem rechten Lager eine Rolle. Das persönliche Links-sein wird aber nicht in diesen Kategorien gedacht, sondern individuell über differenziertere themenbezogene, inhaltliche Konzepte definiert.

Die Analyse von politischen Orientierungen anhand von Skalenbefragungen in Form des Links-Rechts-Schemas geschieht immer auch unter der Vorannahme, dass gesellschaftlicher Konsens über den Bedeutungsumfang der Begrifflichkeiten links und rechts herrscht (Wächter 2004: 45). Die Antworten der Jugendlichen zum Linksbegriff und zu dessen Relevanz für die persönliche Positionierung im politischen Raum machen aber deutlich, wie unterschiedlich die individuellen Begriffsverständnisse und die jeweiligen Schwerpunktsetzungen sind und lassen vermuten, dass der angenommene Konsens in dieser Form nicht existiert, zumindest aber einer Dynamik unterworfen ist, die es bei der Datenauswertung zu berücksichtigen gilt. Denn genauso wie sich gesellschaftliche Konfliktlinien im Laufe der Zeit verändern (vgl. Inglehart 1990), verändert sich auch der Bezugsrahmen für das Links-Rechts-Schema und damit die semantische Bedeutung von politischen Richtungsbegriffen (Bauer-Kaase 2001: 212).

4.2 Ziele und Formen des politischen Engagements

Im vorangegangen Kapitel wurde ausführlich dargelegt, welche Kritik die befragten Jugendlichen an aktuellen gesellschaftlichen Entwicklungen äußern, welche grundlegenden Wertorientierungen sie vertreten und welche Themen ihnen wichtig sind. Im Folgenden richtet sich der Fokus auf die politische Praxis der Jugendlichen. Dabei wird zunächst beschrieben, welche politischen Ziele und gesellschaftlichen Utopien die Befragten aus ihrer Gesellschaftskritik ableiten und welche allgemeinen Vorstellungen eines gesellschaftlichen Transformationsprozesses sie vertreten. Es wird analysiert, wie die Jugendlichen politische Aktionsformen reflektieren und nach welchen Kriterien sie diese auswählen. Anschließend wird näher auf die einzelnen Aktionsformen eingegangen. Diese werden auf ihre angestrebten Ziele, ihre Adressaten und ihre Legitimation hin untersucht. In diesem Rahmen wird auch der Frage nachgegangen, welche Einstellungen die Jugendlichen gegenüber Formen der politischen Gewalt vertreten und welche Argumentationsmuster in diesem Zusammenhang geäußert werden.

Protestgruppen verfügen über ein sehr vielfältiges Repertoire an Aktionsformen. Welche Mittel jedoch tatsächlich eingesetzt werden, hängt von den Zielen und den Ressourcen der Protestakteure ebenso ab wie von kulturellen und politischen Rahmenbedingungen (Rucht, Neidhardt 2007: 631). Zwar zeichnet sich das moderne Aktionsrepertoire durch eine modulare Qualität aus, d. h. die gleichen Protestformen können von verschiedenen Akteuren zu ganz unterschiedlichen Zwecken verwendet werden, dennoch sind Protestaktionen nicht nur Instrumente zur Erreichung eines Ziels. Vielmehr repräsentieren sie die Bewegungskultur und sind dadurch mit den kollektiven Wertüberzeugungen der Aktivisten unmittelbar verbunden. In diesem Sinne wird innerhalb der Bewegung nicht nur der Nutzen von Aktionen diskutiert, sondern auch ihre Bedeutung und ihr symbolischer Wert (della Porta, Diani 2006: 181). Es ist daher von großem Interesse, zu untersuchen, wie politisch engagierte junge Menschen in linksaffinen Protestgruppen ihr Aktionsrepertoire reflektieren, wie sie die Verbindung zwischen ihren Strategien und Zielen herstellen und wie sie die verwendeten Mittel im Hinblick auf ihre Wertvorstellungen legitimieren.

4.2.1 „Man weiß noch nicht genau, wo es hingehen soll" – Ziele und Utopien der Jugendlichen

Das Ziel von Protesthandeln ist es in der Regel, gesellschaftliche Missstände anzuprangern, Widerspruch zum Ausdruck zu bringen und politische Forderungen zu artikulieren (Rucht, Neidhardt 2007: 631). Wie aus der vorangehenden Analyse deutlich wurde, sehen die befragten engagierten Jugendlichen eine Reihe von Missständen auf politischer, ökonomischer und sozialer Ebene. Während diese Kritik teils in sehr konkreter und differenzierter Form geäußert wird, sind ihre Ziele und Utopien um einiges allgemeiner, unklarer und diffuser. Die Gründe hierfür sollen im Folgenden dargelegt werden.

Wie bereits herausgearbeitet wurde, zielt das Engagement der interviewten Jugendlichen meist nicht auf *ein* klar umrissenes Thema, sondern bezieht sich auf eine Vielfalt von Problembereichen. Kernthemen sind dabei soziale Gerechtigkeit, Herrschaftskritik, Menschenrechte und ökologische Nachhaltigkeit. Dennoch liegt dieser scheinbar eklektischen Ansammlung von Themen ein ideologisches Kernprinzip – eine geteilte systemkritische Perspektive – zugrunde. Dementsprechend ist ihr Ziel nicht die Beseitigung einzelner Missstände, sondern das Finden einer „gesamtgesellschaftliche Alternative" (I-15). Einerseits betonen sie, dass ihr Fokus nicht auf den „tausend kleine[n] Unterthemen, an denen man was ändern könnte" liege, sondern auf dem „Infragestellen des Gesamten" (I-11). Andererseits erlaubt ihnen dieser umfassende Politikansatz zu einer Vielzahl von Themen Stellung zu nehmen und ihr Engagement dadurch flexibel an aktuelle Gesellschaftsentwicklungen anzupassen, da man die „fundamentale Kritik […] einfach in ganz vielen Bereichen anwenden" könne (I-4).

Viele der befragten Jugendlichen haben eine sehr ausdifferenzierte Gesellschaftskritik, die mit einem vertieften Wissen über gesellschaftliche Zusammenhänge einhergeht. Sie betonen die Komplexität und Widersprüchlichkeit der angesprochenen Probleme. Die Jugendlichen nehmen nicht für sich in Anspruch, hierfür einfache Lösungen anbieten zu können. Häufig vertreten sie eine Einstellung, wie sie in folgendem Satz zum Ausdruck kommt: „Man weiß noch nicht genau, wo es hingehen soll. Man weiß nur, dass etwas falsch läuft" (I-1). Sie sehen ihre Aufgabe vor allem darin, auf Missstände hinzuweisen, über Hintergründe aufzuklären und dadurch mehr Menschen zu einer kritischen Haltung zu bringen. Demgegenüber steht die Entwicklung konkreter Zukunftsvorstellungen für die Mehrzahl der Jugendlichen nicht im Vordergrund. Im Zentrum steht für sie die Analyse und Kritik der gegenwärtigen Zustände.

Nach ihren Zielen gefragt äußern die Jugendlichen daher eher allgemeine Wertvorstellungen: „Soziale Gerechtigkeit, Basisdemokratie, Freiheit" (I-4) oder „Gerechtigkeit fordern, Machtstrukturen abbauen und eben für eine tolerante Gesellschaft [sein]" (I-24). Einige Jugendliche sprechen zwar das Thema gesellschaftlicher Utopien an – diese reichen von einer „ein bisschen gerechtere[n] Welt" (I-6) bis zur „herrschaftsfreie[n] Gesellschaft" (I-30) – bleiben dabei jedoch eher allgemein und vage.

Das Fehlen konkreter politischer Vorstellungen begründen die Jugendlichen zum einen mit ihrer grundsätzlich oppositionellen Ausrichtung (vgl. Doherty et al. 2003: 673). So werden oberflächliche Reformen innerhalb des bestehenden Systems von den meisten als nicht ausreichend erachtet. Zum anderen ist es nach ihrer Ansicht nicht zielführend, allzu konkrete Vorstellungen von einer besseren Gesellschaft auszuarbeiten, da die Veränderungen, die sie anstreben, durch einen gesellschaftlichen Aushandlungsprozess entstehen und nicht von einer elitären Gruppe vorgegeben werden sollten. Anstatt dogmatischer Visionen oder festgeschriebener Entwürfe, äußern sie die Vorstellung eines sozialen Wandels durch alltägliche Praxis bzw. der Transformation durch fortlaufende gemeinsame Entwicklung (vgl. Juris, Pleyers 2009: 69). Dabei dürfe es niemanden geben, der ein „ausgeklügeltes System in der Schublade hat", vielmehr komme es darauf an, „dass sozusagen Dinge nicht statisch festgelegt sind, sondern dass es [...] eine ständige Bewegung ist" (I-11). Gesellschaftliche Veränderung wird damit als ein reflexiver Prozess gedacht, bei dem sich Vorschläge und Ideen in der Praxis bewähren müssen, wie dies das folgende Zitat zum Ausdruck bringt:

> So 'ne richtig 100%ige Antwort hab ich da auch nicht drauf. Das sind halt auch alles nur Ideen, die sich dann in der politischen Praxis oder halt auch in der Gegenwart [...] bewahrheiten müssen. Und wenn es dann halt nicht funktioniert, dann muss das halt neu gedacht werden. (I-37)

Diese Ausführungen machen deutlich, dass das Ziel der Jugendlichen in erster Linie darin besteht, einen gesellschaftlichen Transformationsprozess anzustoßen, dessen Richtung durch allgemeine Werte wie Gerechtigkeit, Mitmenschlichkeit und Selbstbestimmung manifestiert und dessen Modalität durch Prinzipien wie Mitbestimmung, Basisdemokratie sowie Konsensfindung charakterisiert wird. Die konkrete Realisierung denken die Jugendlichen jedoch eher als offenen Prozess. Die Umsetzung dieser Prinzipien wird dadurch selbst zum Ziel.

Einige sprechen in diesem Zusammenhang von einer Revolution und verstehen darunter in erster Linie eine grundsätzliche Veränderung, die sich nicht nur auf oberflächliche Merkmale des politischen Systems bezieht und damit im Gegensatz zu Reformen steht, die sich innerhalb des Bestehenden bewegen. Diese reichen nach Ansicht der Jugendlichen nicht aus, um die systemimmanenten Fehler auszugleichen. Folgende Ausführung einer Interviewpartnerin veranschaulicht ein Verständnis von Revolution, dass viele der Befragten teilen:

> Ich meine, jetzt nicht so was wie ein Schlag, bäm, und die Welt ist anders oder so. [...] Aber also Revolution sozusagen als radikale Veränderung. [...] Also tatsächlich Veränderung nicht nur auf einer politischen Ebene, [...] sondern halt tatsächlich eine Änderung auch auf ökonomischer Ebene. (I-22)

Die revolutionäre Veränderung der Gesellschaft lässt sich nach Ansicht der Jugendlichen nur durch ein Umdenken der Menschen und durch einen langfristigen Wandel gesellschaftlicher Werte erreichen. Wie im weiteren Verlauf noch ausgeführt werden wird, rechnen die Jugendlichen häufig damit, dass ein Bewusstsein über die notwendigen gesellschaftlichen Veränderungen bei der Mehrheit der Bevölkerung bereits den Anstoß für eine tatsächliche Veränderung liefern werde.

Im Allgemeinen gehen die Jugendlichen davon aus, dass die angestrebten grundlegenden Veränderungen im Gesellschaftssystem (zumindest in näherer Zukunft) unerreichbar sind. Dies zeigen Aussagen wie die folgenden:

> Aber natürlich weiß ich auch, dass das, was ich mir eigentlich für die Gesellschaft wünsche, dass das halt nicht zustande kommen wird. (I-18)

> Revolution wird eh nicht klappen in den nächsten Jahren. Aber trotzdem kann ich das ja kritisieren und trotzdem kann ich auch was Neues fordern. (I-18)

> Das ist jetzt unrealistisch zu sagen, ja klar, ich möchte eine befreite Gesellschaft, wo es keine Ausbeutung durch Lohnarbeit gibt und so weiter und so fort, klar. (I-2)

Gleichzeitig hebt die Interviewpartnerin die Wichtigkeit von Utopien für die eigene Motivation und die kollektive Identität im täglichen Engagement hervor. Nach der Bedeutung ihrer Ideale gefragt beschreibt sie diese motivierende Funktion sehr anschaulich und hebt hervor, dass es insbesondere nach Misserfolgen und desillusionierenden Erlebnissen sehr wichtig sei, sich eine positivere Zukunft auszumalen:

> Ich meine, ohne Wünsche und ohne Träume würde das ja irgendwie alles gar keinen Spaß machen. [...] Ich stand letzte Woche vor dem Verfassungsschutzgebäude in Köln und es hat irgendwie total geregnet und die Polizei hat total rumgestresst und Leute festgenommen und der Himmel war grau und ich dachte: ,Boah, Deutschland ist so scheiße.' Und natürlich muss man da auch denken: ,Was willst du eigentlich?' Und natürlich muss ich mir das schön ausmalen, weil – sonst würde es ja einen kaputt machen. Also es würde einen ja irgendwie fertig machen und es würde ja niemand länger als ein Jahr durchziehen, wenn man nicht an das Gute zum Glück glauben würde und sich mit anderen Leuten eine bessere Gesellschaft vorzustellen. (I-18)

Mit dieser Diskrepanz zwischen dem Wunsch, starke positive Utopien aufrechtzuerhalten, und deren als gering eingeschätzter Erreichbarkeit, gehen die Jugendlichen in dreifacher Weise um: Zum einen richten sie ihr politisches Handeln langfristig aus. Kurzfristige Effekte werden dabei gar nicht angestrebt und Enttäuschungen so vermieden, denn:

> Wenn man jetzt glaubt, kurzfristig ganz krassen Erfolg zu haben irgendwie, zum Beispiel mit einer Gesetzesinitiative oder so, dann beißt man, glaube ich, auf Granit und wird auch schnell sehr ernüchtert davon. (I-19)

Zum anderen setzen sie sich kleinere Ziele, die ihnen Erfolgserlebnisse ermöglichen „und vielleicht ist das Kleine ja auch schon gut." (I-18). So leiten viele Interviewpartnerinnen und Interviewpartner aus dem Engagement eine Befriedigung ab, etwas gegen die kritisierten Zustände getan und ihren Beitrag geleistet zu haben, auch wenn sie auf politischer Ebene nicht unbedingt einen direkten Effekt ihres Handelns feststellen. Manche sprechen in diesem Zusammenhang auch von einer „Selbsttäuschung", die jedoch „hilft, weiterzumachen" (I-5).

Darüber hinaus versuchen die Jugendlichen die von ihnen angestrebten Prinzipien bereits in kleineren kollektiven oder privaten Räumen umzusetzen (vgl. Abschnitt zu direkten Aktionen in diesem Kap.). Außerdem fällt auf, dass sie die Auswirkungen ihrer eigenen Bemühungen zwar als eher gering einschätzen, gleichzeitig sehen sie jedoch die Bewegung insgesamt als bedeutsame progressive Kraft für die gesellschaftliche Entwicklung an. Diese trage Randthemen in die Gesellschaft, die ansonsten nicht diskutiert würden, verhindere beispielsweise die Verschlechterung von Arbeitsbedingungen oder eine Ausbreitung rassistischer Ideen etc. Dennoch können ausbleibende Erfolgserlebnisse auf lange Sicht zu Motivationsschwierigkeiten führen. So sagt eine Interviewpartnerin, nach Umständen gefragt, unter denen es zu einem Ausstieg aus dem Engagement kommen könnte:

> Das einzige Problem, das ich sehe […], ist die Frage, ob man es durchhält. Weil, du stößt echt oft an deine Grenzen und also so, das hört sich jetzt doof an, aber du kämpfst und kämpfst und kämpfst und dann stehst du morgens auf und die Welt ist immer noch scheiße. (I-4)

Aus diesem Grund ist vielen Interviewten die Reflexion ihrer Ziele und Motive wichtig und sie stellen sich auch selbst immer wieder die Frage: „Warum tut man das jetzt eigentlich?" (I-7)

4.2.2 „Nicht Aktionismus um jeden Preis" – politische Aktionsformen und ihre Legitimation

Wie in der Einleitung bereits betont wurde, sind Aktionsformen für soziale Bewegungen nicht nur Mittel zum Zweck. Vielmehr sind sie der für die Öffentlichkeit sichtbarste Teil der Bewegung, repräsentieren diese nach außen und haben daher einen hohen Stellenwert für die Aktivisten. Dies heben auch die befragten Jugendlichen hervor. In den Interviews wird deutlich, dass die Aktionsformen ein wichtiger Diskussionspunkt in den politischen Gruppen sind. Aktionen müssen begründet werden und ihre Legitimität sowohl innerhalb der Gruppe Konsens sein als auch nach außen transportiert werden. Wenn die Berechtigung oder Sinnhaftigkeit von Aktionen angezweifelt wird, sollte laut den Jugendlichen besser darauf verzichtet werden und „wenn wir uns nicht hundertprozentig sicher sind, was Aktionen aussagen, dann ist es schon auch okay, wenn wir die noch mal um einen Monat verschieben" (I-24). Manche Befragten äußern allerdings auch den Eindruck, ihre Gruppe sei in dieser Hinsicht zu theoretisch ausgerichtet. Es sei zwar wichtig, die eigenen Ansichten und Handlungen begründen zu können, die Gruppe habe jedoch die Aufgabe, in die Gesellschaft hineinzuwirken. Dies sei nur über öffentlichkeitswirksame Aktionen möglich. Theorie und Praxis müssen dabei nach Ansicht der Jugendlichen ineinandergreifen, „denn ohne zu erkennen, was in der Welt los ist, kann ich auch keine politischen Veränderungen praktisch machen" (I-2).

Politische Aktionen werden von den Gruppen taktisch nach ihrem antizipierten Nutzen ausgewählt. Ein weiteres zentrales Bewertungskriterium ist die Verhältnismäßigkeit und Angemessenheit von Aktionen. So könne man z. B. Themen in die Öffentlichkeit tragen, ohne dafür „irgendwas total Krasses zu machen" (I-22), wenn man jedoch beispielsweise die Abschiebung von Flüchtlingen verhindern wolle, müsse zu anderen Mitteln wie etwa Blockaden gegriffen werden. Dabei spielen auch die (antizipierten) Reaktionen der Gegenseite für die Bewertung der Legitimität von Aktionen eine Rolle.

Darüber hinaus müssen Aktionen mit den individuellen und kollektiven Werten in Einklang gebracht werden. So sind für manche der Befragten nur friedliche Aktionen akzeptabel – an allem, was darüber hinausgeht, möchten sie sich nicht beteiligen. Diese Meinung äußert sich etwa in folgendem Auszug:

> Ich finde Menschen, die Steine werfen auf andere Menschen, egal ob das Polizisten sind oder Polizistinnen oder Nazis, das ist für mich eine Grenze, wo ich sage: ‚Das finde ich nicht gut, das ist für mich nicht mehr gerechtfertigt.' Dann sind meine Werte, die ich an eine Aktion anlege, zu sehr verletzt. Das wäre für mich so ein Grund, wo ich sagen würde: ‚Nein, da mache ich nicht mehr mit.' (I-24)

Gewalttätige Mittel werden in der Regel als dem Zweck nicht zuträglich empfunden, da dadurch potenzielle Sympathisanten verschreckt würden. Unabhängig von der Reflexion und der vorherigen Absprache von Aktionen, kann es in konkreten Konfliktsituationen jedoch zu anderem Verhalten kommen (zur Einstellung gegenüber Gewalt vgl. Kap. 4.2.3 und zu Erfahrungen mit Konfrontationen Kap. 5.3.3).

Abbildung 4 Politische Ziele und Aktionsformen der Jugendlichen

Ziele	Aktionsformen		Adressaten	Legitimation
(a) Stärkung der Bewegung	Kollektive Identität aufbauen	Gruppeninterne Veranstaltungen, Vernetzung, Aktionen, die den Zusammenhalt stärken	Bewegung (intern)	Eine kollektive Identität und die Mobilisierung einer hinreichend großen Zahl von Menschen ist Voraussetzung für kollektives Handeln. Außerdem benötigt eine Bewegung Strukturen und Ressourcen, um Protest wirkungsvoll zu koordinieren.
	Ressourcen mobilisieren	Ressourcen sammeln u. verwalten, Bündnisse/ Netzwerke bilden, Plakate, Flyer, Soziale Netzwerke, Aufrufe, Videos	Bewegungsorganisationen / Sympathisanten	
b) Langfristige Änderung gesellschaftlicher Werte	Informieren, Politisieren	Vorträge, Workshops, Broschüren	Sympathisanten, Aktivisten	Eine Veränderung im Bewusstsein der Menschen ist Voraussetzung für gesellschaftliche Transformation.
	Öffentlichen Diskurs beeinflussen	Kreativer Protest, Flashmobs, alternative Medienkanäle, Pressemitteilungen	Öffentlichkeit	
(c) Beeinflussung politischer Entscheidungen	Druck auf Politik ausüben	Demonstrationen, Petitionen, Volksentscheide	Politische Autoritäten Öffentlichkeit	Um politische Entscheidungen zu beeinflussen, ist es notwendig, sich in das politische System einzubringen oder die politische Elite durch außerparlamentarische Bewegungen unter Druck zu setzen.
	Sich ins politische System einbringen	Mitarbeit in Parteien u. parlamentarischem System	Politisches System	
(d) Direkte Veränderung	Alternative Praxis leben	Alternativer Konsum, solidarisches Zusammenleben, nicht-kommerzielle Kultur- u. Freizeitangebote, Selbsthilfe	Aktivisten	Das politische System ist unfähig, die gesellschaftlichen Probleme zu lösen, Veränderungen sollten daher nicht an die Politik delegiert werden. Die Menschen sollten Veränderungen in ihrem eigenen Leben umsetzen.
	Direkte Intervention	Streiks, Besetzungen, ziviler Ungehorsam, Blockaden	Gegner, Betroffene	

Politischer Protest kann theoretisch unzählige Formen annehmen, in der Praxis hat sich jedoch ein bestimmtes Repertoire ritualisierter Handlungsmuster etabliert. Das moderne Aktionsrepertoire sozialer Bewegungen hat sich im Zuge der französischen Revolution herausgebildet und viele Strategien wie Demonstrationen, Boykotte oder Petitionen haben sich seitdem kaum verändert und werden heute immer noch verwendet (vgl. della Porta, Diani 2006: 169–170). In der Bewegungs- und Partizipationsforschung wurden viele Möglichkeiten vorgeschlagen, um Partizipationsformen und Protestaktionen zu klassifizieren. Die gängigste Unterscheidung geht auf die Political-Action-Studie (Barnes, Kaase 1979) zurück und differenziert zwischen konventionellen und unkonventionellen Formen der Beteiligung. Diese Unterscheidung wird jedoch inzwischen häufig als problematisch angesehen, da viele der als unkonventionell bezeichneten Partizipationsformen inzwischen durchaus als gängig und weit verbreitet wahrgenommen werden.

Die von den befragten Jugendlichen berichteten Aktionsformen werden im Folgenden nach übergeordneten Zielen gruppiert und im Hinblick auf die von den Jugendlichen genannten Begründungs- und Legitimationsmuster analysiert. Darüber hinaus wird danach gefragt, an welche Personengruppen sich die Aktionen in erster Linie richten Dabei konnten in den Interviews vier Kategorien von Aktionsformen identifiziert werden. Diese werden in Abb. 4 zusammenfassend dargestellt und in den folgenden Abschnitten jeweils detaillierter erläutert.

Hierbei ist zu beachten, dass Demonstrationen, Blockaden oder andere in der Öffentlichkeit wahrnehmbare Aktionen lediglich einen kleinen Teil des alltäglichen Engagements der Jugendlichen ausmachen. Organisationsarbeit, gruppeninterne Diskussionen, die eigene Weiterbildung, die Vernetzung mit anderen Gruppen, das Erstellen von Mobilisierungsmaterialien, die Mitarbeit in Gruppen- oder Parteivorständen und anderen Gremien, das Schaffen von Freizeit- oder Selbsthilfeangeboten und der Austausch uber alternative Lebensformen sind nur einige der berichteten Handlungsweisen, die in der öffentlichen Wahrnehmung von politischen Bewegungen kaum eine Rolle spielen, für das Engagement jedoch unverzichtbar sind und demzufolge einen Großteil der Zeit der Jugendlichen in Anspruch nehmen.

a)   „Sich vernetzen, um einfach die soziale Macht aufzubauen" – die Bewegung stärken

Die erste Kategorie von Aktionsformen, die in den Interviews identifiziert werden konnten, sind solche, die auf eine Stärkung der eigenen Bewegung abzielen. Sie richten sich zum einen nach innen auf die Organisationsstrukturen und das Commitment der Mitglieder und streben zum anderen eine Vergrößerung der Bewegung durch die Mobilisierung von Ressourcen und weiteren Mitgliedern an. In Bezug auf den ersten Punkt wird von vielen Interviewpartnerinnen und Interviewpartnern betont, dass große, gut vernetzte Organisationen notwendig seien, um in die Gesellschaft hineinwirken zu können.[12] Neben der reinen Größe der Bewegung wird auch die Verfügung über Ressourcen, gute Kommunikationsstrukturen und eine gewisse Geschlossenheit zumindest bezüglich der zentralen Themenbereiche hervorgehoben. Es sei daher wenig sinnvoll, „sich bloß in Splittergruppen [zu] organisieren, die sich gegenseitig bekämpfen" (I-2), stattdessen sei es wünschenswert, bundesweite Strukturen aufzubauen oder sich sogar international zu vernetzen. Hierzu sei es wichtig, sich stärker auf die Gemeinsamkeiten als auf die Unterschiede verschiedener linker Akteure zu beziehen und durch die Bündelung gesellschaftskritischer Kräfte eine breite Bewegung aufzubauen. Folgender Auszug verdeutlicht dieses Argumentationsmuster:

> Wir sehen uns […] als Teil einer großen Bewegung und unser Ziel ist es eigentlich, dass die Grenzen zwischen den einzelnen Gruppen und Organisationen sich immer weiter auflösen und es mehr so zu einer Massenmobilisierung kommt […] weil im Grunde so viele Menschen am gleichen Ziel arbeiten […]. Diese Kräfte zu bündeln, also das ist so das übergeordnete Ziel eigentlich, weil es halt einfach die Masse braucht. Deswegen viel Netzwerkarbeit, viel […] Bündnisarbeit. (I-4)

Die Vernetzung mit anderen Gruppen ist für fast alle Befragten wichtig, denn Protestveranstaltungen werden fast ausschließlich in Bündnissen durchgeführt. Die Interviewpartner unterstrichen darüber hinaus, dass für erfolgreiche politische Arbeit nicht nur lose Netzwerke, sondern verbindliche Organisationen entscheidend seien. Diese bilden die Basis für eine kontinuierliche Arbeit und stellen die Rechte und Einflussmöglichkeiten des einzelnen Mitglieds sicher. So konstatiert ein Interviewpartner einen Trend weg von „harten, strikten Organisations- und Gruppenstrukturen hin zu […] sehr dynamischen sozialen Netzwerken". Er betrachtet diese Entwicklung jedoch sehr kritisch und fährt fort:

> Ich glaube, dass es verbindliche Organisationen geben sollte. […] Ansonsten ist das, ja, so ein bisschen so ein *invisible-hand-style* halt, in diesen sozialen Dynamiken […] und deshalb, finde ich, müssen da irgendwelche verbindlichen Strukturen geschaffen werden. Also vor allem auch im Bereich sozialer Unterstützung. (I-17)

Wie der letzte Satz deutlich macht, leistet auch der soziale Rückhalt, den Individuen in der Bewegung erfahren, einen wichtigen Beitrag für die Aufrechterhaltung von Engagement. Tatsächlich gehört eine aktive zwischenmenschliche Interaktion und ein Gefühl der Zusammengehörigkeit zu den Voraussetzungen jeglicher Form kollektiven Handelns. Diese emotionale Beteiligung des Einzelnen bildet die Basis für sein Commitment, also die Selbstbindung an die kollektive Identität der politischen Gruppe und den Einsatz für ihre Ziele. Besonders gruppen- bzw. bewegungsinterne Veranstaltungen und Versammlungen sind zentrale Räume, in denen

---

[12] Gleichwohl heben einige der Befragten hervor, dass die Gruppen für die konkrete Arbeit vor Ort nicht zu groß sein dürfen, um effektiv arbeiten zu können und die persönliche Interaktion zu ermöglichen.

die Bewegungsidentität über diskursive Prozesse, Rituale, kollektive Praktiken und Symbole erzeugt wird (vgl. della Porta, Diani 2006: 107ff.). Doch auch gemeinsame Aktionen in der Öffentlichkeit können die kollektive Identität stärken (Klandermans 2002: 892).

Darüber hinaus ist es den Interviewpartnern wichtig, die Bewegung zu vergrößern, indem sie weitere Sympathisanten und Mitglieder gewinnen. Dies betrifft zum einen die Mobilisierung für konkrete Aktionen, wie Demonstrationen, aber auch die langfristige Mitarbeit in der Gruppe. Konkrete Aktivitäten, die von den Jugendlichen im Zusammenhang mit der Mobilisierung genannt werden, sind etwa das Anbringen von Plakaten, das Verteilen von Flyern oder auch Informationsstände in der Fußgängerzone. Auch das Internet stellt ein wichtiges Medium für die Mobilisierung dar.

Interessant ist dabei, dass es vielen Jugendlichen nicht so wichtig zu sein scheint, neue Mitglieder für die eigene Organisation zu rekrutieren, vielmehr wollen sie die Menschen zum Nachdenken anregen, sodass diese dann selbst überlegen, wie sie sich am besten engagieren können. Es ist ihnen wichtig, dass die Leute sich kritisch mit ihrer Situation auseinandersetzen, dadurch zu ihrer eigenen Problemwahrnehmung kommen und beginnen, sich für ihre Interessen einzusetzen. Folgender Interviewpartner bringt dies sehr deutlich zum Ausdruck:

> [...] und dann gibt es andere Leute, und da würde ich mich eher dazuzählen, die versuchen halt, so ein Klima offener, auch ergebnisoffener Diskussionen aufrechtzuerhalten und der Meinung sind, dass allein dieser Prozess, sein eigenes Leben, seine eigene Praxis oder Zustände in Staat und Gesellschaft zu hinterfragen, in eine richtige Richtung führt und viel wichtiger ist, als jetzt Leute seinen eigenen Strukturen oder Organisationen anzuschließen. (I-17)

Zusammenfassend lässt sich sagen, dass alle der befragten Jugendlichen in ihren Gruppen Aktivitaten unternehmen, die in erster Linie darauf abzielen, die eigene Bewegung zu stärken und zu vergrößern. Diese umfassen zum einen den Aufbau einer kollektiven Identität durch politische Diskussionen und andere gruppeninterne Veranstaltungen sowie durch gemeinsame Unternehmungen in der Gruppe. Zum anderen werden durch Vernetzungstreffen und Bündnisarbeit Ressourcen koordiniert und durch Aufrufe, Plakate etc. neue Ressourcen mobilisiert. Adressaten dieser Tätigkeiten sind sowohl die Akteure der Bewegung selbst als auch Sympathisanten, die zur aktiven Teilnahme motiviert werden sollen. Die zugrunde liegende Logik geht davon aus, dass eine Bewegung erst durch eine gemeinsame Identität und eine hinreichend große Menge an Mitgliedern und weiteren Ressourcen handlungsfähig wird.

b) *„Wenn das so schon bei allen so angekommen wäre" – ein Umdenken in der Gesellschaft anstoßen*

Zu einer zweiten Kategorie werden solche Aktionsformen zusammengefasst, die eine langfristige Veränderung gesellschaftlicher Werte und einen Wandel in der Denkweise der Menschen anstreben. Dies ist, neben der Veränderung der externen gesellschaftlichen Realität, Ziel nahezu aller sozialen Bewegungen. Wie zuvor bereits herausgestellt wurde, hat dieses Ziel für die Befragten eine besonders zentrale Bedeutung. Menschen zu informieren, zum Nachdenken anzuregen und zu politisieren, werden häufig als wichtigste Intentionen der politischen Aktivitäten benannt. Nach Ansicht der Jugendlichen wissen viele Menschen zu wenig über Politik, sie sind desinteressiert oder resigniert. Dieser Entwicklung möchten sie entgegenwirken, indem sie „mehr Menschen für Politik begeistern und [...] auch dafür sorgen, dass sie nicht desillusioniert werden" (I-24). Ziel dieser Strategie ist es, ein Umdenken in der Gesellschaft anzuregen. Dies bezieht sich auf politische Überzeugungen und Problemwahrnehmungen, aber auch auf die eigene Rolle als Bürger. Sie möchten,

> dass die Leute einfach merken, sie müssen nicht ohnmächtig sein, [...] sondern es gibt halt die Möglichkeit, sich tatsächlich zu engagieren, die Sachen selbst wieder in die Hand zu nehmen, [...] anstatt sich das von oben aufdrücken zu lassen, sozusagen. (I-4)

Für die Jugendlichen ist eine Veränderung im Bewusstsein der Menschen notwendige Voraussetzung für einen langfristigen gesellschaftlichen Wandel. Dabei versuchen sie einerseits, „die Leute zu überzeugen" (I-6) und „den Menschen klarzumachen: Woran liegen die Missstände?" (I-7). Andererseits betonen sie, „man darf den Leuten das auch nicht vorschreiben". Vielmehr müsse es darum gehen, „dass die ihr eigenes Aha-Moment bekommen" (I-25).

Für die befragten Jugendlichen ist eine Verbreitung von Gesellschaftskritik und Selbstreflexion bereits ein Schritt in die richtige Richtung. Damit verknüpft findet sich teilweise die Vorstellung, dass eine Veränderung gesellschaftlicher Verhältnisse sich quasi ‚von selbst' ergibt, wenn genügend Menschen ein kritisches Bewusstsein erlangen und ihnen klar wird, dass etwas geändert werden müsse. Diese Einstellung äußert sich in Aussagen wie der folgenden:

> So, und ich glaube, wenn dann der Großteil wirklich sagt: ‚So wie es ist, kann es nicht bleiben, und so wollen wir das auch nicht mehr', dann kann es wirklich von unten raus passieren und dann kann es wirklich zu so einem Zustand kommen, wo vielleicht ein Umbruch einfach entsteht. (I-7)

Als wichtigstes Mittel, mit dem die beschriebenen Ziele erreicht werden sollen, wird von den Jugendlichen die politische Bildungsarbeit genannt. Hierunter fallen etwa Vorträge, Workshops, Diskussionsveranstaltungen, das Erstellen und Verteilen von Broschüren zu bestimmten Themen etc. Durch solche Aktionen kann jedoch nur eine begrenzte Anzahl von Personen erreicht werden und die Jugendlichen bemerken selbstkritisch, dass vor allem Menschen zu ihren Veranstaltungen kommen, die ähnliche politische Ansichten vertreten und bereits von ihren Zielen überzeugt sind.

Um einerseits einen größeren Personenkreis anzusprechen und andererseits auch solche Menschen zu erreichen, die noch nicht mit der Bewegung und ihren Zielen sympathisieren, ist daher der Umweg über die Massenmedien notwendig. Die Jugendlichen versuchen Probleme, die aus ihrer Sicht in der Öffentlichkeit zu wenig präsent sind, stärker in den öffentlichen Diskurs einzubringen und den „Finger in die Wunde [zu] legen" (I-23). Hierzu bedienen sie sich traditioneller Pressearbeit, aber auch kreativer Protestformen wie Flashmobs, Straßentheater etc.

Die Medien spielen in dieser Hinsicht eine zentrale Rolle für die Resonanz, die Protestaktionen erfahren, und beeinflussen damit deren Wirksamkeit. Um Beachtung durch die Medien zu finden, muss Protest viele Menschen mobilisieren, radikale Mittel verwenden oder besonders innovativ sein (della Porta, Diani 2006: 180). Dies ist auch den befragten Jugendlichen bewusst und sie setzen sich mit der Frage auseinander, „wie man Aktionen einfach lustiger und besser gestalten kann. Weil letztendlich, das ist ja das, [...] was die Medien einfangen" (I-7). Dabei wägen sie auch den Einsatz radikaler Mittel sorgsam ab. In dieser Frage scheint es bei vielen der Befragten Konsens zu sein,

> dass man so Aktionen des zivilen Ungehorsams [...] machen kann, um, sage ich mal, Medienaufmerksamkeit zu haben und auch, um auf ein Thema aufmerksam zu machen, ohne jetzt alle Leute zu verschrecken, indem man einfach nur alles anzündet. (I-19)

Insgesamt kann hervorgehoben werden, dass die Politisierung von mehr Menschen und die Beeinflussung des öffentlichen Diskurses zu den wichtigsten Anliegen der Jugendlichen zählen. Dies hängt zum einen damit zusammen, dass eine kulturelle Veränderung als Voraussetzung für eine politische Veränderung gesehen wird. Zum anderen scheint das Ziel einer veränderten Denkweise in der Gesellschaft für viele Befragte erreichbarer und konkreter zu sein als eine Transformation gesellschaftlicher Strukturen, von der sie – wie bereits beschrieben – selbst nur eine sehr vage Vorstellung besitzen. Wichtigste Adressaten dieser Aktionsformen sind (potenzielle) Sympathisanten.

c) *„Dass die Regierung gezwungen wurde, das durchzusetzen" – Beeinflussung politischer Entscheidungen*

Trotz der starken Fokussierung auf die Veränderungen des Bewusstseins der Menschen, ist es den Interviewpartnern wichtig, durch ihr Engagement Einfluss auf politische Entscheidungen zu nehmen. Sie heben immer wieder hervor, dass die

Politik das alltägliche Leben der Bürger in viel stärkerem Maße präge, als dies vielen Menschen bewusst sei. Das Eingreifen ins politische System sei damit notwendig, um eigene Interessen durchzusetzen. In den Interviews äußern die Befragten zwei Möglichkeiten, politische Entscheidungen zu beeinflussen: die Beteiligung am politischen System (durch Mitarbeit in einer Partei) und der Versuch, politische Eliten durch außerparlamentarischen Druck zu beeinflussen (z. B. durch Petitionen oder Demonstrationen).

Wie in Kap. 4.1.1 dargelegt wurde, sind einige der Befragen, zusätzlich zu ihrem Engagement in außerparlamentarischen Gruppen, Mitglied in Parteien und beteiligen sich an Wahlkämpfen und teilweise auch direkt an parlamentarischer Arbeit (z. B. im Stadtrat). Sie sehen die aktive Teilnahme am politischen System als effektiven Weg an, die gewünschten gesellschaftlichen Veränderungen voranzubringen, wie etwa dieser Interviewpartner:

> Und die Veränderung einer Gesellschaft geht leider eben nur über Mehrheiten, über politische Mehrheiten. […] Und dann heißt das natürlich auch, dass man mitregieren muss. Das heißt aber nicht, dass man seine Ideale und Werte aufgibt. (I-31)

Gleichzeitig heben alle Befragten hervor, dass diese Form der Partizipation nicht ausreichend sei, sondern zusätzlich von außerhalb der Parlamente Druck auf diese ausgeübt werden müsse, um die politische Elite im Sinne der Bevölkerung zu beeinflussen. Dem liegt die Annahme zugrunde, dass viele Akteure des politischen Systems nicht die Interessen der Bevölkerungsmehrheit vertreten würden. Dies geschehe häufig nur durch außerparlamentarischen Druck. Als Beispiel werden etwa der Atomausstieg und die Energiewende angeführt:

> Zum Beispiel bei dem Atomausstieg von Schwarz-Gelb, gab es davor ganz große Anti-Atom-Bewegungen und die haben das erst dazu gebracht, also der Druck muss auch von der Straße kommen, damit auch die anderen Parteien etwas ändern. (I-20)

In diesem Zusammenhang wird oft der Wunsch geäußert, das politische System solle responsiver für die Belange der Bürger gestaltet werden, zum Beispiel indem die Kanäle für Beteiligung ausgeweitet werden. Eine häufige Forderung ist etwa die nach mehr Volksentscheiden auf lokaler, aber auch auf bundesweiter Ebene:

> Einfach mal wirklich Volksabstimmungen, einfach mal zuzulassen, sobald es halt wirklich um grundlegende Themen geht, einfach nicht nur die Regierung das entscheiden lassen, oder den Bundestag, sondern schlicht und ergreifend mal die Bevölkerung zu fragen. Setzt natürlich auch voraus, dass die Bevölkerung auch vernünftig mit Informationen versorgt wird. Und das sehe ich in der Bundesrepublik nicht. (I-12)

Der letzte Hinweis des Interviewpartners verdeutlicht wieder die Ansicht, dass die Information und Politisierung der Bürger Grundlage für jegliche gesellschaftliche Veränderung darstellt. Angesichts dieser Überlegungen sehen einige Befragte das Instrument der Volksabstimmung kritisch und verweisen als Negativbeispiel etwa auf das Votum der Schweizer zum Bauverbot von Minaretten.

Auch andere Versuche der Beeinflussung politischer Entscheidungen werden durchaus kritisch beurteilt. So werden Demonstrationen und ähnliche Protestformen von einigen Interviewten nicht als wirksame Mittel angesehen. Ihrer Ansicht nach dienen diese eher sozialen als politischen Zwecken, denn „das ist wie: andere machen LAN-Partys, und deutsche Linke gehen halt auf eine Demo" (I-36). Dieser Interviewpartner ist etwa davon überzeugt, dass der tatsächliche Sinn einer Demonstration als politische Ausdrucksform verloren gegangen sei. So würden inzwischen besonders in Berlin „absurd viele" Demonstrationen veranstaltet, diese seien jedoch heute „nur so ein dummer Selbstzweck" (I-36). Ein anderer Interviewter weist darauf hin, dass Demonstrationen zwar eine politische Meinung zum Ausdruck bringen, jedoch meistens keine Lösungen für konkrete Probleme bieten:

> Es ist schön und gut, immer auf Demos zu gehen, aber man muss auch irgendwie die Leute […] erreichen, […] auch für alltägliche Probleme dieser Leute Lösungsvorschläge entwickeln oder Antworten finden. (I-33)

Einige der Jugendlichen äußern noch einen weiteren Kritikpunkt an Aktionen, die auf die Beeinflussung politischer Entscheidungen ausgerichtet sind. So delegieren diese die Lösung gesellschaftlicher Probleme in erster Linie an das politische System. Diesem System stehen die Jugendlichen jedoch mit großer Skepsis gegenüber. Während einige Jugendliche nach wie vor in erster Linie die Politik in der Position sehen, gesellschaftliche Veränderungen anzustoßen, bezweifeln andere, dass die politischen Autoritäten in der Lage sind, die aktuellen Probleme zu lösen. Sie bringen dem Staat und seinen Institutionen ein tiefes Misstrauen entgegen. Aus diesem Grund bevorzugen sie direkte Aktionen bzw. betonen, dass eine alternative Praxis bereits in der Gegenwart gelebt werden sollte (vgl. nächster Abschnitt). Demonstrationen und Petitionen werden daher in erster Linie als ein Mittel betrachtet, wahrgenommene Verschlechterungen zu verhindern und negative Entwicklungen aufzuhalten oder umzukehren (z. B. Abschaffung der Studiengebühren, Protest gegen den Irakkrieg etc.), weniger, um positive Ziele zu verwirklichen.

Diese Kritik wird auch von Jugendlichen angeführt, die sich selbst über Parteien in das politische System einbringen. Auch sie sind der Ansicht, dass über den parlamentarischen Weg nur begrenzt Veränderungen erzielt werden können. Trotzdem erkennen sie Vorteile in der Beteiligung am parlamentarischen System. So werde man stärker wahrgenommen, könne auf mehr Mittel und Ressourcen zurückgreifen und dadurch besser in die Gesellschaft hineinwirken. Eine große Gefahr sehen die Jugendlichen jedoch darin, dass man seine Ideale und Werte aufgeben könnte, wenn man sich auf das politische System und seine Regeln einlässt.

d) *„Anstatt Forderungen zu stellen, die Sachen wieder selbst in die Hand zu nehmen" – direkte Aktionen*

Der Versuch, durch die Erzeugung öffentlichen Drucks Einfluss auf politische Entscheidungsträger auszuüben, um bestimmte Veränderungen durchzusetzen oder aufzuhalten, impliziert, dass die geforderten Ziele nicht aus eigener Anstrengung erreicht werden können. Protest ist damit ein Mittel der Machtlosen, die über keine anderen Ressourcen verfügen, um ihre Interessen durchzusetzen. Daher versuchen sie andere Gruppen zu politischem Handeln zu aktivieren (della Porta, Diani 2006: 166f.). Dieser Argumentation wollen sich jedoch viele der Befragten nicht anschließen. Sie sind der Ansicht, Forderungen an Politiker zu stellen, reiche nicht aus, „weil die ersten nicht erfüllt werden und zweitens, weil man damit Verantwortung abgibt" (I-4). Teilweise wird dies sogar als direkter Widerspruch zu den eigenen Zielen wahrgenommen:

> […] dass ich eine Selbstverwaltung der Menschen in freien Vereinbarungen fordere und dann nicht als Bittsteller an die Tagespolitik auftreten kann, sondern dass, wenn ich es fordere, irgendwie es auch selber umsetzen muss. (I-15)

Für nahezu alle Befragten ist es daher wichtig, durch direkte Aktionen und durch eine alternative Lebensführung im Alltag unmittelbare Veränderungen herbeizuführen und sich dadurch eben nicht als machtlos zu erleben, sondern die Verantwortung für die Gestaltung der Gesellschaft und des eigenen Lebens zu übernehmen. Doherty et al. (2003) betonen in ihrer Untersuchung des britischen ‚direct action movement', dass für die Aktivisten die Rückgewinnung von Kontrolle im eigenen Leben im Zentrum stehe. Es gehe darum, selbst etwas zu tun und nicht andere darum zu bitten. Dieses Bedürfnis wird auch von den befragten Jugendlichen artikuliert. So werden direkte Aktionen als „self empowerment" (I-17) verstanden, als Versuch, „sich selbst zu ermächtigen"(I-4).

Das zentrale Kriterium ist hierbei, dass direkte Aktionen im Unterschied zu den oben beschriebenen Protestaktionen nicht an das politische System oder die Öffentlichkeit adressiert sind, sondern einen wahrgenommenen Missstand direkt angehen. Einer der Befragten Jugendlichen formuliert dies folgendermaßen:

> Direkte Aktion […]das ist einfach nur, dass irgendein Umstand, der einen repressiven oder ausbeuterischen Charakter hat, dass der direkt angegangen wird. Also das kann ja alles Mögliche sein. Das kann ein Angriff auf einen Pelzladen sein, das kann Tierbefreiung sein, das kann eine Fabrikbesetzung sein. […] Ich bin auch der Meinung, dass eine Blockade von einem Naziaufmarsch schon irgendwie eine direkte Aktion ist. Weil halt einfach direkt die Forderung umgesetzt wird, Faschisten und Faschistinnen den öffentlichen Raum zu nehmen. Anders halt als einfach

nur zu demonstrieren: ‚Ja, wir wollen nicht, dass die da sind‘, sondern halt aktiv was dagegen gemacht wird. (I-15)

Wie in diesem Zitat schon anklingt, bewegen sich einige dieser direkten Aktionen durchaus in der Illegalität oder in einer rechtlichen Grauzone. Bei vielen direkten Aktionen steht die Frage der Legalität nicht an erster Stelle, wichtiger ist für die Befragten die subjektive Legitimität einer Aktion.

Die Jugendlichen nennen mehrere Legitimationsmuster für direkte Strategien. Wie bereits erwähnt wurde, sprechen sie dem politischen System zumindest teilweise die Kompetenz ab, die gesellschaftlichen Probleme lösen zu können. Auch gehe es darum, Ungerechtigkeiten des Systems auszugleichen und benachteiligten Gruppen direkte Hilfe zukommen zu lassen (z. B. durch die Unterstützung von Asylbewerbern oder Arbeitslosen). Darüber hinaus widerspricht die Durchsetzung von Reformen durch eine politische Elite sowohl dem Demokratieverständnis als auch den Zielen der Jugendlichen. So lehnen sie das Repräsentationsprinzip ab und wünschen sich mehr Basisdemokratie und direkte Partizipation. Die Menschen sollten sich selbst in Entscheidungen, von denen sie betroffen sind, einbringen können und so ihre Interessen vertreten. Direkte Aktionen bedeuten für die Jugendlichen somit einen Versuch, ihre Utopien im kleinen Rahmen umzusetzen und bieten damit einen Raum „wo wir halt versuchen, neue Formen von Gesellschaft zu konzipieren, zu organisieren" (I-37). Sie wollen durch das eigene Vorbild zu Veränderung anregen, um so zu zeigen, dass eine andere, hierarchiefreie, solidarische Praxis schon in der Gegenwart umgesetzt werden kann.

Juris und Pleyers (2009) sehen die Verwendung direkter Aktionsformen als ein Charakteristikum des sogenannten ‚alter-activism‘ an, einer Form der Partizipation, die vor allem bei jungen Aktivisten verbreitet ist und sich neben den beschriebenen kreativen, direkten Aktionsformen durch horizontale, netzwerkartige Organisation, die intensive Nutzung neuer Informations- und Kommunikationstechnologien und die Besetzung physischer Räume und Veranstaltung von Aktionscamps, in denen alternative Werte und Praktiken entwickelt werden, auszeichnet. Beispiele hierfür sind etwa die Besetzung von Häusern oder öffentlichen Plätzen, bei denen neben der politischen Positionsbekundung, wie sie auch auf einer Demonstration stattfindet, auch gemeinschaftliche Formen des Zusammenlebens praktiziert sowie Vorträge, Filmvorführungen oder Workshops organisiert werden und die den Aktivisten damit als Diskussionsplattform und Versuchslabor zugleich dienen. Sie sehen diese Form von Engagement als eine neue Form des ‚citizenship‘, in welchem sich langfristige soziale, kulturelle und ökonomische Entwicklungen widerspiegeln (Juris, Pleyers 2009).

Die Analyse der von den Jugendlichen bevorzugten Aktionsformen hat gezeigt, dass diese über ein breites Repertoire an politischen Handlungsweisen verfügen, auch wenn nicht alle beschriebenen Beteiligungsformen von jedem der Befragten angewendet werden. Politische Aktionsformen müssen viele Anforderungen gleichzeitig erfüllen und bewegen sich daher häufig auf einem schmalen Grat. Sie müssen sowohl Aufmerksamkeit in den Massenmedien erzeugen und daher einigermaßen neu und ungewöhnlich oder radikal sein, gleichzeitig müssen sie potenziellen Sympathisanten als legitim erscheinen und sollten daher im Einklang mit den Wertesystemen der entsprechenden Bevölkerungsgruppen stehen. Darüber hinaus müssen sie politische Autoritäten überzeugen und eine positive Erfahrung für die Aktivisten bieten. Diese Ansprüche spiegeln sich auch in den Überlegungen und Argumentationsmustern der befragten Jugendlichen wider. Insgesamt fällt auf, dass die Interviewten einen besonderen Schwerpunkt auf die langfristige Veränderung von Denkweisen und Werten in der Bevölkerung legen. Sie verstehen dies als unabdingbare Voraussetzung für gesellschaftlichen Wandel. Ein weiterer auffälliger Aspekt ist die Betonung direkter Aktionsformen. Diese gründet zum einen auf dem Misstrauen gegenüber dem politischen System und staatlichen Institutionen und zum anderen auf dem Wunsch, direkt und aktiv an der Gestaltung der Gesellschaft mitzuwirken und die Kontrolle über das eigene Leben zurückzugewinnen.

4.2.3 Diskurse und Einstellungen zu Gewalt

Gewalt als Einstellungsobjekt stellt ein besonders schwieriges wissenschaftliches Untersuchungsfeld dar. Der Gewaltbegriff beschreibt teilweise höchst unterschiedliche Ausprägungen, die sich schon im alltagssprachlichen Gebrauch als besonders vage erweisen und erst recht im wissenschaftlichen Kontext umstritten sind. Hinzu kommen unterschiedliche Akteursinteressen, die hinter der Verwendung des Gewaltbegriffs stehen können und die Operationalisierbarkeit damit insgesamt erschweren (vgl. van Rief 2005). Allein die Definition des Begriffs ist also von einer hohen Brisanz geprägt und wird je nach politischem, ideologischem oder sozialem Standpunkt mit sehr unterschiedlichen Sachverhalten assoziiert (vgl. Neidhardt 1986). Nicht nur aus der Beobachterperspektive, sondern auch bei den Akteuren des Gewalthandelns bestehen sehr verschiedene Auffassungen darüber, welche Handlungen als Gewalt zu werten sind und welche nicht (vgl. Kreissl, Sack 1998: 46).

Daraus ergeben sich unzählige begriffliche Differenzierungen. Was für den Einen noch in den Bereich legitimer gewaltfreier politischer Partizipation fällt, ist für den Anderen bereits Gewaltausübung, die je nach Sichtweise in legitimer oder illegitimer Form angewendet werden kann. Ob Gewalt als legal oder illegal zu werten ist, definiert sich für viele eher in Abhängigkeit vom politischen System und den Möglichkeiten der Einflussnahme auf die Prozesse der politischen Entscheidungsfindung als aus strafrechtlicher Sicht. Daneben besteht eine Unterscheidung von individueller oder kollektiver bzw. von personaler und struktureller Gewalt, die verschiedentlich als Grundlage für eine Legitimation für den Einsatz von ‚Gegengewalt' genutzt wird. Entscheidend ist hier aber zunächst nicht die Erklärung der unterschiedlichen Formen und Differenzierungen, wie sie in der allgemeinen Gewaltdebatte auftreten. Interessant ist vielmehr, welche Unterscheidungen die von uns befragten Jugendlichen treffen, und auf welche Art und Weise sie sich darüber zu Gewalt positionieren bzw. wie sie daraus persönliche Legitimationsmuster für oder gegen Gewalt entwickeln.

Wie sich die Jugendlichen zum Thema Gewalt positionieren, wurde nicht unmittelbar in den Interviews erfragt. Vielmehr wurde der Einstellungsbereich in diesem Feld erst dann behandelt, wenn die Jugendlichen selbst das Thema aufgegriffen haben oder es sich über Anknüpfungspunkte angeboten hat, konkret auf die Thematik einzugehen. Daher wird das Themenfeld nicht in allen Interviews im selben Umfang behandelt, findet aber gleichwohl fast ausnahmslos Erwähnung. Häufig bilden bei der Einschätzung der Jugendlichen persönliche Erfahrungen mit oder Erzählungen über Gewalt einen zentralen Orientierungspunkt. Die Frage danach, welche konkreten Einstellungen sich bei den linksaffinen Jugendlichen zum Thema der Gewalt als möglicher Strategie politischen Handelns entwickelt haben, bildet einen wichtigen Aspekt der Untersuchung.

Bei der nachfolgenden Analyse und der Bewertung des Interviewmaterials muss ein Faktor Berücksichtigung finden, der bei einem Thema wie dem der Gewalt von besonderer Bedeutung ist. Das Vorhandensein einer möglichen sozialen Erwünschtheit bildet hier eine notwendige Vorannahme (vgl. Eckert, Willems 1993: 46), die gleich in mehrfacher Hinsicht relevant sein kann. Zum einen stellt Gewalt einen mit teilweise erheblichen Sanktionen belegten Straftatbereich dar, sodass potenzielle Äußerungen über die persönliche Einstellung zu Gewalt oder gar eigene Gewalttaten oder -erfahrungen in einigen Fällen mit der Sorge vor möglicher Strafverfolgung einhergehen können. Daraus resultiert unter Umständen eine Zurückhaltung bei der Schilderung bestimmter Sachverhalte. Zum anderen besteht die Möglichkeit, dass die gesellschaftliche Tabuisierung von Gewalthandeln eine Grundlage dafür bildet, dass sozial erwünschte Antworttendenzen geäußert werden, die sich nicht mit den tatsächlichen Einstellungen der Befragten decken. Das Antwortverhalten kann dabei an die Interviewer gerichtet sein, wenn etwa Befragte das Gefühl haben, dass in der Interviewsituation Gewalthandeln einer moralischen Bewertung unterzogen wird und sie deshalb eine mögliche Befürwortung von gewalttätigen Strategien für sich behalten. Gleichzeitig ist es denkbar, dass die Positionierung gegenüber Gewalt auch als Statement innerhalb der linken Szene verstanden wird, sodass die eigene Gruppe oder andere Aktivisten als Adressaten für eine geäußerte Gewalteinstellung empfunden werden. Hier kann die soziale Erwünschtheit durchaus auch in Richtung einer Befürwortung von Gewalt zielen, wenn dies innerhalb der in der jeweiligen sozialen Umgebung geführten Militanzdebatte als probates Mittel zur Erreichung politischer Ziele verstanden wird – auch wenn sich der Gesprächspartner persönlich eigentlich stärker von Gewalt distanziert. In der Verantwortung der Forscherinnen und Forscher liegt es deshalb, die

Äußerungen der Befragten nicht ohne eine kritische Distanz zu betrachten. Aber auch dadurch lässt sich der Faktor der sozialen Erwünschtheit nur bedingt kontrollieren und muss daher bewusst als möglicher Bias wahrgenommen werden. Unter diesen Voraussetzungen lässt die Analyse der vorhandenen Daten Rückschlüsse über die Einstellungen der Befragten gegenüber Gewalt nur auf Grundlage der geäußerten Positionen zu. Aussagen über tatsächliche Handlungsbereitschaften lassen sich daraus nicht ableiten.

a)   Differenzierungen des Gewaltbegriffs

Die Auswertung der Daten ergibt, dass, ebenso wie innerhalb des wissenschaftlichen und öffentlichen Diskurses, auch unter den befragten Jugendlichen deutliche Differenzierungen des Gewaltbegriffs vorgenommen werden. Diese können in Abhängigkeit von den Zielobjekten, aber auch von der Intention des Handelns oder der Effektivität der Aktionen stehen. In den meisten Fällen wird als zentrale Kategorie zwischen ‚Gewalt gegen Sachen' und ‚Gewalt gegen Personen' unterschieden. Wie unterschiedlich Gewalthandeln gegenüber Sachen und Personen bewertet wird, zeigt sich beispielhaft in der folgenden Aussage:

> Aber ich glaube auch, es ist ein Trugschluss, Sachschaden immer in eine Kategorie mit Menschen-verprügeln zu stecken. Und auch Gewalt als Thema immer gleichzusetzen mit Gewalt gegen Sachen und Gewalt gegen Menschen. Ich glaube, wenn − […] Gruppen wirklich Menschen explizit angreifen, finde ich es auch krass. Aber ich meine, die ganze Autoanzünden-Debatte ist in Berlin auch ziemlich groß. Ich glaube, man darf sich nicht über beide genau gleichwertig aufregen. Es gibt bestimmte moralische Gründe, Gewalt gegen Menschen abzulehnen. Und Gewalt gegen Sachen ist eben schon noch mal eine andere Sache. (I-19)

Der Interviewte macht in diesem Zitat deutlich, dass aus seiner Sicht beide Formen der Gewalt eine grundsätzlich unterschiedliche Qualität aufweisen und nicht ohne Weiteres gleichzusetzen sind. Im Folgenden werden daher zuerst die Einstellungen gegenüber der ‚Gewalt gegen Personen' und im Anschluss daran die Einstellungen zur ‚Gewalt gegen Sachen' beschrieben.

b)   Gewalt gegen Personen aus subjektiv empfundener Notwehr

‚Gewalt gegen Personen' findet bei der absoluten Mehrheit der Befragten keine Akzeptanz. Die grundsätzliche Ablehnung von Gewalt gegen Personen ist damit ein zentrales Merkmal, das von fast allen Befragten mit deutlicher Vehemenz vertreten wird. Stellvertretend für andere Aussagen kann die folgende Interviewpasssage stehen:

> Ich würde es halt nicht machen, wenn Menschen verletzt werden, auch wenn es Polizisten sind, die ja oft in den Kreisen nicht wirklich als Menschen in dem Sinne,

also Unschuldige oder so, gesehen werden. Also das würde ich halt nicht machen.
(I-3)

Das Zitat zeigt, dass es eine klare Ablehnung des Gewalteinsatzes gegen Personen gibt. Bei diesen Argumentationen kommen immer wieder auch moralische Begründungen zum Tragen.

Diese Überzeugung und Verhaltensdisposition erfährt in konkreten Interaktionen jedoch eine spezifische Einschränkung. Unabhängig vom Aggressor wird die Reaktion im Rahmen von Notwehrmaßnahmen von der überwiegenden Ablehnung gewaltförmigen Handelns gegen Personen ausgenommen. Ob Rechtsradikale, Polizisten oder Mitglieder anderer linker Gruppierungen – Gewalt wird hier als Gegengewalt verstanden:

> [...] ob das legitim ist, weiß ich nicht, aber gegen Polizei finde ich – meistens ist
> es Notwehr für mich. Also aber ich bin jetzt nicht einer der – also ich finde das
> nicht gut, wenn irgendwo ein Polizeiwagen angezündet wird oder so. Aber wenn
> ich geschlagen werde, dann versuche ich mich auch zu wehren. Und da ist es mir
> eigentlich auch egal, ob es ein Polizist oder ein Nazi ist. (I-13)

> Ich verurteile Gewalt, aber ich wehre mich, wenn ich angegriffen werde. Ob das
> ein Polizist ist oder ein Nazi, das ist mir in dem Moment egal. Ich sehe das als
> mein gutes Recht an, meine körperliche Unversehrtheit zu garantieren. Und auch
> die meiner Mitmenschen. (I-23)

Bis auf einzelne Ausnahmen ist der größte Teil der Interviewpartner der Auffassung, dass Gewalt zur Selbstverteidigung eingesetzt werden darf oder dann angebracht ist, wenn es das Leben anderer zu schützen gilt. Die Notwehrsituation als solche wird dabei teilweise sehr individuell ausgelegt und orientiert sich nicht unbedingt an einem juristischen Tatbestand. Vielmehr zeigt sich die Einschätzung dessen, was als Gewalt bzw. Gegengewalt in Form von Notwehr verstanden wird, als subjektiv konstruierte Wahrnehmung innerhalb einer bestimmten Situation. Dieses Argumentationsmuster bietet den Befragten eine subjektiv sinnhafte Begründung ihres Handelns, innerhalb der sie sich selbst oder andere als Opfer und nicht als Aggressor wahrnehmen können (vgl. Heitmeyer 1989: 27). Diese breite Auslegung des Notwehrbegriffs und die damit einhergehende Legitimation von Gewalt kann unter Umständen auch die Grundlage für umstrittene Rechtfertigungen von gewaltsamem Handeln bieten. Die Problematik von Gewalt in Notwehrsituationen wird in vielen Fällen aber lediglich als hypothetisches Gedankenspiel aufgeworfen und bleibt dabei eher abstrakt. Einige der Befragten berichten in diesem Zusammenhang aber auch von konkreten Erfahrungen, in denen sie gezwungen waren, Gewalt als Mittel der Selbstverteidigung einzusetzen (vgl. Kap. 5.3.3). Personen, die den Einsatz von Gewalt gegen Personen kategorisch ablehnen, halten sich nach ihren Aussagen bewusst von Situationen fern, in denen mit gewaltsamen Zusammenstößen zu rechnen ist.

c)   Instrumenteller Einsatz von Gewalt gegen Sachen

‚Gewalt gegen Sachen' findet unter einigen Befragten eine Befürwortung, sofern diese Gewaltaktionen im Rahmen eines politisch motivierten Kontextes stehen und überhaupt einen Nutzen versprechen. So beschreibt ein Interviewpartner etwa, dass es durchaus strategisch sinnvoll sein könne, auf einer Demonstration Polizeiwagen ohne Besatzung anzuzünden, weil ein Großteil der eingesetzten Beamten sich dann um die brennenden Autos kümmern müsse, anstatt an anderer Stelle Demonstranten „zusammenzuschlagen" (I-15). Gewalt wird dann als instrumentelle Gewalt verstanden – um dadurch bestimmte Aktionen der Gegenseite zu verhindern oder ein bestimmtes strategisches Ziel zu erreichen. So wird im nachfolgenden Zitat die Möglichkeit, Gewalt als Teil eines taktischen Vorgehens zu nutzen, explizit von einem der Interviewpartner erwähnt:

> Ein ganz großer Streitpunkt ist die Gewaltfrage. Also die, ob Gewalt ein legitimes Mittel darstellen kann. Und zwar eben nicht nur Selbstverteidigung, sondern auch der Angriff gerade – also gerade was Sachbeschädigungen angeht, was Gewalt gegen Gegenstände angeht und was durchaus nicht nur ein Akt der Zerstörung sein kann, sondern was a) ein Akt des Widerstandes sein kann und b) auch teilweise einfach taktisch ein Mittel sein kann. (I-15)

Teilweise werden gewaltsame Aktionen in Form von Sachbeschädigungen auch dann als legitim erachtet, wenn damit eine politische Botschaft nach außen vermittelt werden kann, etwa als Form des Widerstands oder als inhaltliches Statement. Daraus ergibt sich für die Interviewten eine unterschiedliche Qualität von Gewalthandeln, die aus ihrer Sicht in der öffentlichen Debatte zu wenig Berücksichtigung erfährt und oftmals zu einer als ungerecht wahrgenommen Kriminalisierung oder zumindest unzulässigen Gleichsetzung verschiedener Formen von Gewaltausübung führt. In diesem Kontext wird auch eine bewusste begriffliche Trennung von rechter und linker Gewalt gefordert, weil letztere keinesfalls mit der menschenverachtenden Ideologie rechter Gewalttäter gleichzusetzen sei.

d)   Wahrgenommene strukturelle Gewalt als Legitimationsmuster von Gegengewalt

Eine weitere Differenzierung in den Aussagen der Interviewten ist die Beschreibung von struktureller Gewalt – ein Konzept, das ursprünglich auf Johan Galtung (1975) zurückgeht, der unter Gewalt nicht nur Angriffe von Personen auf andere Personen oder Sachen versteht, sondern ein Gewaltverständnis vertritt, das eine „vermeidbare Beeinträchtigung grundlegender menschlicher Bedürfnisse" (Wengert 2002: 60f.) umfasst. Von den Befragten wird diese Form der Gewalt vor allem dem Staat und seinen Institutionen zugeschrieben. Sie verstehen darunter Diskriminierung, strukturelle Ungleichbehandlung oder die Beschränkung von Bürgerfreiheiten durch staatliche Instanzen. Auf die Einstellungen der Gesprächspartner und Gesprächspartnerinnen zu Gewalt hat diese Unterteilung die Konsequenz, dass die Wertigkeit von struktureller Gewalt durch den Staat, durch Banken oder andere Akteure mit der Ausübung konkreter Gewalthandlungen in Relation gesetzt und als übermächtig beschrieben wird. Strukturelle Gewalt steht damit anderen Gewaltformen gegenüber und dient über diese Argumentation vor allem der Legitimation gewaltsamer Gegenaktionen, insbesondere zur Rechtfertigung von ‚Gewalt gegen Sachen'. Die teilweise Akzeptanz, die sich aus dieser Haltung heraus gegenüber bestimmten Formen der Gewaltausübung entwickelt, zeigt sich etwa in den Aussagen dieser beiden Gesprächspartner:

> Ich unterscheide das immer. Gewalt gegen Personen geht überhaupt nicht. Und Gewalt gegen, so was das Übliche ist, diese Bankenenklaven oder so – Ich weiß nicht, ob ich es jetzt selber machen würde, aber ich würde das jetzt auch nicht schlecht heißen, denn die strukturelle Gewalt von den Banken und von den Konzernen ist eigentlich viel größer, als dass die jetzt da Schaden erleiden, wenn da jetzt jemand was von denen zerstört. (I-9)

> Wir finden halt, dass die Gewaltdebatte oder die Militanzdebatte, die gerade oder speziell in Medien und Politik geführt wird, relativ heuchlerisch ist, da wir eben in einer ziemlich gewalttätigen Gesellschaft leben, die sich meistens zwar eher als strukturelle Gewalt darstellt, aber wir zum Beispiel nicht verstehen, warum jetzt eine eingeworfene Scheibe beim Arbeitsamt viel moralisch verwerflicher sein soll als jahrelanges Verarschen, Hinhalten und Erniedrigen von jemandem auf dem Arbeitsamt. Und finden halt, dass Protest sich in, gerade also jetzt in Deutschland gesehen, oftmals nur in einem gewissen Rahmen sich bewegen darf, aber dieser Rahmen halt relativ wirkungslos ist, und dass man im Einzelfall eben auch durch solche Aktionen Protest besser vermitteln kann. Aber sagen wir mal, so militante Formen, also das ist für uns halt ein Mittel, aber nicht das Mittel. (I-30)

In Zusammenhang mit der Problematik der strukturellen Gewalt, aber auch darüber hinaus, wird in einigen Fällen auf unzureichende Einflusskanäle im Rahmen der bestehenden Partizipationsmöglichkeiten hingewiesen. Dabei lassen sich enge Verbindungen zu den bereits beschriebenen Einstellungen zu Parteien, Demokratie und Staat erkennen. Denn wenn, wie im vorangehenden Zitat, der Rahmen, in dem sich Protest bewegen darf, als wirkungslos empfunden wird, dann entwickelt sich daraus bei einigen Interviewten eine positivere Orientierung gegenüber der Einschätzung oder Ausübung von Gewalt. Diese wird in einigen Fällen in der Konsequenz als einzig wirkungsvolles – weil besonders radikales – Mittel zur Erregung von Aufmerksamkeit und damit letztlich zur Durchsetzung bestimmter Interessen verstanden. Gewaltausübung bildet in dieser Perspektive die äußerste Form der politischen Beteiligung und wird als radikale Form der Kommunikation gegenüber den verschiedenen Akteuren des politischen Systems verstanden. Die Ohnmacht, die damit verbunden ist, dass die Jugendlichen keine andere Möglichkeit der

Einwirkung auf den politischen Entscheidungsprozess sehen, findet sich in diesen Argumentationen wieder:

> Weil es auf dem parlamentarischen Weg so einfach nicht funktioniert. Und direkte Aktionen, die versuchen erst gar nicht diesen Weg zu gehen, und die möchten das Problem direkt möglichst angehen. Ich würde jetzt sagen, ich distanzier mich jetzt nicht davon, also in der Situation kann ich das auch gut finden. (I-9)

> Gewalt gegen Personen und Gegenstände auf keinen Fall. Aber Gewalt im Sinne [von] ‚Ich setze eine Person unter Druck, weil ich sein Büro blockiere‘, ja. Weil das ist, wenn überhaupt keine Kommunikation fließt, das einzige Mittel, um überhaupt wieder Kommunikation herzustellen. Also auch öffentlichen Verkehr von mir aus blockieren, keine Frage. Weil, wenn es nicht weh tut, dann regt sich auch keiner. (I-14)

e)   Legitimation von Blockaden als Akt des zivilen Ungehorsams

Aus dieser Ohnmacht und dem Gefühl heraus, keinerlei Alternativen einer Einwirkung auf den politischen Prozess zu haben, bilden sich regelmäßig Legitimationsmuster, die sich zwar auch im Kontext von potenziellen Gewalthandlungen bewegen, von den Befragten aber unter dem Begriff des zivilen Ungehorsams gefasst werden. Dabei zielen viele der Interviewpartner auf eine weitere Unterscheidung und abermals andere Qualität des Handelns ab, wenn sie etwa von Aktionsformen wie Blockaden sprechen, die bei den befragten Jugendlichen eine breite Akzeptanz erfahren. Auch wenn ziviler Ungehorsam in den meisten Fällen als gewaltfreie Form des Protests verstanden wird, so wird dieser Terminus doch durchgängig zumindest in Bezug zu möglichen gewaltsamen Aktionen oder aber auch bewusst in Abgrenzung zu Gewalthandlungen gesetzt:

> Blockade ist schlicht und ergreifend ziviler Ungehorsam. Das ist ein verfassungsmäßiges Recht. Dass man einfach sagt, so ‚Ich bin hier und ich bin dagegen‘. Das beste Beispiel für zivilen Ungehorsam ist immer noch dieses eine schöne Foto vom Tian‘anmen-Platz, [dem] Platz des himmlischen Friedens, wo ein Mann mit Einkaufstüten vor einem Panzer steht, und schlicht und ergreifend nicht weggeht. Das ist ziviler Ungehorsam. Gewaltlos – gewaltlos demonstrieren, sich gewaltlos hinstellen und sagen ‚Wir wollen das nicht!‘ Ja. (I-12)

Die Frage der Gewaltfreiheit zählt aber zu den besonders umstrittenen Aspekten des zivilen Ungehorsams. Ob Sachbeschädigung bereits als Gewalt gewertet oder nur personenbezogene Gewalt als solche betrachtet werden sollte, bildet nur einen Aspekt dieser Kontroverse. Außerdem wird immer wieder diskutiert, ob und, wenn ja, ab wann zwischen physischer und psychischer Gewalt zu unterscheiden ist bzw. ab welchem Punkt der offene Straftatbestand der Nötigung erreicht ist. Die Hauptfrage dabei bleibt, wer letztlich die Definitionsmacht darüber besitzt, was innerhalb des als ziviler Ungehorsam gekennzeichneten Rahmens als Gewalt zu bezeichnen ist oder nicht (Pabst 2012: 26). Denn genau wie der Gewaltbegriff ist auch der Begriff des zivilen Ungehorsams sowohl in der wissenschaftlichen als auch in der gesellschaftlichen Debatte umstritten. Während er für die einen Nötigung oder gar Erpressung beschreibt, bildet er für die anderen eine Art Bürgerpflicht[13] (vgl. Pabst 2012: 23). Die Begründung, die sich häufig in den Aussagen der Befragten wiederfindet, deckt sich mit Definitionen, wie sie etwa von Howard Zinn getroffen werden, der unter zivilem Ungehorsam „die überlegte und gezielte Übertretung von Gesetzen um dringender gesellschaftlicher Ziele willen" versteht (Zinn 1968: 119). Für die Jugendlichen dienen in diesem Zusammenhang etwa Sitzblockaden, die die Durchführung eines Castortransports oder einer ‚Nazidemo'[14] verhindern, als positive Beispiele. Hier wird das eigene Handeln als zwingend erforderliche Bürgerpflicht verstanden, um Schlimmeres zu vermeiden.

f) Billigung und Delegation von Gewalthandlungen

Eine weitere Auffälligkeit findet sich darin, dass unter einigen der Befragten, die Gewalt nicht klar ablehnen, eine Tendenz zur Gewaltbilligung besteht, nicht aber zu einer eigenen Gewaltbereitschaft. Teilweise könnte man dabei sogar von einer Delegation von Gewalthandlungen an Gruppen oder Akteure sprechen, von denen eher vermutet wird, dass sie gewaltsame Aktionsformen befürworten. Das Gewalthandeln anderer wird also nicht eindeutig verurteilt oder in Abhängigkeit von den Umständen sogar unterstützt, wenngleich eine persönliche Distanzierung von aktiver Gewaltausübung erfolgt:

> Also ich finde für mich persönlich, ich finde, es gibt nochmal einen Unterschied zwischen: ‚Ich möchte Situationen nicht erleben, weil ich mir das nicht zumute' und zwischen ‚Ihr könnt das gerne machen, aber ich will nicht dabei sein.' (I-18)

> Ich würde inzwischen auch so weit gehen, zu sagen, dass ich Angriffe −- dass ich mich vielleicht nicht unbedingt daran beteiligen würde, aber dass ich [das] nicht mehr so krass verurteile wie früher noch. (I-15)

Es lässt sich vermuten, dass diese Aussagen für die Befragten auch die Funktion einer symbolischen Positionierung bzw. Solidarisierung innerhalb der Militanzdebatte der linken Szene erfüllen. Auch dann, wenn die Jugendlichen sich nicht selbst an gewaltsamen Aktionen beteiligen wollen, sei es aus Angst vor den Konsequenzen oder auch aus moralischen Gründen, signalisieren sie mit den Erklärungen, dass sie Verständnis für diejenigen aufbringen können, die eher zu Gewalt bereit

---

[13] Wie etwa (in gewaltfreier Form) auch bei Habermas (1983), Rawls (1979), Thoreau (1967) etc.

[14] Der Begriff ‚Nazis' wird hier entsprechend dem Sprachgebrauch der Jugendlichen verwendet. Ob die damit gemeinten Personengruppen tatsächlich als rechtsradikal einzustufen sind, kann hier nicht beantwortet werden. Bedeutsam ist in diesem Kontext jedoch auch nur die subjektive Wahrnehmung der Jugendlichen von diesen Personen als ‚Nazis'.

sind und auf diese Weise versuchen, auf ihre politischen Ziele aufmerksam zu machen oder sich gegen staatliche Repression aufzulehnen.

g)   Kosten-Nutzen-Kalkulationen des Gewalteinsatzes

Über die Unterscheidung verschiedener Formen und Qualitäten von Gewalt hinaus gibt es weitere interessante Aspekte, die die Einstellungen der Befragten gegenüber Gewalt beeinflussen. Die Ablehnung von Gewalthandeln gründet bei einigen der Jugendlichen in einer moralischen Überzeugung von Gewaltfreiheit. Ein Teil der Gesprächspartner macht die eigene Positionierung zu gewaltsamen Vorgehensweisen aber offenbar auch von der potenziellen Effektivität eines solchen Handelns abhängig. In mehreren Aussagen weisen die Interviewten darauf hin, dass sie Gewalt ablehnen, weil sie diese nicht als wirkungsvolles Mittel zur Durchsetzung politischer Interessen und zur Erreichung ihrer Ziele verstehen. Im Gegenteil wird sogar befürchtet, dass sich die Ausübung von Gewalt als kontraproduktiv erweisen kann, wenn dadurch das Bild linker Aktivisten in der Öffentlichkeit nachhaltig beschädigt wird. Auch der eigentlich angestrebte Bewusstseinswandel innerhalb einer Gesellschaft sei durch Gewaltaktionen kaum zu erreichen. Einer der Interviewpartner, der selbst bereits in Berührung mit Sachbeschädigungen im Rahmen politischer Aktionen gekommen ist, drückt seine Sorge vor den Konsequenzen eines solchen Vorgehens folgendermaßen aus:

> […] davor war auch schon einiges an Schaufensterscheiben eingeschmissen worden, wo ich mir denke: ‚Das bringt es nicht.' Und nicht nur, dass es nichts bringt, sondern das entfremdet ja eigentlich auch eher andere Menschen, die man irgendwie erreichen möchte. Noch davon, wenn man irgendwie Scheiben von der Tankstelle einschmeißt, wo die Leute dann irgendwie wirklich ihr Bild haben: ‚Das sind Chaoten.' (I-2)

Ein anderer Befragter schließt Gewalt als Handlungsoption aus ähnlichen Gründen aus. Dabei steht für ihn in erster Linie die gesamtgesellschaftliche Wirkung im Vordergrund:

> Mit Gewalt versammelt man halt die Leute nicht hinter sich. Und deswegen ist es [nicht nur] irgendwie wirkungslos, sondern es ist dann eher so, dass man sagt: ‚Ah, ja. Das sind wieder diese Linken, die dann Steine werfen' und was weiß ich was. Dann schießt man sich ins eigene Bein. Weil natürlich die breite Masse, die nicht den Ideen jetzt so anhängt, dann auch noch sagt: ‚Das sind eher unsere Feinde' und ‚Das sind jetzt nicht Leute, die was verändern wollen in eine positive Richtung'. Deswegen ist das für mich keine Option. (I-8)

h)   Gewaltbezogene Einstellungsmuster

Die Auswertung der Interviewdaten in Bezug auf die Einstellungen der Befragten gegenüber Gewalt lässt deutlich werden, dass im Großen und Ganzen drei wesentliche Tendenzen erkennbar werden, die von individuellen Ausprägungen gekenn-zeichnet sind. Es handelt sich dabei (1) um eine kleine abgrenzbare Gruppe inner-halb des Samples, die eine deutliche Ablehnung von Gewalt äußert, die sowohl auf Sachen als auch auf Personen bezogen ist. Außerdem gibt es (2) einen größeren Teil der Befragten, der abhängig von den situativen Gegebenheiten eine bedingte Legitimation von Gewalt unterstützt. Und (3) lässt sich von einer marginalisierten Randgruppe sprechen, die Gewalt, vor allem gegen Sachen, als Extremfall befürwor-tet. Eine vorbehaltlose Befürwortung von Gewalt gegen Personen als strategisches Mittel ist in unserem Sample nicht erkennbar. Trotz aller individuellen Unterschie-de innerhalb dieser Tendenzen und persönlichen Begrenzungen des Gewaltbe-griffs, die die Befragten für sich treffen, sind doch Gemeinsamkeiten erkennbar, welche eine grobe Einteilung in diese Kategorien erlauben.

Die bedingte Legitimation von Gewalt wird vom größten Teil der Befragten vertreten. Der Einsatz von Gewalt stellt dabei aus Sicht der Interviewten eine Aus-nahmesituation dar, die im besten Falle nicht eintreten sollte, im schlechtesten Falle aber nicht zu verhindern ist. Gewalt gegen Personen wird auch unter diesen Be-fragten meist sehr deutlich abgelehnt. Einschränkungen zu dieser Ablehnung wer-den aber in fast allen Fällen getroffen – sei es auf Grundlage der beschriebenen Notwehrargumentationen, die einen Gewalteinsatz, auch gegen Personen, zur Selbstverteidigung oder zum Schutz Dritter notwendig machen, oder aber in Form des zivilen Ungehorsams, der als Bürgerpflicht verstanden, meist aber nur den Einsatz von Gewalt gegen Sachen rechtfertigen soll. Diese beiden Faktoren zählen zu den Hauptmerkmalen, welche von den Befragten geäußert werden, wenn eine Einschränkung der grundsätzlichen Ablehnung von Gewalt getroffen wird. In diese Gruppe fallen auch die Befragten, die selbst die Ausübung von Gewalt klar ablehnen, grundsätzlich aber eine positive Einstellung gegenüber Gewalt in be-stimmten Situationen äußern, wenn diese an andere delegiert werden kann.

Ein besonders interessanter Aspekt, der in den Argumentationsmustern der Befragten dieser Gruppe deutlich wird, ist die starke Verknüpfung von moralischen Argumentationen mit der Erklärung der eingeschränkten Ablehnung von Gewalt – sei es der moralisch begründete Protest etwa in Form des zivilen Ungehorsams oder aber der Schutz der körperlichen Unversehrtheit von Minderheiten bzw. der Eigenschutz in Form von Notwehr oder aber die Auffassung, gegen unzumutbare Demütigungen durch strukturelle Gewaltausübung vorgehen zu müssen. Immer wieder wird die moralische Komponente der Gewalthandlungen zur zwingenden Verhinderung bestimmter Notstände herausgestellt und die Alternativlosigkeit solcher Vorgehensweisen hervorgehoben.

Interessant ist, dass im Gegensatz dazu moralische Begründungen auch bei der deutlichen Ablehnung von Gewalt zum Tragen kommen, dort aber eine viel geringere Bedeutung haben. Bei den Interviewten, die dieser Tendenz zugeordnet werden können, spielen rationale Kosten-Nutzen-Abwägungen, zumindest in ihren

Äußerungen, eine deutlich größere Rolle als die moralisch begründete Ablehnung von Gewalt. Gewalthandeln wird etwa mit dem Hinweis abgelehnt, dass dadurch in der breiten Öffentlichkeit das Bild der ‚chaotischen Linken' entstehen könnte, das sich letztlich negativ auf die Übermittlung politischer Botschaften an die Masse auswirke und damit eine Mobilisierung breiter Bevölkerungsgruppen verhindere. Auch der eigentlich angestrebte Bewusstseinswandel innerhalb der Gesellschaft sei durch Gewaltaktionen kaum zu erreichen. Gewalt erscheint dabei für auffällig viele Interviewpartner innerhalb einer eigenen Kosten-Nutzen-Logik als Mittel zur Durchsetzung von politischen Interessen als schlichtweg ungeeignet.

Die Tendenz einer Befürwortung von Gewalt äußern nur wenige Befragte. Dieses Argumentationsmuster gründet entweder auf den als nicht vorhanden empfundenen alternativen Handlungsoptionen einer Einwirkung auf politische Entscheidungsprozesse oder auf der Anwendung von Gewalt als instrumentellem Mittel zur Erreichung strategischer Ziele. Gewalt gegen Sachen bildet hier aber den deutlichen Schwerpunkt, strategisch eingesetzte Gewalt gegen Personen findet dabei keine offene Erwähnung.

Sobald die Jugendlichen von konkreten Gewalterfahrungen berichten, beziehen sie sich in der Mehrzahl der Fälle auf expressive Gewalt, die sich etwa im Rahmen von Demonstrationen und meist im Zusammenspiel mit Polizei oder Nazis spontan und situativ herausbildet (vgl. Kap. 5.3.3), ohne dabei aber einen weitergehenden strategischen Hintergrund zu verfolgen. Auf das gesamte Sample bezogen spielt Gewalt als strategisches Mittel der Interessendurchsetzung damit keine nennenswerte Rolle.

Über diese grundlegenden Einstellungsrichtungen hinaus weisen die einzelnen Argumentationsmuster der Interviewten teilweise erhebliche individuelle Differenzen auf. Die persönliche Positionierung gegenüber Gewalt als möglicher Handlungsstrategie scheint für alle Befragten von großer Bedeutung zu sein. Zum einen mag teilweise die Notwendigkeit gesehen werden, innerhalb der Militanzdebatte, die in der linken Szene nach wie vor sehr kontrovers geführt wird, Stellung zu beziehen. Zum anderen scheint eine Mehrheit der Interviewpartner, selbst oder über Dritte, Gewalterfahrungen gemacht zu haben, die einen nicht unwesentlichen Einfluss auf die Ausprägung der Einstellungsmuster gegenüber Gewalt zu haben. Aus diesem Grund und nicht zuletzt deshalb, weil u. a. davon auszugehen ist, dass Gewalteinstellungen ein Ergebnis sozialen Lernens sind (Heitmeyer 1989: 23), ist es zwingend notwendig, die konkreten Konfrontationserfahrungen der befragten Jugendlichen näher zu untersuchen, um über die reine Einstellung zu Gewalt hinaus weitere Erkenntnisse über das Zustandekommen der jeweiligen Orientierungen zu erhalten.

5 Die Entwicklung des politischen Engagements

Das vorangehende Kapitel hat sich ausführlich der Darstellung des politischen Engagements der befragten Jugendlichen gewidmet. Im Zentrum standen dabei ihr Selbst- und Gesellschaftsverständnis. Diese wurden anhand des Verhältnisses zum politischen System, der geäußerten Gesellschaftskritik und der Positionierung gegenüber den Links-Rechts-Kategorien analysiert. Darüber hinaus wurde beschrieben, welche Ziele die Jugendlichen aus ihrer Gesellschaftskritik ableiten und wie sie versuchen diese in ihrer politischen Praxis umzusetzen. Im Folgenden steht nun die biografische Entwicklung dieses Engagements im Vordergrund. Die Analyse beginnt dabei in Kap. 5.1 mit der frühen politischen Sozialisation in Kindheit und Jugend. Hierbei wird der Frage nachgegangen, welche Einflüsse aus Familie, Schule, Peergroup und Alltag zur Politisierung der Jugendlichen beigetragen und das spätere Engagement begünstigt haben. Kap. 5.2 beschäftigt sich anschließend mit dem Einstieg ins organisierte politische Engagement. Hierbei werden drei Einstiegswege herausgearbeitet. Mit den Erfahrungen, die die Jugendlichen während ihres Engagements machen, sowie deren Auswirkungen auf den weiteren Engagementverlauf setzt sich Kap. 5.3 auseinander. Der Fokus liegt dabei auf der Engagementpraxis in den politischen Gruppen, den Herausforderungen bei der Vereinbarung von Engagement und Lebensalltag sowie auf der Wahrnehmung und subjektiven Verarbeitung von Konfrontationserfahrungen.

5.1 Voraussetzungen des politischen Engagements: Instanzen und Prozesse der frühen politischen Sozialisation

Die Besonderheit einer biografischen Perspektive besteht unter anderem darin, dass sie versucht Phänomene sowohl im Kontext der aktuellen Lebenslage des Individuums als auch vor dem Hintergrund der bisherigen biografischen Entwicklung zu rekonstruieren. Für die Analyse von politischem Engagement bedeutet dies, dass nicht nur die Phase des eigentlichen Engagements betrachtet wird. Darüber hinaus werden auch die Voraussetzungen für politisches Handeln analysiert, die bereits in der Kindheit und frühen Jugend gelegt werden. In dieser Phase, die auch als Vorphase oder „protopolitische Phase" (Matuschek et al. 2011: 222) bezeichnet wird, können entscheidende Weichen für die spätere Entwicklung von politischen Orientierungen und Handlungsbereitschaften gestellt werden.

Ein besonderes Interesse gilt in diesem Zeitraum den Prozessen und Instanzen der politischen Sozialisation, als dem „Entwicklungsprozeß, in dem Kinder, Jugendliche und Erwachsene politische Orientierungen, Normen und Handlungsweisen in der Interaktion mit ihrer sozialen Umwelt erwerben" (Hopf, Hopf 1997: 7). Die differenzierte Beschäftigung mit dieser Phase der Entwicklung ist von besonderer Bedeutung, da früh erworbene Dispositionen, Einstellungs- und Verhaltensmuster nicht nur für das politische Engagement in der Jugendphase relevant sind, sondern sich auf den gesamten Lebensverlauf auswirken. So deuten empirische Untersuchungen auf eine hohe Stabilität von politischem Interesse (Prior 2010), politischen Einstellungen und politischer Partizipation (McAdam 1989; Oesterle et al. 2004) hin. Es kann also davon ausgegangen werden, dass in der Vorphase des Engagements bereits die wichtigsten Grundlagen für das spätere politische Handeln gelegt werden.

In Kap. 2.2 wurde in diesem Zusammenhang bereits auf die besondere Bedeutung der Jugendphase für die Entwicklung einer politischen Identität hingewiesen. So weisen entwicklungspsychologische Ansätze darauf hin, dass in der Adoleszenz sowohl die kognitiven, als auch die moralischen Voraussetzungen erworben werden, die für das Verständnis und die Beurteilung komplexer gesellschaftlicher Problemlagen notwendig sind (Fend 1991). Das Konzept der Entwicklungsaufgaben (Havighurst 1972) macht außerdem deutlich, dass die Entwicklung einer politischen Identität in der Jugend eine besonders sensible Phase durchläuft. Im Fokus steht dabei der Einfluss der zentralen Sozialisationsinstanzen wie Familie, Schule, Peers oder Medien.

Die Bedeutung der Vorphase zeigt sich unter anderem auch darin, dass viele der interviewten Jugendlichen nach der Entwicklung ihres Engagements gefragt, mit ihrer Erzählung deutlich vor dem Beginn des Engagements einsetzen und frühe Einflüsse vor allem aus ihrer Herkunftsfamilie hervorheben. Die meisten Befragten berichten, dass sie im Alter zwischen etwa 13 und 15 Jahren ein verstärktes Interesse an politischen und gesellschaftlichen Prozessen entwickelt haben und es zu einer vertieften Auseinandersetzung mit politischen Inhalten kam. Häufig wird der Stellenwert von Politik im elterlichen Haushalt als Anlass hierfür genannt, in einigen Fällen auch die Auseinandersetzung mit Politik in der Schule, bestimmte politisierende Ereignisse oder die gemeinsame Politisierung mit der Peergroup.

Insgesamt hat die Analyse der biografischen Erzählungen gezeigt, dass sich in der Vorphase bei den meisten Interviewpartnern – wenn auch noch in einer etwas undifferenzierten Form – (1) eine Tendenz zu linksaffinen Denk- und Einstellungsmustern und (2) eine grundsätzliche Bereitschaft, sich an politischen Aktivitäten zu beteiligen, herausbildet. Besonders wichtig ist hierfür offenbar das starke

Interesse an politischen Themen sowie ein diffuses Ungerechtigkeitsgefühl bezogen auf die aktuelle gesellschaftliche Situation.

5.1.1 Die Rolle der Familie: Eltern vermitteln politisches Interesse und können zum Engagement motivieren

Bei der Analyse der Interviews fällt als erstes ins Auge, dass die meisten der interviewten Jugendlichen ab der frühen Adoleszenz und teilweise bereits in der Kindheit durch ihr näheres Umfeld Kontakt zum politischen Bereich bekommen haben. Dies schildert ein Interviewpartner etwa folgendermaßen:

> Im Prinzip hat es angefangen dadurch, dass mein Vater auch in der [Partei xy] war. Und ich von daher sowieso eigentlich schon im Kindheitsalter damit in Berührung gekommen bin. (I-2)

In vielen Interviews bilden diese Kontakte den Ausgangspunkt für die Entwicklung eines grundsätzlichen Interesses an politischen Vorgängen. Der erste und häufig auch bedeutsamste Kontakt zu politischen Themen findet dabei in der Regel durch die Herkunftsfamilie statt. Auch die Schule oder die Peers können hierfür wichtig sein, werden jedoch deutlich seltener genannt. Medien spielen insofern eine Rolle, als dass sie zum einen Politik in den privaten Raum der Familie hineintragen, zum anderen dienen sie gerade in späteren Phasen den Jugendlichen zur selbständigen Informationssuche. Zentrales und selbstverständlich genutztes Medium für die Informationssuche und die Orientierung ist dabei das Internet.

Einige Forscher sehen die Familie als die zentrale Agentin der politischen Sozialisation an (Hess, Torney-Purta 2005 [1967]). Tatsächlich weisen empirische Ergebnisse auf eine Vielzahl von elterlichen Merkmalen hin, die Einfluss auf die Partizipationsbereitschaft junger Menschen ausüben. Auch bleibt der Familienhintergrund einer Person signifikanter Prädiktor für Partizipation in späteren Phasen des Lebensverlaufs. Viele der befragten Jugendlichen heben dementsprechend die Rolle ihrer Eltern für die Entwicklung ihres Engagements in ihren Erzählungen hervor. So lautet eine typische Antwort auf die offen formulierte Einstiegsfrage:

> Also woran ich mich eigentlich erinnern kann, war immer, dass wir in der Familie relativ viel über Politik geredet haben. Eigentlich war das immer sonntags, wenn wir gemeinsam gefrühstückt haben usw. Meine Eltern haben sich immer viel darüber unterhalten, meine Großeltern, wenn die da waren, auch. (I-8)

Wie in diesem Bespiel ist Politik in den meisten Familien der befragen Jugendlichen ein zentrales Gesprächsthema. Zwar ist nur eine Minderheit der Eltern selbst politisch aktiv, dennoch schildern viele der Befragten, dass Politik in ihrem Elternhaus einen bedeutsamen Stellenwert hatte. Mehr als die Hälfte der Interviewten berichtet von politischen Diskussionen, die vor allem mit den Eltern, teilweise jedoch auch mit anderen Familienmitgliedern, geführt wurden. Dies deckt sich mit den Befunden ähnlicher Untersuchungen (vgl. u. a. de los Angeles Torres 2007: 545). Insgesamt hat die bisherige Forschung gezeigt, dass politische Diskussionen im Elternhaus als ein bedeutsamer Einflussfaktor auf das Partizipationsverhalten Jugendlicher angesehen werden können. Sie dienen als Quelle für politische Informationen und ermöglichen den Jugendlichen, eigene politische Wissensstrukturen zu konstruieren. Dabei erhöhen politische Diskussionen insbesondere dann das politische Wissen der Kinder, wenn die Eltern selbst über ein hohes politisches Wissen verfügen (McIntosh et al. 2007: 497). In diesem Zusammenhang wird deutlich, dass auch Bildungsstand sowie kulturelles Kapital der Herkunftsfamilie eine wichtige Rolle spielen. Zwar können für unser Sample keine Aussagen über das politische Wissen der Eltern gemacht werden, jedoch verfügt bei immerhin 62 Prozent der Befragten mindestens ein Elternteil über einen akademischen Abschluss. Einige der Befragten reflektieren diesen Hintergrund in den Interviews. So bezeichnen sie sich als Angehörige des Bildungsbürgertums und nehmen sich selbst in dieser Hinsicht als eher privilegiert wahr.

Die Gespräche über Politik in der Familie zeigen den Kindern, dass es wichtig ist, gesellschaftliche Entwicklungen aufmerksam zu verfolgen und sich gegebenenfalls in diese einzumischen (Andolina et al. 2003: 277). Politik wird hier nicht als ein von der eigenen Person ferner, unzugänglicher Gesellschaftsbereich betrachtet, sondern als selbstverständlicher Teil der eigenen Lebensführung. Diese Einstellung geben die Eltern durch ihr eigenes Vorbild weiter.

Einige Interviewpartner beschreiben darüber hinaus, dass politische Bildung für ihre Eltern ein wichtiges Anliegen in der Erziehung darstellte, und sich diese daher bemüht haben, politisches Wissen, die Notwendigkeit der Informationsaufnahme und die Relevanz von Partizipation auch direkt zu vermitteln. In der Sozialisationsforschung wird diese beabsichtigte Einflussnahme eines Sozialisationsagenten als direkte oder manifeste politische Sozialisation bezeichnet – im Gegensatz zur latenten Sozialisation bei der das politische Lernen beiläufig, gewissermaßen als Nebenwirkung einer sozialen Situation, geschieht (Hopf, Hopf 1997: 12f.). Häufig berichtete Verhaltensweisen in diesem Zusammenhang sind das gemeinsame Schauen von Nachrichten oder politischen Sendungen wie im folgenden Beispiel:

> Also bei uns ist die ‚Tagesschau' so eine heilige Institution in der Familie. Also es wurde schon jeden Abend geguckt. Deswegen wurde mir auch vermittelt, glaube ich, dass das wichtig war. (I-24)

Darüber hinaus geben die Eltern den Jugendlichen Zeitschriften oder Bücher an die Hand und legen im allgemeinen Wert darauf, dass sie sich politisch informieren: „Da war halt mein Vater auch dabei, dass ich mich informier und nicht einfach bloß Phrasen dresche" (I-26). Die Familie wird dabei als ergänzende Wissensvermittlerin zusätzlich zur Schule gesehen, die dieser Aufgabe, nach Ansicht vieler Interviewpartner, nur unzureichend nachkommt:

> [Die Familie] hat mich auf jeden Fall dazu gebracht, Zustände kritisch zu hinterfragen, und mir auch mehr Bildung, mehr Texte und so weiter mitgegeben, als die Schule das hat. (I-17)

Entscheidend ist dabei nach Ansicht der Interviewpartner vor allem, dass die Eltern ihnen die Bedeutsamkeit von Politik vermittelt haben und weniger die Weitergabe bestimmter politischer Positionen. Einige wenige Eltern bemühen sich außerdem darum, die Wichtigkeit von Partizipation zu verdeutlichen, indem sie ihre Kinder beispielsweise mit zu Demonstrationen nehmen. Eine andere Interviewte berichtet von dem familiären Ritual an Wahlsonntagen gemeinsam essen zu gehen, um dem Vorgang des Wählens dadurch eine hervorgehobene Bedeutung zu verleihen.

Insgesamt können die Eltern in der politischen Entwicklung eine fördernde und unterstützende Funktion einnehmen. So beschreibt eine Interviewpartnerin, dass ihre Eltern sich aufgrund ihres antifaschistischen Engagements Sorgen über mögliche Konfrontationen mit Nazis machten. Doch anstatt der Tochter das Engagement auszureden oder zu verbieten, erklärten sie sich bereit, sie mit dem Auto zu den Treffen zu fahren. Andere Interviewte berichten, dass ihre Eltern stolz auf ihre politische Aktivität sind:

> Sie haben mich immer unterstützt, waren immer sehr froh, dass ich was gemacht habe, waren teilweise auch sehr stolz. Es gibt da so ein Foto von mir, wie ich auf meiner ersten Sitzblockade bin und mich ein Polizist rausträgt, nicht gerade sanft, und mein Vater hat mir erzählt, dass er sich das Foto besorgt hat und seinen Kollegen gezeigt hat: ‚Hier guckt mal, mein Sohn macht so was!' (I-6)

Selbst bei divergierenden politischen Ansichten sind die Eltern nach Wahrnehmung der Interwieten froh darüber, dass ihre Kinder sich nicht passiv und apathisch verhalten, sondern eine aktive Rolle als Bürger einnehmen und sich für ihre Überzeugungen einsetzen.

Diese Beispiele verdeutlichen, dass die Jugendlichen in der Familie, neben konkreten politischen Verhaltensweisen, auch bestimmte Wertorientierungen und Einstellungen vermittelt bekommen. So betonen die Interviewpartnerinnen und Interviewpartner, dass ihre Eltern sie zu „demokratischem Denken" (I-26) und zur „Toleranz von bestimmten Meinungen" (I-35) erzogen haben. Außerdem hätten sie Werte wie Mitmenschlichkeit, Freiheit und Gerechtigkeit hervorgehoben und betont, dass es wichtig sei, sich um andere Menschen zu kümmern und sich aktiv in die Gesellschaft einzubringen: „Ich habe halt so bestimmte Werte aus meiner Familie mitbekommen ein Stück weit. Sowas wie halt Menschlichkeit, halt kritisches Denken sowas auch" (I-10).

Die Jugendlichen selbst sehen diese Wertevermittlung als wichtige Grundlage für ihre späteren politischen Orientierungen an. In einigen wenigen Fällen ist die Weitergabe von Werten auch mit einer religiösen Sozialisation verbunden. Ein Interviewpartner berichtet, dass die kirchlichen Gedanken der Nächstenliebe und der Bewahrung der Schöpfung ihn beeinflusst haben, auch wenn der Glaube für sein heutiges Selbstverständnis kaum noch eine Rolle spiele. Ein anderer Befragter sieht die Religion auch heute noch als wichtigen Bestandteil seiner Identität an. Er leitet von ihr auch politische Handlungsorientierungen ab und verbindet den christlichen Glauben vor allem mit der Frage nach sozialer Gerechtigkeit:

> Ich habe mich auch immer als Christ und auch als Katholik verstanden, dann steht die soziale Frage im Mittelpunkt meines Glaubens. Und deswegen hatte der Glaube eben auch eine Handlungsorientierung. Ja, und das ging dann irgendwann so weit, bis man dann angefangen hat, sich für Politik zu interessieren. (I-31)

Neben der Weitergabe von Wissen über bestimmte Themen können die familiären Diskussionen auch dazu beitragen, dass die Jugendlichen sich Fertigkeiten aneignen, die für politische Kommunikationsprozesse im Allgemeinen relevant sind, wie argumentative Kompetenzen oder die Toleranz im Umgang mit anderen Meinungen. Dies ist insbesondere dann der Fall, wenn die Jugendlichen andere politische Ansichten vertreten als ihre Eltern. In solchen Fällen kommt es auch zu kontroversen Diskussionen, die sich jedoch nicht unbedingt negativ auf die Beziehungsebene auswirken, wie das folgende Zitat verdeutlicht:

> Nein, eigentlich sind meine Eltern eher konservativ. […] Von dem Parteienspektrum würde ich sagen, würde ich sie eher so Mitte-Rechts einordnen. Was natürlich für mich als ‚junge Linke' viel Reibungsfläche bot. Man diskutierte dann also umso mehr, als wenn man mit seinen Eltern auf einem politischen Niveau steht. Wir haben halt oft Dinge unterschiedlich gesehen, wobei wir, was ich immer interessant finde – Eigentlich stören uns die gleichen Dinge, aber wir haben halt andere Lösungswege. (I-4)

Durch die Auseinandersetzung mit den Positionen ihrer Eltern wurde dieser Interviewpartnerin bewusst, dass verschiedene Zugänge zu gesellschaftlichen Problemen bestehen und die präferierten Lösungen trotz geteilter Ziele voneinander abweichen können. Diese Haltung erleichtert die Perspektivübernahme und das Verständnis für Meinungen, die vom eigenen Standpunkt abweichen, als wichtige Grundlagen für politische Aushandlungsprozesse.

Im engeren Sinne politisch engagiert ist nur eine Minderheit der Familienmitglieder der befragten Jugendlichen. Falls ein dauerhaftes Engagement vorhanden ist, handelt es sich dabei zumeist um die Mitarbeit in einer Partei. Einige Eltern beteiligen sich auch partiell an Protestaktionen wie Demonstrationen oder Unterschriftensammlungen. Bis auf einen Fall kommt es jedoch nicht zur Übernahme des Engagements der Eltern im Sinne einer „sozialen Vererbung" (vgl. Matuschek et al. 2011: 222ff.). Auch werden die Eltern selten als explizite Vorbilder benannt. Trotzdem spielt das politische Verhalten der Eltern ebenso wie anderer Familienmitglieder in der Wahrnehmung der Jugendlichen eine Rolle für die eigene Engagementbereitschaft. So leben die Eltern zum einen eine Praxis der politischen Informationsaneignung und der Anteilnahme an politischen Entwicklungen vor, die von den Jugendlichen übernommen wird. Zum anderen beschreiben die Jugendlichen, wie ihnen durch das Partizipationsverhalten der Eltern bewusst wurde, dass die grundsätzliche Möglichkeit der Partizipation am demokratischen Prozess besteht und in vielfältiger Form wahrgenommen werden kann. Sie wollen sich jedoch nicht dem Engagement der Eltern anschließen, sondern ihre eigenen Ausdrucksformen finden. Das Verhalten der Eltern regt also zu einer Auseinandersetzung mit Partizipationsmöglichkeiten an, auch wenn sich die Jugendlichen letztlich für andere Formen der Partizipation entscheiden:

> Das ist mir neulich mal aufgefallen, als ich gewählt habe, dass ich meinen Eltern sehr dankbar dafür bin, dass sie mir so ein Verständnis wie wertvoll freie Wahlen und Demokratie sind [...] Das hat mich, glaube ich, damals beeindruckt. Aber es war nicht so, dass ich gesehen habe, dass sie was tun und sie nachahmen wollte. (I-24)

Wenn die Familie von den Jugendlichen als Einflussgröße für ihre politische Entwicklung hervorgehoben wird, so werden die Eltern durchgängig als bedeutsamste Personen genannt. Häufig sind beide Elternteile beteiligt, teilweise wird jedoch auch nur ein Elternteil als einflussreich empfunden. Dies kann in der stärkeren politischen Partizipation der Person begründet liegen, aber auch dem besseren persönlichen Verhältnis des Interviewpartners zur Mutter bzw. zum Vater geschuldet sein.

Zwar haben drei Viertel der Befragten ein oder mehrere Geschwister, diese werden jedoch nur selten als wichtige Personen für die Entwicklung des Engagements betrachtet und bleiben in den Gesprächen häufig gänzlich unerwähnt. Oft teilen sie das politische Interesse der Befragten nicht. Dies weist darauf hin, dass die Politisierung durch das Elternhaus zwar *ein* wichtiger Einflussfaktor ist, jedoch noch weitere Faktoren ausschlaggebend sind. Nur in zwei Fällen ist eine Vorbildfunktion älterer Geschwister zu beobachten.

Interessanterweise werden in einigen Fällen die Großeltern, insbesondere der Großvater als wichtige Personen hervorgehoben. Diese hatten in der NS-Zeit beispielsweise eine oppositionelle Haltung vertreten und werden aus diesem Grund von den Jugendlichen bewundert oder als Vorbilder betrachtet. Hier spüren die Jugendlichen – zumindest in politischer Hinsicht – eine stärkere Verbindung zu den Großeltern als zu ihren Eltern und sehen sich in ihrer Tradition, wie das folgende Zitat veranschaulicht:

Da habe ich festgestellt, dass ich mit dem [Großvater] viel gemeinsam habe. Weil
er auch so ein bisschen, trotz seines hohen Alters noch relativ – Er hat selber von
sich gesagt, [...] sein Vater hat ihn sozialistisch erzogen, im Dritten Reich damals,
und das hat mich ziemlich fasziniert und die Art und Weise, wie er heute noch
denkt, da sehe ich mich eher – eine Generation übersprungen und ich gehe jetzt
seinen Weg weiter so ein bisschen. Er war zwar selber nie so wirklich politisch aktiv, aber von der Einstellung her und von der Art und Weise des Denkens, habe
ich das Gefühl, dass ich so ein bisschen nach ihm komme. (I-25)

Ein starker Einfluss der Herkunftsfamilie findet sich vor allem in solchen Familien,
in denen ein gesteigertes Interesse an Politik vorhanden ist, in denen die Bereitschaft besteht, sich mit politischen Themen auseinanderzusetzen und eventuell
sogar politische Partizipation zum Familienalltag gehört. Einige der interviewten
Jugendlichen bezeichnen ihre Familien jedoch auch als explizit unpolitisch oder
sogar als politikverdrossen. In diesen Fällen spielen die Eltern nach Wahrnehmung
der Interviewpartner kaum eine Rolle für ihre politische Entwicklung:

Meine Mutter hat mit Politik gar nichts am Hut und mein Vater genauso wenig.
Die gehen beide nicht wählen, es wird halt nur gemeckert und halt nicht gehan-
delt. Was mich dann schon früh gestört hat. (I-23)

Wie das obige Zitat deutlich macht, stören sich die Interviewpartner am Desinteresse und der Inaktivität ihrer Eltern. Teilweise wird die eigene Politisierung „als
Gegenreaktion, auf deren Nichtinteresse" (I-11) angesehen oder als „Trotzreaktion
gegenüber den Eltern" (I-23). Die politische Positionierung und das Engagement
wird von diesen Jugendlichen also zur Abgrenzung von den unpolitischen, passiven Eltern genutzt. Auf solche Abgrenzungsprozesse soll weiter unten noch einmal
eingegangen werden. In anderen Fällen versuchen die Jugendlichen – teilweise mit
Erfolg – die Eltern mit ihrem politischen Interesse anzustecken, indem sie ihnen
von ihrem Engagement erzählen oder sie in politische Diskussionen verwickeln.

Zusammenfassend lässt sich jedoch sagen, dass die Familie, insbesondere die
Eltern in der frühen Phase der politischen Sozialisation, eine sehr bedeutende Rolle
einnehmen. Ihre wichtigsten Funktionen sind das Anregen von politischem Interesse und die Vermittlung von Werten, die bezogen auf das spätere Engagement zu
handlungsleitenden Orientierungen werden. In einigen Fällen werden Familienmitglieder auch als Vorbilder für die Bereitschaft zum politischen Engagement genannt. Darüber hinaus leisten insbesondere politische Diskussionen in der Familie
einen wichtigen Beitrag für das Erlernen einer demokratischen Kultur. In der Literatur werden sie teilweise sogar als stärkster elternbezogener Faktor für politische
Informationssuche, politische Kommunikationskompetenzen und Partizipation
angesehen (McIntosh et al. 2007).

5.1.2   Ambivalente Einflüsse der Schule

Die Befähigung der jungen Generation zu einer kompetenten Teilhabe am demokratischen Prozess, d. h. die Vermittlung von Fähigkeiten, die sowohl ein Verständnis politischer Kommunikation als auch mündiges bürgerschaftliches Handeln ermöglichen, gehört zu den zentralen gesellschaftlichen Aufgaben öffentlicher Bildungseinrichtungen in demokratischen Systemen. Idealerweise vermitteln sie nicht nur ein angemessenes Wissen über politische und ökonomische Prozesse, die Werte der Demokratie, die Rolle der Bürger und gesellschaftlicher Organisationen, sondern ermöglichen darüber hinaus eine selbständige Meinungsbildung und die Teilnahme an bürgerschaftlichem Engagement wie die Beteiligung an politischen Diskussionen oder das Treffen einer informierten und qualifizierten Wahlentscheidung. Schulen sind zwar nicht die einzigen relevanten Institutionen, die mit der Aufgabe der politischen Bildung betraut sind, als öffentlicher Kontext, in dem Jugendliche den großen Teil ihrer Zeit verbringen, nehmen sie für die Entwicklung politischer Einstellungen, politischen Wissens und Handelns über sozioökonomische Gruppen hinweg jedoch eine besondere Position ein. Frühe Forschungsarbeiten zum Einfluss der Schule auf politische Partizipation brachten jedoch eher enttäuschende Ergebnisse zutage. So resümieren etwa Langton und Jennings (1968), politische Bildung habe so gut wie keinen messbaren Effekt auf die politische Sozialisation. Dies entspricht in vielen Fällen auch der Wahrnehmung der befragten Jugendlichen. Die Schule wird von ihnen fast nie als ein wichtiger Einflussfaktor benannt. Nach möglichen Einflüssen gefragt, bestreiten viele der Jugendlichen, dass die Schule für ihre politische Entwicklung von Bedeutung gewesen sei. So lauten etwa die Reaktion der Interviewpartner: „Nee, mit Sicherheit nicht!" (I-15) oder „Eher nicht. [...] Im Unterricht spricht man auch nicht wirklich über Tagespolitik oder so" (I-20).

Auf den zweiten Blick zeigt sich jedoch teilweise ein anderes, differenzierteres Bild. In den Interviews wird deutlich, dass im Unterricht die Vermittlung politischen Wissens stattfindet und dadurch teilweise ein weitergehendes Interesse an gesellschaftlichen Themen bei den Interviewpartnern geweckt wurde. Dies entspricht den Ergebnissen neuerer Untersuchungen. So findet etwa Schmid (2003), dass die Mitarbeit zu politischen Themen im Unterricht bei den befragten Jugendlichen deutlich häufiger vorkam als politische Gespräche mit Eltern oder Peers und der Schulunterricht damit einen überraschend hohen Stellenwert für die Auseinandersetzung mit politischen Fragen einnimmt. Häufiger war nur der Konsum von Fernseh- bzw. Radionachrichten.

Die in dieser Studie befragten Jugendlichen relativieren diesen Einfluss jedoch. So beklagen sie, der Politikunterricht sei zu oberflächlich, zu „unkritisch" (I-9), „zu trocken und zu langweilig" (I-11). Ein Interviewter geht sogar so weit, dem Politikunterricht depolitisierende Absichten zu unterstellen. Insgesamt haben die Jugendlichen zwar das Gefühl, in der Schule politisches Wissen vermittelt zu bekommen, dies empfinden sie jedoch nicht als anregend für ihr Engagement: „Also natürlich, klar, im Politik-LK hat man noch einmal viel gelernt, aber, ja, ich würde sagen, es war jetzt nichts – keine treibende Kraft oder so etwas" (I-1).

Auch Wissen über Partizipationsmöglichkeiten wird nach Wahrnehmung der Befragten zu wenig vermittelt. Dies entspricht den Ergebnissen anderer Studien. In diesem Sinne stellt auch die Untersuchung von EUYOUPART fest, dass viele Jugendliche das Gefühl haben, dass ihnen politisches Wissen und Kompetenzen fehlen. Sie machen dafür u. a. die Schule verantwortlich, die ihrer Rolle als Vermittlerin politischer Bildung und staatsbürgerlicher Kompetenzen nicht gerecht wird (Spannring 2008: 47). Torney-Purta stellt fest, dass Jugendliche ab durchschnittlich 14 Jahren ein grundlegendes Verständnis von Demokratie entwickelt haben, das bereits stark dem der Erwachsenen ähnelt. Sie sind daher bereit für eine intensivere und motivierendere Auseinandersetzung mit Demokratie und dem politischen System, als sie sie in der Schule geboten bekommen (Torney-Purta 2002: 206).

Besonders wichtig für das Partizipationsverhalten scheint nach bisherigen Studien weniger die Vermittlung politischer Inhalte als die Beförderung offener Diskussionen im Unterricht. Auch scheint es von großer Bedeutung zu sein, ob die Schüler im Unterricht die Möglichkeit haben, über ihre freiwilligen Aktivitäten zu sprechen. Jugendliche, bei denen dies der Fall war, beteiligten sich doppelt so häufig regelmäßig an solchen Aktivitäten (Andolina et al. 2003: 278).

Auch die hier befragten Jugendlichen heben offene politische Diskussionen als wichtigsten schulbezogenen Faktor hervor. Eine besondere Rolle spielen dabei häufig bestimmte charismatische Lehrer, die als kritisch oder andersdenkend wahrgenommen werden, wie dies in den folgenden Beispielen der Fall ist:

> Das Wichtigste, um das in Gang zu schieben, waren zwei: Zum ersten der Aufenthalt [...] und ich würde auch sagen der Politiklehrer den ich hatte. [...] Und der Politikunterricht, der war einfach – also weil der halt so kritisch war. Und halt immer Sachen in Frage gestellt hat, war er wichtig, denke ich. Und immer mal einen anderen Blick auf Probleme so zu haben. (I-8)

> Ich hatte das Glück, dass ich wirklich auch recht kritische Lehrer hatte, also die halt nicht nur – sage ich mal – das wirklich gemacht haben, was im Rahmenplan stand, sondern [...] uns sehr ermutigt haben, uns auch selber Gedanken zu machen und uns damit auseinanderzusetzen und auch, würde ich sagen, immer wirklich verschiedene Meinungen auch zugelassen haben. (I-7)

> Ich hatte einen sehr, sehr guten Gemeinschaftskundelehrer, [...] der hat halt wirklich eben auch mal Themen in den Raum geworfen, wo halt wirklich diskutiert werden konnte. (I-12)

Die offenen Diskussionen im Unterricht wecken in erster Linie das Interesse an politischen Themen, werden aber auch als Unterstützung für eine selbständige

Meinungsbildung wahrgenommen. Im Allgemeinen herrscht bei den Befragten jedoch die Ansicht vor, dass solche Diskussionen einen zu geringen Stellenwert in der Schule einnehmen. Neben den Lehrern werden häufig auch die Mitschüler für das Fehlen oder Scheitern von politischen Diskussionen im Unterricht verantwortlich gemacht, wie dies im folgenden Beispiel zum Ausdruck kommt:

> Also unser Lehrer war super engagiert, aber sobald da irgendwie mal was Tiefgreifenderes oder mal wirklich eine Diskussion aufkam, hast du schon gesehen, dass jetzt fast alle die Augen verrollt haben und: ‚Ja, wir wollen jetzt weitermachen, warum streiten die sich über Kinder in der Dritten Welt? Was geht uns das an?' (I-30)

Die Kritik der Befragten am politischen Desinteresse der anderen Schüler richtet sich oft auch allgemeiner gegen die wahrgenommene Oberflächlichkeit des jugendkulturellen Mainstreams. Kennzeichen hierfür sind nach Ansicht der Befragten etwa die Fokussierung auf Äußerlichkeiten und Markenprodukte. Das fehlende Interesse an Politik und Gesellschaft wird von diesen Jugendlichen verknüpft mit einer Haltung der Gleichgültigkeit und Apathie gegenüber gesellschaftlichen Entwicklungen, einem Unverständnis über die Wichtigkeit von Politik. Hiervon wollen die Befragten sich abheben, indem sie betonen, dass sie der Situation anderer Menschen, aber auch allgemein dem Zustand der Gesellschaft und der Umwelt nicht unbeteiligt gegenüberstehen, sondern dass sie sich Gedanken darüber machen und nach Lösungswegen suchen.

Die Politisierung als ein Mittel der Abgrenzung gegenüber anderen und damit der Identitätsfindung und Selbstwertstärkung soll an späterer Stelle noch einmal diskutiert werden. Zunächst soll hier auf die zweite zentrale Funktion der Schule in der politischen Sozialisation eingegangen werden. So bietet die Schule neben der Vermittlung von politischen Inhalten auch Möglichkeiten der aktiven Partizipation und ist damit für viele der Befragten erstes Handlungsfeld für (vor-)politisches Engagement. Immerhin fast ein Drittel der Befragten ist in der Schule in irgendeiner Form aktiv. In erster Linie handelt es sich dabei um institutionell eingebundenes Engagement innerhalb der vorgegebenen Möglichkeiten, wie der Besuch von Politik-, Antirassismus- oder Friedens-AGs, die Beteiligung in der Schülervertretung, als Schülersprecher und teilweise auch als Delegierte in der Landesschülervertretung. Andere Jugendliche bringen sich über diese institutionell vorgesehenen Wege hinaus ein, indem sie beispielsweise Diskussionsveranstaltungen an der Schule organisieren oder im Rahmen des Bildungsstreiks zu Aktionen an der Schule aufrufen. Dieses freiwillige Engagement in der Schule wird in der Partizipationsforschung als entscheidend für späteres Beteiligungsverhalten angesehen (vgl. Kap. 5.2).

Damit die Partizipation in der Schule ihre fördernden Effekte entfalten kann, müssen nicht nur Möglichkeiten für Beteiligung gegeben sein, es ist außerdem bedeutsam, dass die Schüler das Gefühl haben, dort auch effektiv etwas bewegen zu können. Dies wird als partizipatorisches Schulklima bezeichnet (Torney-Purta

2002). Im Allgemeinen wird die Schule von den Jugendlichen jedoch eher als einengende Umgebung für das Engagement empfunden. Eine tatsächliche Möglichkeit der Einflussnahme durch die Schüler sehen die Befragten meist nicht gegeben. Dies führt zur Wahrnehmung der Aktivitäten als „Pro-forma-Engagement" (I-30). Einige empfinden die Schule als gleichgültig gegenüber den Engagementversuchen, andere sehen sich schnell starken Widerständen gegenüber. Dies führt etwa zu Konfrontationen mit Lehrern und Schulleitung.

Einige der Befragten berichten außerdem von allgemeinen Konflikten in der Schule aufgrund von rebellischem Verhalten oder von Vernachlässigung der Schule infolge des Engagements bzw. der subkulturellen Einbindung. In einzelnen Fällen handelt es sich dabei auch um eine ideologisch begründete, bewusste Ablehnung bzw. Kritik an der Schule als gesellschaftlicher Institution. So sagt etwa ein Befragter über seine Schule:

> Aber dieser pluralistische Demokratiegedanke war denn da doch nicht so stark vertreten, weil man die Schüler doch formen möchte und wenn halt diejenigen eine andere Vorstellung von Formen haben, passt man da halt auch nicht ins Schema. (I-23)

Andere formulieren dies noch etwas stärker. Ein Befragter bezeichnet die Schule „als Ort [...], der uns in ein kapitalistisches Verwertungskorsett presst" (I-15). Ein anderer sieht die gesellschaftliche Aufgabe der Schule unter anderem darin, „so ein apolitisches Stimmenvieh irgendwo so zu züchten für die Herrschenden irgendwo. Auf diese Linien da getrimmt zu werden" (I-29). In zwei Fällen ziehen diese Konflikte Schulversagen oder einen Schulverweis nach sich. Die Schule wird von einigen Befragten als Zwangsstruktur beschrieben, in der ihnen die Anpassung schwer fällt – dies sind aber nicht unbedingt dieselben, die aus dieser Struktur herausfallen. Auch das außerschulische politische Engagement wirkt sich bei den meisten Befragten nicht negativ auf die schulischen Leistungen aus.

Die als unverhältnismäßig wahrgenommenen Begrenzungen führen in der Wahrnehmung der Befragten zur Auseinandersetzung mit der Frage, wie ein anderes selbstbestimmteres Engagement aussehen könnte. Diese Erfahrungen können Gründe dafür sein, dass die Jugendlichen anschließend eher nach unkonventionellen, wenig institutionalisierten Formen des Engagements suchen, von denen sie sich mehr Unabhängigkeit und Gestaltungsfreiheit erhoffen. Dabei werden die Botschaften der Schule teilweise auch als ambivalent erlebt, da einerseits Schülerinnen und Schüler zum Engagement aufgefordert würden, während andererseits eine tatsächliche Einflussnahme verhindert werde.

Zusammenfassend lässt sich sagen, dass nur ein kleiner Teil der Befragten der Schule eine stark positive oder stark negative Bedeutung zuweist. Die Mehrheit der Interviewten beurteilt den Einfluss der Schule für ihre persönliche Entwicklung als eher gering. Sie räumen ihr einen begrenzten Stellenwert für die Förderung des politischen Interesses ein und äußern sich darüber hinaus tendenziell kritisch bezüglich institutionellen Partizipationsmöglichkeiten und der partizipativen Schulkultur.

5.1.3 Politisierende Erfahrungen aus Medien und Alltag

a) Der Einfluss der Medien auf die Weltsicht der Jugendlichen

Da in der modernen ausdifferenzierten Gesellschaft dem einzelnen Individuum jeweils nur ein kleiner Teil der gesellschaftlichen Realität durch unmittelbare Erfahrungen zugänglich ist, werden viele gesellschaftliche Fragen und politische Themen nur vermittelt über die Medien erfahrbar. Diese tragen Politik in den privaten Raum der Familie hinein. Klassischerweise sind dies vor allem das Fernsehen, das Radio und Zeitungen, aber auch das Internet spielt mittlerweile eine zentrale Rolle. Hieran anschließend erscheint es wenig überraschend, dass Medien von Jugendlichen als Hauptquelle für politische Informationen angesehen werden (Oesterreich 2002: 85). Auch stellt sich die Exploration politischer Inhalte im Kontext der Massenmedien bei Jugendlichen als wichtigste Einflussgröße auf politisches Interesse heraus (Schmid 2003). Interessant ist jedoch ebenfalls, dass die Medien von jungen Menschen in Bezug auf die Information über politische Geschehnisse häufig als oberflächlich und nicht objektiv wahrgenommen werden (Spannring 2008: 47f.).

Die in dieser Studie befragten Jugendlichen konsumieren politische Inhalte unter anderem durch Nachrichtensendungen, Talkshows, Dokumentationen, Tageszeitungen, (Kinder-)Zeitschriften, Bücher, Filme und soziale Medien. Anfangs wird der Medienkonsum dabei noch stark von der Familie beeinflusst. So leben die Eltern eine bestimmte Form der Wissensaufnahme vor, indem sie etwa Zeitung lesen oder mit den Kindern gemeinsam Nachrichten oder Dokumentationen schauen. Diese Medieninhalte werden von den Jugendlichen als bedeutsam für ihre Politisierung wahrgenommen, da sie ihnen ein Bild von der Gesellschaft vermitteln und ihnen die Lebenslagen anderer Menschen näher bringen.

Insbesondere durch die Berichte über Armut, Kriege, Umweltzerstörungen und Ungleichheit entwickeln die Jugendlichen das Gefühl, dass die Gesellschaft ungerecht ist. Ein Befragter beschreibt, wie ihm durch den Konsum von politischen Medieninhalten zum ersten Mal bewusst wurde, welche Probleme es auf der Welt gibt, und stellt dies als den Beginn seiner Politisierung dar:

> Jo, und dann hat sich das halt alles so ein bisschen weiterentwickelt, dadurch, dass ich mich halt generell einfach so ein bisschen informiert hab. Irgendwie Zeitung gelesen hab – angefangen hab, mich auch ein bisschen genauer zu beschäftigen mit so, na ja, so Fragen wie: Hunger, Krieg, Armut. Ja. Also so genau hat es angefangen. (I-37)

Hieran wird deutlich, dass einige gesellschaftliche Probleme, wie etwa Hungersnöte oder Kriege, von den Jugendlichen zwar nicht selbst erfahren, jedoch medial vermittelt werden und so für ihr Gesellschaftsbild eine prägende Wirkung entfalten.

Zwei Interviewpartner berichten durch politisches Kabarett auf gesellschaftliche Probleme aufmerksam gemacht worden zu sein. Dies war für sie ein Anlass, sich stärker mit politischen Fragen zu beschäftigen. Andere heben das Lesen von politischen oder historischen Romanen hervor, dass ihr Interesse an Politik geweckt hat. Ein zentrales Thema mit politisierender Wirkung ist dabei der Zweite Weltkrieg und die NS-Zeit, wie dies im folgenden Zitat deutlich wird:

> Dann habe ich angefangen halt immer mehr Bücher zu lesen so, mich halt auch –. Also seit der vierten Klasse lese ich halt Bücher über das Dritte Reich. Also das hat mich irgendwie total interessiert. Keine Ahnung warum. Ja, und habe halt daraus meine Rückschlüsse gezogen, irgendwie. Habe halt damals schon so einen 2000-Seiten-Wälzer gelesen über den Zweiten Weltkrieg. Und das hat mich halt immer begleitet. (I-26)

Eine andere Interviewte beschreibt, wie sie in der Grundschule Ausschnitte aus dem Tagebuch der Anne Frank las. Dies bewegte sie so stark, dass sie zu Hause, begleitet durch ihre Mutter, das ganze Buch las und sich auch das ehemalige Versteck der Familie Frank in Amsterdam ansah. Auch hier ist die anfängliche Beschäftigung mit Politik durch ein spezifisches, dominantes Thema geprägt. Von diesem intensiven Interesse ausgehend entwickelt sich im Laufe der Zeit ein generelleres Interesse für andere politische Themen. Dieser Mechanismus der Politisierung wird daher in Anlehnung an Matuschek et al. (2011) als thematische Fokussierung bezeichnet. Wie auch in ihrer Untersuchung ist dabei die Beschäftigung mit der NS-Zeit aber auch mit aktuellem Neonazismus das am häufigsten genannte Thema. Andere bedeutsame Thematiken sind Krieg und Frieden, Armut und Umweltzerstörung. So beschäftigt sich eine Interviewpartnerin anfänglich besonders stark mit dem Irakkrieg im Jahr 2003. Folgender Auszug verdeutlicht dabei, wie wichtig ihr dieses Thema durch ihre Anteilnahme und durch ihr individuelles Engagement geworden ist:

> Also ich kann mich irgendwie an einen Moment total gut erinnern, nachdem ich auf ganz vielen Demonstrationen gegen den Irak-Krieg gewesen war und dann im Radio gehört hab, dass jetzt irgendwie der Krieg losgeht und ich saß auf der Couch und hätte am liebsten geweint, weil ich das so, weil ich mich so ohnmächtig gefühlt habe in dem Moment und war total traurig, aber habe mir dann auch gedacht so ja, aber es wäre noch doofer gewesen, hätte man gar nichts gemacht. (I-35)

Insgesamt berichten viele Jugendliche davon, dass ihr politisches Interesse durch den Konsum von politischen Medieninhalten gestärkt wurde, während ihr gesteigertes Interesse dazu führte, dass sie sich mehr informierten. Es kann hier also von einem rekursiven Prozess gesprochen werden. Dabei sind die Medieninhalte häufig noch gar nicht durch eine bestimmte politische Richtung geprägt, vielmehr scheint in erster Linie das zusätzliche Wissen entscheidend zu sein:

> Und dieses politische Engagement hat sich dann erstaunlicherweise auch wieder über das Lesen einer konservativen Tageszeitung, ich habe jahrelang die FAZ abonniert, dann daraus entwickelt, einfach aus dem Mehr an Informationen. Und wenn man dann irgendwann so eigene Meinungen zu irgendwas entwickelt, kommt man natürlich auch irgendwie in so Bewegungen rein, das hat sich dann irgendwie quasi so immer weiter gezogen. (I-5)

In anderen Fällen setzen sich die Jugendlichen bereits über Medieninhalte mit spezifisch linksaffinen politischen Ansichten auseinander. So beschreibt ein Interviewter das Lesen einer Broschüre zum Thema Anarchismus als prägenden Moment für seine politische Entwicklung:

> Es gab da so ein Buch, oder eine kleine Broschüre, das hieß einfach: Was ist Anarchie? Und das war eigentlich so ein erster prägender Moment, wo ich mich einfach in vielem, was da drin stand, bestätigt gesehen habe, und auch so der erste wirkliche Denkanstoß war, so Dinge im Zusammenhang zu sehen. Also, dass es jetzt nicht irgendwie vom Himmel fällt, dass in Afrika tausende Menschen verhungern, [...] dass seit Menschengedenken Menschen Krieg führen, also dass es nicht vom Himmel fällt, dass, meine Freunde sich irgendwie am Monatsende überlegen müssen, wo sie ihr Essen herkriegen, während andere sich da drüber noch nie Gedanken gemacht haben. Und es war natürlich am Anfang, ja, es war schon verkürzt so, aber ich habe halt schon gemerkt, da also, dass alles irgendwie miteinander zusammenhängt. (I-30)

b) Politisierende Alltagserfahrungen

Auch in ihrem Alltag machen die Jugendlichen Erfahrungen, denen sie aus heutiger Perspektive einen politisierenden Einfluss zuschreiben. Dies sind z. B. persönliche Erfahrungen mit Alltagsrassismus oder die Konfrontation mit Nazis in der Klasse oder im Wohnort. In welcher Weise die Erfahrungen mit Neonazis in der eigenen näheren Umgebung sich auf die Politisierung auswirken können, beschreibt folgender Interviewpartner eindrücklich:

> Ich glaub, das wichtigste Erlebnis– das war eigentlich eher so zu merken in der Stadt, wo ich herkomme, wie Neonazis eine zunehmende Hegemonie erlangen, in der Stadt, und Menschen immer wieder angegriffen wurden von Neonazis, also täglich angegriffen wurden. Und man dann irgendwann quasi als links denkender Mensch in eine gewisse Marginalität reingekommen ist. Das war eine ziemlich gruselige Erfahrung, die ich gemacht hab. Also in einer Großstadt mit – mit 500 000 Einwohnern und quasi Angst zu haben wirklich davor, angegriffen zu

werden in der Stadt, wo man aufwächst, das ist schon - das war schon so, glaube ich, die Erfahrung, die mich am meisten geprägt hat in Bezug darauf, mich zu engagieren oder politisch was zu tun jetzt. Gegen diese menschenfeindlichen Ideologien, ja, aber dann auch in dem weiteren Sinne halt auch Kritik an der Gesellschaft, am Kapitalismus und so. (I-37)

Einige Interviewte beschreiben in diesem Zusammenhang auch konkrete Gewalterfahrungen, die sie mit Nazis gemacht haben. Diese reichen von Prügeleien auf dem Schulhof über Drohungen im Internet bis hin zum versuchten Erschießen – einem besonders extremen Fall.

Weitere persönliche Alltagserfahrungen sind, selbst erlebter Rassismus oder die Diskriminierung einer nahestehenden Person aufgrund ihrer Herkunft oder äußerlicher Merkmale. Bei einem Interviewpartner sind dies z. B. die Vorurteile, mit denen er aufgrund seiner türkischen Herkunft in der deutschen Gesellschaft konfrontiert wird. Ein weiterer Interviewter nennt die Behandlung von asylsuchenden Menschen und Abschiebungen, die er persönlich als Gegenaktivist miterlebt hat, als wichtige politisierende Erfahrungen. Hierbei lässt sich feststellen, dass sich abgesehen von den Erlebnissen mit Neonazis keine einheitlichen oder dominanten Erfahrungsfelder für diese politisierenden Erlebnisse identifizieren lassen, diese können vielmehr in allen Alltagsbereichen auftreten. So beschreibt ein anderer Jugendlicher, wie er während seines Zivildienstes bei einem fahrenden Mittagstisch für ältere Menschen arbeitete und von deren Einsamkeit und ihrer fehlenden Integration in die Gesellschaft berührt wurde. Auch wenn die Erfahrungen sehr unterschiedlich sein können, so ist die resultierende Weltsicht doch häufig ähnlich. Die Jugendlichen entwickeln das Gefühl,

> dass eine Welt, die halt so funktioniert, wie sie gerade funktioniert, irgendwie nicht so das Wahre ist und dass es halt einfach auch anders möglich sein könnte. Und dass es an sich einfach eine ziemliche Idiotie ist, dass Menschen, obwohl es genug für alle gäbe, sich immer noch gegenseitig die Köpfe einschlagen, ganz plump gesagt. (I-30)

Das diffuse Ungerechtigkeitsempfinden entwickelt sich für die Jugendlichen nach und nach zu einer starken Motivation, die bestehenden gesellschaftlichen Verhältnisse zu ändern und wird damit zur Grundlage für ihr weiteres politisches Engagement. Auch kann die Suche nach befriedigenden Antworten auf die entstehenden Fragen zu einem ‚Selbstläufer' werden, da die sichtbaren und wahrgenommenen Missstände größtenteils tieferliegende gesellschaftliche Ursachen haben und jeweils mit anderen Problemen verknüpft sind. Dadurch führt die Beschäftigung mit konkreten (Alltags-)Problemen zu einer umfassenden Gesellschaftskritik. Entscheidend für die politisierende Wirkung alltäglicher Erfahrungen ist ihre subjektive Interpretation, die durch bereits bestehende politische Ansichten und Gesellschaftsbilder geprägt wird. In einigen Fällen berichten die Interviewten jedoch auch von einschneidenden Schlüsselereignissen, die ihre Weltsicht nachhaltig verändert haben.

5.1.4 Einflüsse der Peers und die Rolle der Identitätsentwicklung in der Pubertät

a) Emanzipation vom Elternhaus

Eine der Entwicklungsaufgaben im Verlauf der Adoleszenz ist die Ablösung vom Elternhaus. Dieser Prozess ist auch bei den befragten Jugendlichen zu beobachten. Im Folgenden soll untersucht werden, ob und wenn ja, welche Rolle die politische Entwicklung der Jugendlichen dabei spielt bzw. wie sich beide Prozesse gegenseitig beeinflussen. In den Interviews wurde dabei häufig ein bestimmtes Muster in der Entwicklung der familiären Beziehungen sichtbar: In der Kindheit und bis zum Beginn der Pubertät haben die Eltern eine deutliche Vorbildfunktion, ihre Ansichten und Verhaltensweisen werden zumeist übernommen. Im Verlauf der Adoleszenz erfolgt dann jedoch ein Ablösungsprozess von den Eltern, der sich u. a. darin äußert, dass die politischen Orientierungen der Eltern stärker hinterfragt werden als zuvor und die Jugendlichen großen Wert darauf legen, sich eine unabhängige Meinung zu bilden. Dies ist sowohl bei konservativ als auch bei links eingestellten Eltern der Fall.

Die Abgrenzungsbemühungen äußern sich bei den Jugendlichen unterschiedlich. Während einige berichten, dass ihre Eltern ab diesem Zeitpunkt lediglich eine geringere Rolle für ihre politische Entwicklung spielten, so kommt es bei anderen zu Konflikten über Fragen des Lebensstils, der Freizeitgestaltung, der Angemessenheit politischer Aktionen und der Radikalität politischer Ansichten. Überraschend erscheint jedoch die Tatsache, dass es trotz dieser Auseinandersetzungen und der deutlichen Abgrenzung der Jugendlichen nur selten zu einem Bruch oder einer langfristigen Störung in der Beziehung kommt. Vielmehr besteht auf Seiten der Eltern eine grundsätzlich unterstützende Haltung gegenüber der politischen Entwicklung ihrer Kinder, während auf Seiten der Jugendlichen zwar der Wunsch nach Abgrenzung sichtbar wird, gleichzeitig aber auch das Bedürfnis, durch die Eltern verstanden zu werden und diese in die eigene Entwicklung einzubeziehen. Dieses Verhältnis lässt sich exemplarisch an der folgenden Erzählung einer Interviewpartnerin verdeutlichen. Sie berichtet hierbei über ihre politische Entwicklung während ihrer Pubertät und ihre Hinwendung zur Punkszene:

> Ich glaube, das war eher so ein: Das ist mein eigenes Ding und ihr habt nichts damit zu tun und ihr interessiert euch eigentlich nicht dafür, aber ich finde das eigentlich auch gar nicht so schlimm, weil es ist ja auch meine Sache. Es war eher, glaube ich, so eine– Ich mein, mit 14, 15 ist man ja total krass. Also man muss seine eigene Rolle finden, auch innerhalb der Familie und-. Ja ich weiß nicht, das

war halt immer so, dass das so meine Rolle war. [...] Also das war mir immer su-
per wichtig unabhängig zu sein und einfach so meine Sache zu haben, wo mir
auch niemand reinreden kann. Und jetzt ist es so [...], dass ich jetzt auch das Gefühl habe, [...] ich kann halt zu Themen mehr sagen als meine Mutter oder mein
Vater darüber wissen. Genau. Und das hat man mit 14 nicht und wünscht sich
das eigentlich immer. (I-18)

Hieran wird deutlich, dass die Zuwendung zu einer politisierten Subkultur und die
Ausdifferenzierung eigener politischer Ansichten für die Interviewte einen Weg
darstellen, sich von ihren eher unpolitischen Eltern abzugrenzen und eine eigenständige Identität zu entwickeln. Dabei wird es von ihr als positiv empfunden, dass
die Eltern nur wenig mit Politik zu tun haben, da sie so ihren eigenen Bereich hat,
den sie für sich entdecken kann und in dem sie sich nach einiger Zeit sogar besser
auskennt als ihre Eltern. Im weiteren Verlauf räumt sie jedoch ein:

Aber auf der anderen Seite finde ich es manchmal auch echt schade, weil ich auch
manchmal denke: Eigentlich sollten [meine Eltern] auch wissen, welche Gedanken ich in meinem Kopf habe oder welche Debatten und Diskurse ich gerade mit
Freunden führe, die gerade total wichtig sind für mich selber, [...] für meine Identität und Persönlichkeit. Aber meine Mutter, also die hat halt keine Ahnung davon. (I-18)

Es zeigt sich also, dass die Befragte es einerseits schätzt, einen eigenen Bereich zu
haben, in den die Eltern ihr ‚nicht hineinreden‘ können, andererseits wünscht sie
sich auch, dass ihre Eltern zumindest bis zu einem gewissen Grad nachvollziehen
können, welche Themen sie beschäftigen und was ihr wichtig ist. Auch dieses Muster findet sich in vielen der untersuchten Biografien wieder. So gibt es bei einigen
der Jugendlichen eine Phase, in der sie verschiedene Positionen austesten, die Eltern wenig in ihre Entwicklung einbeziehen und teilweise eher den Konflikt mit
ihnen suchen. Ein Interviewpartner beschreibt dies sehr anschaulich:

Später war ich manchmal der Meinung, ich versuche es trotzdem irgendwie meinen Eltern noch dieses – gestern erst angesprochen, mit Pubertät oder so - dass
da nach wie vor noch dieser Trotz, dieser Widerstand oder das man sich abgren-
zen will von seinen Eltern, so empfinde ich das teilweise, dass ich halt, nicht bös-
willig oder so, aber dass ich halt einfach immer noch versuche, meinen Eltern
trotzdem immer noch gegen den Karren zu fahren. [...] Also diese Abgrenzung
immer noch, da ich auch noch relativ jung bin, ich kann mir noch nicht vorstellen, schon so wie – jetzt wie meine Eltern zu sein. Da brauche ich noch ein bisschen Aufruhr oder ich weiß nicht. (I-25)

In den Interviews wird außerdem deutlich, dass es den Jugendlichen in dieser Phase sehr wichtig ist, eine eigene Position unabhängig vom Elternhaus zu entwickeln.
Ansprechpartner sind in dieser Zeit vor allem die Peers. So betonen viele der Jugendlichen, dass ihre Eltern in erster Linie ihr Interesse an Politik geweckt und
bestärkt haben, dass sie jedoch für die Ausbildung ihrer konkreten inhaltlichen

Position und die Entwicklung des Engagements keine zentrale Rolle gespielt haben. Dies sehen sie als Teil ihrer Persönlichkeitsentwicklung an, der hauptsächlich aus ihrer eigenen Motivation heraus entstanden ist. Nach dieser ‚Abgrenzungsphase' hat sich die Beziehung zwischen Eltern und Kindern verändert. Letztere haben eine gefestigtere Position gefunden und können sich auf dieser Basis mit den Eltern austauschen. Sie suchen jetzt wieder stärker das Gespräch mit den Eltern, versuchen, ihnen das eigene Handeln verständlich zu machen und sie von den eigenen Zielen zu überzeugen. Sofern der Abstand zwischen Eltern und Kindern dabei nicht zu groß geworden ist, funktioniert dies häufig gut. In anderen Fällen ist die Beziehung weniger eng oder der Bereich des Politischen wird in der Kommunikation bewusst ausgespart. Eine Interviewpartnerin beschreibt anschaulich, dass sie in ihrer Pubertät eine ‚radikalere Phase' hatte, in der es auch zu Konflikten mit ihrer Mutter gekommen sei, während sie sich heute den Ansichten ihrer Mutter wieder angenähert hat:

> Es hat sie interessiert, sie hat immer nachgefragt, fand es auch zwischendurch irgendwie blöd und dachte, ich verrenne mich in irgendwas und hatte Angst, dass ich so abhanden komme oder so. Hm, ja, ich bin nicht abhanden gekommen. (Auflachen) Also – ja. Ich bin halt so ein bisschen wieder inzwischen dem näher, was sie eigentlich auch gut findet so. Also ich erkläre ihr auch heute noch irgendwie, was ich mache. Oder heute *wieder*, sagen wir so. (I-22)

Obwohl die Mutter hier mit den Ansichten der Tochter nicht einverstanden war, wird die Beziehung nach der Phase des Austestens und Rebellierens der Tochter wieder hergestellt.

Ein weiterer Weg für einige Jugendliche, sich von ihrem Elternhaus abzulösen, ist ein längerer Aufenthalt im Ausland. So beschreibt ein Interviewpartner sein Austauschjahr als die entscheidende Erfahrung, um die Einstellungen seiner Eltern, die er zuvor einfach übernommen hatte, tiefer zu reflektieren und sich davon abzugrenzen. In seinem Fall geschieht dies insbesondere dadurch, dass er durch seinen Gastvater, der sich als Kommunist versteht, mit einer grundsätzlich anderen Meinung konfrontiert war, als er dies von seiner eigenen eher konservativ eingestellten Familie kennt. Hierdurch kommt er in die Position sich mit seinen übernommenen Einstellungen auseinandersetzen zu müssen und diese dadurch noch einmal zu überprüfen.

> Meine Hypothese ist, dass [im Ausland] dieser Ablösungsprozess stattgefunden hat und dass ich angefangen habe, so darüber nachzudenken. Und die Sachen nicht mehr so für – Also ich war da ja mit einer radikal anderen Meinung konfrontiert. Das war ich halt vorher nicht so stark. Und das hat dann da irgendwie angefangen, dieser Umdenkprozess. (I-8)

Auch andere Interviewpartner empfinden es als Bereicherung für die eigene Persönlichkeitsentwicklung, sich mit einem neuen Umfeld auseinanderzusetzen und mit Lebensweisen und Ansichten konfrontiert zu sein, die sie vorher noch nicht kannten. In einigen Fällen geht damit auch die Erfahrung einher, dass die meisten Menschen in anderen Erdteilen weit weniger privilegiert sind als sie selbst. Zu dem indirekten, über die Medien vermittelten Wissen kommt somit eine direkte Erfahrung von sozialer Ungerechtigkeit hinzu, die mit konkreten Menschen und ihren Schicksalen verknüpft wird. Dies verändert das Weltbild der Jugendlichen nachhaltig. Eine Interviewpartnerin berichtet beispielsweise, dass ihr Aufenthalt in einem afrikanischen Land einen nachhaltigen Eindruck bei ihr hinterlassen und ihr Antrieb für ihr Engagement gegeben hat:

> Ich habe da halt angeschaut, was ich mir vorher theoretisch immer wieder angeguckt hatte, wie global ungerecht es sein kann und wie Menschen, die da, einfach weil sie auf der anderen Seite der Welt geboren sind, nicht wissen, wie sie die Schule bezahlen können und das hat mich, glaube ich – das noch mal zu sehen und gleichzeitig aber auch ihre unglaubliche Stärke und ihre Solidarität und ihre – genau – von dem hier überhaupt nicht geredet wird. (I-24)

> Klar, ich glaube, es ist total wichtig, wenn man in Deutschland in so einer scheinbar heilen Welt aufwächst, dass man irgendwie andere soziale Realitäten kennenlernt, um so ein Bewusstsein dafür zu entwickeln: [...] Wie funktionieren unsere Gesellschaften global und was für, was für Zusammenhänge gibt es? Also wie hängt globale Ökonomie zusammen? Und so weiter. (I-35)

b)   Identitätsfindung durch Peers und subkulturelle Szenen

Im Verlauf der Sozialisation spielt die Bezugsgruppe Gleichaltriger – die Peergroup – eine immer wichtigere Rolle für Jugendliche. Sie ist unter anderem zentral für die Ablösung vom Elternhaus, dient als Übungsfeld beim Erproben von sozialen Verhaltensweisen und bietet den Raum, um Probleme zu besprechen und Unterstützung zu erfahren. Es ist daher wenig verwunderlich, dass soziale Netzwerke und Peer-Beziehungen besonders bei Jugendlichen und jungen Erwachsenen für politische Beteiligung bedeutsam sind. Wichtig scheint dabei sowohl die Kommunikation über Politik als auch die Vorbildfunktion von politisch aktiven Peers zu sein (Böhm-Kasper 2006). Darüber hinaus kann von einer Wechselwirkung zwischen sozialen Netzwerken und der Politisierung ausgegangen werden, da ein politisch interessierter oder aktiver Freundeskreis zum einen zur Partizipation anregen kann und andererseits politische Aktivität zum Aufbau bzw. zur Erweiterung eines solchen Freundeskreises führt (vgl. Kap. 5.2).

Das Interesse für Politik wirkt dabei in erster Linie ähnlich wie dies auch etwa bei dem Interesse für eine bestimmte Musikrichtung oder eine Sportart der Fall ist: Es befördert das Zusammenfinden Gleichgesinnter. Die Jugendlichen suchen sich aktiv Personen, die zu ihnen passen, mit denen sie über die Dinge sprechen können, die ihnen wichtig sind, und die tendenziell eine ähnliche Weltsicht vertreten. Dabei können sich Cliquen oder Freundeskreise anhand eines vorhandenen Interessengebiets bilden oder dieses Interesse sich erst gemeinsam entwickeln. Am häufigsten kommt es bei den befragten Jugendlichen jedoch zu einer Mischform dieser Prozesse. Viele gehören an der Schule bereits Peergroups an, die latent politisiert sind oder sich als alternativ zum ‚Mainstream' verstehen. Damit geht häufig die Orientierung an der Punksubkultur einher. Diskussionen in diesem Freundeskreis sind für die Herausbildung von politischen Orientierungen und Handlungsbereitschaften sehr wichtig. Ein Freundeskreis mit ähnlichen politischen Ansichten und Interessensgebieten vermittelt den Jugendlichen ein Gefühl der Bestätigung und Zugehörigkeit.

Immerhin etwa ein Drittel der Befragten berichtet, von einem politisierenden Einfluss durch Punkmusik bzw. die Punksubkultur. Den ersten Kontakt hierzu verorten sie dabei meist um das 13. Lebensjahr. Bei einigen Befragten handelt es sich um eine abgeschlossene Phase, während sich andere weiterhin dem subkulturellen Spektrum zuordnen.

Die bisherige Forschung hat gezeigt, dass eine deutliche Differenzierung der verschiedenen jugendkulturellen Stile entlang politischer Konfliktlinien besteht – im Fall der Punkszene ist dies die Orientierung an linken Protestszenen. Damit nehmen diese Subkulturen eine wichtige Funktion für die Selbstverortung der Jugendlichen ein, die sich in politischen Kategorien wie der Zuordnung zum Links-Rechts-Spektrum, aber auch in inhaltlichen Positionierungen zu Themen wie Migration, sozialer Ungleichheit und der Verteilung von Macht und Herrschaft äußert. Diese Verortung wird neben der Musik auch im Kleidungsstil und anderen kulturellen Symbolen ausgedrückt. Durch die Integration in eine subkulturelle Szene erwerben Jugendliche somit auch politische Orientierungen. Dennoch reicht die Zugehörigkeit zu einer bestimmten musikalischen Szene noch nicht aus, um dadurch auch in die politische Protestkultur integriert zu sein (Pfaff 2006).

Dieser Einfluss von Punkmusik (teilweise auch Gothic und Metal) und den entsprechenden Szenen lässt sich auch in den Interviews entdecken. Dabei sind nicht alle Interviewten, die einen bestimmten Musikstil als einflussreich für ihre Politisierung benennen, auch selbst in einer subkulturellen Peergroup verankert. Gleichwohl kann in diesen Fällen von einer Orientierung an diesen Szenen ausgegangen werden, denn auch persönliche Erfahrungen sowie die individuelle Aneignung von spezifischem Wissen und Fertigkeiten gehören neben dem Zusammentreffen mit Gleichgesinnten zum Leben in einer Szene. Auch verfügen Szenen nicht über förmliche Mitgliedschaften und es ist daher schwer zu bestimmen, ob und wie sehr eine Person dazu gehört (Hitzler, Niederbacher 2010: 16). Zentrale Funktion der Punkszene ist dabei für die meisten Befragten neben der oben beschriebenen Emanzipation vom Elternhaus auch die Abgrenzung gegenüber dem jugendkulturellen Mainstream oder der Gesellschaft im Allgemeinen sowie in einigen Fällen gegen rechte Jugendkulturen. Folgende Zitate veranschaulichen diese Haltung:

Also das hat mit der Musik angefangen und das ist auch irgendwie normal. Jedes
Kind oder jeder junge Mensch versucht ja irgendwie, sich abzuheben von seinen
Eltern und bei mir lief dann das in der Pubertät halt so über Punk-Musik und
über ‚Leckt mich doch alle am Arsch‘ und ‚Alles ist scheiße‘. So bin ich dann halt
in diese Punkszene gekommen, wobei man halt da auch wirklich, je nachdem mit
wem man da zu tun hat, auch wirklich sich mit den Fragen auseinandersetzt, warum man das System scheiße findet. (I-4)

Ja, so eine Positionierung gegen den Mainstream war mir halt, glaube ich, ganz
dolle wichtig. (I-27)

Diese Aussagen zeigen, dass für viele Jugendliche der Einstieg in die Punkszene
mit einer Phase des Aufbegehrens und der Rebellion zusammenfällt. Sie empfinden
in dieser Zeit eine generelle Trotzeinstellung gegenüber den Eltern, der Schule
sowie gegenüber Autoritäten im Allgemeinen. Diese Haltung finden sie im Non-
konformistischen und Unangepassten des Punks offenbar am besten widergespie-
gelt. Vielen dient sie darüber hinaus als erster Anstoß, sich tiefer mit gesellschaftlichen Fragen zu beschäftigen. Hierfür spielen sowohl die Aussagen der Texte eine
Rolle als auch andere mit der Szene verknüpfte Ausdrucksformen (Kleidungsstil,
Symbolik, Rituale etc.). Durch diese wird zum einen eine generelle kritische Haltung zur Gesellschaft vermittelt, sie dienen aber zum anderen auch zur Anregung
für die Beschäftigung mit spezifischen Themen wie sozialer Ungleichheit, Antifaschismus oder Anarchie. Dennoch spielt Politik insgesamt betrachtet in der
Punkszene eine eher untergeordnete Rolle, wie diese Aussagen zeigen:

Die Diskussionen hielten sich da auch in Grenzen. […] Das lief dann doch mehr
über die Musik, über die man sich verbunden fühlte, oder Konzerte oder so. (I-4)

Da hatten wir solche Phasen, ja, wo erstmal nicht so viel Politik – wo wir diese
Punks halt waren, und das kam dann erst später, weil wir dann keine Lust mehr
hatten immer nur auf Alkohol. [lacht] (I-13)

Politische Einstellungen, die mit der Punkszene verknüpft sind, werden zwar übernommen, ohne hiermit jedoch ausdifferenzierte inhaltliche Positionen oder eine
argumentative Grundlage zu verbinden:

Aber ich muss ganz ehrlich sagen, dass das für mich lange Zeit […] halt einfach
mehr Labels waren. Also ich fand Nazis natürlich blöd. […]. Ich fand auch Bullen
blöd, weil man natürlich als Punker, doch des Öfteren unangenehme Begegnun-
gen mit denen hat. Äh, und Staat fand ich, ja, ganz abstrakt auch ein bisschen
blöd, aber das war jetzt nix. Wenn mich jemand gefragt hätte: ‚Warum?‘ hätte ich
es bei Nazis noch relativ klar sagen können, bei Bullen, die nerven mich und beim
Staat hätte ich nicht wirklich was sagen können. (I-30)

Diese Zitate verdeutlichen, dass die Punkszene für die Jugendlichen in erster Linie
eine Möglichkeit darstellt, Zugehörigkeit zu erfahren und ihre Freizeit zu gestalten.

Manche der Befragten berichten dabei auch, nach einiger Zeit von der ausbleibenden politischen Auseinandersetzung sowie einer fehlenden ernsthaften politischen Perspektive in der Punkszene enttäuscht gewesen zu sein. Anfangs geht für viele jedoch eine große Faszination von der Szene aus. Sie wird als aufregend, alternativ und interessant empfunden und vermittelt ein bestimmtes Lebensgefühl. Die folgenden Auszüge zeigen, dass ihre Mitglieder von den Jugendlichen geradezu bewundert und als Vorbilder angesehen werden:

> Ich bin dann irgendwo nach Berlin in irgendeinen komischen, was auch immer, Club oder Hausprojekt oder so, wo halt Infoveranstaltungen manchmal waren oder irgendein Vortrag, bin halt hingegangen und habe die Leute angeguckt und die waren alle so cool. (Auflachen) Und ich meinte: ‚Ich möchte auch irgendwann da sein, wo die sind.' (I-22)

> Irgendwie politisch sein. Irgendwie aktiv sein. Das war unser Lebensinhalt. Damals auf jeden Fall. Da war uns vieles, ganz viel egal so. Na ja. Irgendwie politisch sein, das war das Wichtigste und irgendwie Anschluss finden an die ganzen coolen Gruppen in den Großstädten. So, das war uns ganz wichtig, auf jeden Fall. (I-27)

Anziehend wirken die Subkulturen auf die befragten Jugendlichen auch aufgrund der Form des sozialen Umgangs. Dieser wird als ehrlicher, ungekünstelter und weniger oberflächlich als in anderen Jugendgruppen empfunden. Innerhalb der Szene fühlen sich die Jugendlichen akzeptiert und mit ihren Werten und Ansichten ernstgenommen und angenommen. Sie erfahren hier ein Gefühl der Zugehörigkeit, das sie beispielsweise unter ihren Mitschülern nicht empfinden:

> Durch die Punkszene war dann wirklich, das war so ein ehrlicheres, das war –. Da war es scheißegal, wie du ausgesehen hast. Das war scheißegal, wo du herkommst, was du anhattest, was für ein Handy du hattest. (I-30)

Ein wichtiger Aspekt für den Aufbau von Zugehörigkeitsgefühlen ist, insbesondere aufgrund der labilen Beschaffenheit von Szenen, die Verknüpfung mit bestimmten Orten und Treffpunkten (Hitzler, Niederbacher 2010: 20f.). Solche Räume sind auch für die Befragten von großer Bedeutung. Erwähnt werden selbstverwaltete autonome oder linke Zentren, Wohnprojekte, Konzerträume, städtische Jugend- oder soziokulturelle Zentren, aber auch informellere Treffpunkte, wie in einem Fall ein selbstgebauter Schuppen im Wald. Diese Orte bilden einen wichtigen Bezugspunkt für die Freizeitgestaltung. Durch das regelmäßige Zusammentreffen mit Gleichgesinnten erfahren die Jugendlichen Selbstbestätigung und Gemeinschaftlichkeit. Die gemeinsamen Orte spielen auch für die Entstehung von Engagement eine wichtige Rolle (vgl. Kap. 5.2). Folgendes Zitat unterstreicht die Bedeutung, die solche Szenetreffpunkte für die Jugendlichen selbst besitzen:

[Wir] haben halt dieses selbstverwaltete Jugendzentrum gehabt. Und das war halt eine der wichtigsten Sachen für uns. Also so einen eigenen Raum, den man selber gestalten konnte- also so ein eigener politischer Raum. [...] Und natürlich sucht man sich dann Leute, mit denen man die gleichen Ideale hat und die gleichen Vorstellungen von der Zukunft oder der [...] Gesellschaft oder alles so. [...] Also es ist, glaube ich, total wichtig, wenn man irgendwas macht, was halt nicht so viele machen, dass man dann in seiner eigenen Community eine Bestätigung dafür bekommt. Dass es total wichtig ist, was man macht. Weil sonst geht man ja –. Also sonst kann man ja nach ein paar Monaten einknicken und einpacken. (I-17)

Wie bereits beschrieben konstituieren sich subkulturelle Szenen entlang politischer Konfliktlinien. So ist die Gegnerschaft zu rechten Jugendszenen ein wichtiges Merkmal linker Subkulturen. Für viele der Jugendlichen bedeutet dies häufig nicht nur, dass sie sich verstärkt mit rechten und neonazistischen Bestrebungen auseinandersetzen, sondern dass sie durch ihre Zugehörigkeit zur Punkszene Konfrontationserfahrungen mit Nazis machen bzw. Opfer von Anfeindungen und Übergriffen werden. Die Jugendlichen bilden häufig bereits allein aufgrund des äußeren Erscheinungsbilds ein Ziel rechter Gewalt, wie dies in folgenden Auszügen deutlich wird:

Dann habe ich mich so ein bisschen für Punk-Musik begeistert, ne, fand das so total toll und, ich komme halt vom Dorf so. Habe mich auch so ein bisschen gekleidet und natürlich hat die erste Konfrontation mit Nazis nicht lange auf sich warten lassen. (I-27)

Weil ich [...] ja in so einer eher subkulturellen Szene war und auch immer noch bin. Und ja in so einer– ja bunte Haare und so und Punkrock. Und da ist man halt viel schneller in der Opferperspektive bei Neonazis und erfährt halt selber rechte Gewalt. Die ich dann halt erfahren habe. Das ist, glaube ich, nochmal so ein Punkt, was halt, glaube ich, total wichtig ist, um, ja, für so eine Sensibilisierung für Themen, ist halt eine Betroffenheit irgendwie unermess- also schon ziemlich wichtig. (I-18)

Die offene und latente Gefährdung der eigenen Person und von Personen im näheren Umfeld durch Nazis verstärkt bei den Jugendlichen das Gefühl, dass ihr persönliches politisches Engagement notwendig ist, um dieser Bedrohung etwas entgegenzusetzen.

Einige der Befragten werfen zum Zeitpunkt des Interviews einen eher kritischen Blick auf ihre Punk-Phase und die Szene. Kritisiert wird vor allem, dass in der Regel nur eine sehr oberflächliche Beschäftigung mit Politik stattfindet. Auch stören sie sich an der Gleichgültigkeit und der ‚Null-Bock-Einstellung' sowie dem starken Alkoholkonsum:

Es gab halt noch irgendwelche Punks, die aber kein Bock auf Politik hatten. [...] Die sind dann halt mal irgendwo hin, wenn irgendein Nazi-Aufmarsch war, sind die halt da hingegangen, aber das –. Ansonsten saßen die halt rum und, weiß ich

nicht, hatten die Gesprächsthemen Bier und Bier. So. Also keine Ahnung, ich bin
da auch nie wirklich angekommen. Ich habe auch eine Zeit lang versucht da anzukommen. Weil ich ja schon irgendwie daher kam und das – und diese Attitüde
irgendwie cool fand, so dieses: ‚Äh, scheiß drauf!' So. Aber irgendwie hat das auch
nicht ganz zu mir gepasst, weil ich halt nicht alles egal fand so. Ja. Aber das war
auch durchaus so ein Frustrationsmoment da nicht anzukommen so. (I-22)

Für andere Befragte spielt das Thema Subkultur hingegen keine Rolle. Ein Interviewter gibt sogar an, der hohe Stellenwert von Subkultur in einigen politischen
Gruppierungen schrecke ihn ab.

Insgesamt betrachtet scheint das gemeinsame Durchleben des Aufwachsens,
der Identitätsfindung und der Ablösung vom Elternhaus die wichtigste Aufgabe
der Peers zu sein. In der politischen Entwicklung dienen sie häufig als Vorbilder.
Darüber hinaus kann herausgestellt werden, dass subkulturelle Einflüsse für einen
Teil der Befragten entscheidend zur Politisierung beigetragen haben oder sogar als
direkte Einstiegsschleusen ins Engagement dienen. Das Kennenlernen Aktiver ist
insbesondere für den späteren konkreten Einstieg ins Engagement von entscheidender Bedeutung, wie in Kap. 5.2 ausgeführt wird. Die Einbettung in ein soziales
Netz ist also für die Entwicklung von Engagement ein zentraler Faktor und kann
für die Aufrechterhaltung des Engagements sogar als noch bedeutsamer angesehen
werden. Dennoch ist ein politisch aktiver Freundeskreis keine notwendige Voraussetzung für die Politisierung.

Im Verlauf der Politisierung kommt es bei einigen Interviewpartnern zu Konflikten im Freundeskreis, teilweise auch eine Abkehr von unpolitischen Freunden,
wenn keine gemeinsame Gesprächsbasis mehr existiert. Dies ist jedoch relativ
selten anzutreffen. In der Regel sind die engeren Freunde selbst politisiert oder
akzeptieren zumindest das Engagement und die Ansichten der Interviewpartner.
Hervorzuheben ist trotz allem, dass die Mehrzahl der Befragten auch weiterhin den
Kontakt zu unpolitischen oder politisch anders denkenden Peers hat. Teilweise
wird dies sogar als besonders wichtig hervorgehoben, um sich nicht abzuschotten.

5.1.5 *Mechanismen der Politisierung und Generierung von politischer Handlungsbereitschaft*

Die vorangehenden Analysen haben den Einfluss zentraler Instanzen und Prozesse
der politischen Sozialisation auf die Entwicklung von politischem Interesse, Einstellungen und Handlungsbereitschaften herausgearbeitet. Bei der Rekonstruktion
der individuellen Biografien wurde dabei deutlich, dass nie nur ein einzelner Faktor
für die Politisierung der Jugendlichen verantwortlich war. Vielmehr wurde diese
geprägt durch das spezifische Zusammenspiel verschiedener Einflüsse. Hieraus
ergibt sich auch, dass es nicht den *einen* Weg gibt, der zum politischen Engagement
führt. Die einzelnen Pfade der Politisierung erscheinen dadurch höchst individuell.

Dennoch lassen sich eine begrenzte Anzahl von typischen Mechanismen erkennen, die – wenn auch teilweise in unterschiedlicher Ausgestaltung – immer wieder auftreten:

1) Als ein durchgängig bedeutsamer Mechanismus erweist sich die intensive Beschäftigung mit Politik durch *den Kontakt mit politischen Einflüssen* im Umfeld, vor allem in der Herkunftsfamilie und durch Medien, teilweise auch in der Schule. Der beständige Kontakt zu politischen Themen weckt Interesse und vermittelt das Bewusstsein, dass Politik und Gesellschaft nicht außerhalb des eigenen Lebens verortet, sondern untrennbar damit verknüpft sind. Bei einigen der Befragten steht zu Beginn ein spezifisches Thema – besonders häufig wird die NS-Zeit genannt – im Vordergrund. Diese thematische Fokussierung führt dazu, dass sich die Person insgesamt stärker mit Politik befasst und dadurch im Laufe der Zeit ein allgemeines politisches Interesse entwickelt.

2) Als weiterer Mechanismus kann die *Vermittlung von Werten* wie Toleranz, Gerechtigkeit, Teilhabe und Mitbestimmung angesehen werden. Diese erfolgt in erster Linie in der Familie. Diese Wertvorstellungen bilden die Basis für die politischen Vorstellungen der Jugendlichen und haben damit eine wichtige Bedeutung für die Orientierung an linken Ideen. Auch bekommen viele Jugendliche bereits von ihren Eltern die Vorstellung vermittelt, dass es wichtig sei, sich für andere einzusetzen, und dass der Beitrag des Einzelnen einen Einfluss auf die Gesellschaft haben kann. So entwickeln die Befragten ein gesellschaftliches Verantwortungsgefühl, das eine der Grundlagen für späteres Engagement bildet.

3) Ein Mechanismus, der in nahezu allen untersuchten Fällen eine Rolle in der Politisierung spielt, ist die Entwicklung eines starken *Ungerechtigkeitsgefühls* bezogen auf bestimmte gesellschaftliche Probleme bzw. die aktuellen gesellschaftlichen Zustände im Allgemeinen. Durch Berichte in den Medien, aber auch durch persönliche Alltagserfahrungen wie etwa empfundene Begrenzungen in der Lebensführung oder Konfrontationen mit Nazis stellt sich bei den Jugendlichen das anfangs noch diffuse Gefühl ein, dass die gegenwärtige Gesellschaft ungerecht aufgebaut ist. Dies führt zum Nachdenken darüber, ob die Gesellschaft verändert werden sollte und welchen Beitrag der Einzelne hierfür leisten kann.

4) Ein weiterer Mechanismus, der in vielen Fällen bedeutsam ist, dabei jedoch sehr unterschiedliche Formen annehmen kann, ist der *Prozess der Identitätsfindung* in der Pubertät. In dieser Zeit setzen sich viele Jugendlichen besonders kritisch mit den Ansichten ihrer Eltern und gesellschaftlichen Normen auseinander und haben das Bedürfnis sich demgegenüber abzugrenzen und eigene mögliche Lebensentwürfe und Orientierungspunkte zu finden. Diese Suchprozesse führen dazu, dass verschiedene politische Ansichten und Ausdrucksformen ausprobiert und in ihrer Radikalität variiert werden. Einige Jugendliche

erleben diese Zeit als Phase der Rebellion gegen die Eltern und die Gesellschaft. In diesen Fällen kann es zu größeren Konflikten zwischen Eltern und Kindern kommen. Streitpunkte sind dabei auch politische Ansichten und Aktivitäten. Bei anderen Befragten läuft diese Zeit weitgehend konfliktfrei ab, dennoch empfinden sie ihre Politisierung als wichtigen Aspekt ihrer Persönlichkeitsentwicklung. Bestimmte biografische Erfahrung wie Auslandsaufenthalte können diesen Ablösungsprozess fokussieren.

5) Eng mit dem Bedürfnis nach Abgrenzung verbunden ist der Mechanismus der *subkulturellen Beeinflussung* durch die Orientierung an der Punkszene. Diese beinhaltet nicht nur die Präferenz für eine Musikrichtung, sondern spielt eine wichtige Rolle für die soziale Identität, die Selbstverortung und den Lebensstil. Die Integration in die Punkszene beeinflusst den Freundeskreis, die Freizeitgestaltung und die politischen Einstellungen. Häufig ist die Szenezugehörigkeit auch mit bestimmten Treffpunkten, wie z. B. alternativen Zentren, verknüpft. Diese können wichtige Orte für die Politisierung sein. Auch machen viele Jugendliche im Kontext der Punkszene erste Erfahrungen mit politischen Aktivitäten wie etwa Demobesuchen.

Bereits vor dem Einstieg ins eigentliche politische Engagement verfügen die meisten der befragten Jugendlichen bereits über eine ausgeprägte politische Handlungsbereitschaft, die schon eine spezifische linksaffine Prägung aufweist und folgende zentrale Dimensionen beinhaltet:

* Eine tendenziell *linksaffine oder gesellschaftskritische Haltung:* Diese äußert sich in der Orientierung an Werten wie Gleichheit, Toleranz und einem alternativen, reflexiven Lebensstil.

* Eine allgemeine *Motivation* zum politischen Handeln: Zentrale Komponenten der Motivation sind ein starkes politisches Interesse, ein Ungerechtigkeitsgefühl sowie der Wunsch nach gesellschaftlicher Veränderung.

* Grundlegende *Ressourcen* für politisches Engagement: Besonders bedeutsam sind das Wissen über Partizipationsmöglichkeiten sowie grundlegende Kompetenzen für politisches Handeln wie etwa kommunikative Fähigkeiten.

Wichtig ist bei allen genannten Punkten, dass es sich in diesem Stadium der Entwicklung nur um grundlegende Tendenzen handelt. Diese sind anfangs häufig noch diffus und unbeständig. Politische Einstellungen, Motivation, Ressourcen und Fähigkeiten entwickeln sich im Verlauf des Engagements weiter, sie differenzieren sich aus und verändern sich. Diese Entwicklung wird in den anschließenden Kapiteln dargestellt. Entscheidend scheint aus dieser Perspektive in der Vorphase des Engagements vor allem das Wecken des ersten Interesses für Politik und eine Aufgeschlossenheit gegenüber Partizipationsverhalten im Allgemeinen zu sein. Ist dieses vorhanden, steigt die Wahrscheinlichkeit, dass die Jugendlichen sich selbst

über die Medien informieren, in politisch aktive Freundeskreise geraten und Erfahrungen im Alltag unter einer politischen Perspektive interpretieren. Es kann in
diesem Sinne von kumulativen Effekten der einzelnen Sozialisationsinstanzen
gesprochen werden (Böhm-Kasper 2006: 73). Es wird dabei ein Prozess in Gang
gesetzt, bei dem sich die verschiedenen Einflüsse gegenseitig verstärken. Wie es auf
Grundlage der beschriebenen Voraussetzungen zu einem Einstieg in dauerhaftes
Engagement kommt, wird im folgenden Kapitel veranschaulicht.

5.2 Einstieg ins politische Engagement

Im vorangegangenen Kapitel wurde beschrieben, wie sich in der Biografie der
Jugendlichen politisches Interesse herausgebildet hat und welchen Einfluss einzelne
Sozialisationsinstanzen für die Entwicklung einer politischen Handlungsbereitschaft einnehmen. Diese Handlungsbereitschaft kann dabei als ein Erklärungsfak-
tor für den Einstieg junger Menschen in politisches Engagement angesehen werden. Klandermans (1997) zufolge entwickelt sich politische Handlungsbereitschaft
in einem voraussetzungsvollen Prozess, in dem allgemeine Sympathie mit einer
Bewegung oder Gruppe und deren Überzeugungen durch (öffentlichkeitswirksame) Aktionen mobilisiert und unter Kosten-Nutzen-Abwägungen in eigenes Verhalten umgesetzt wird. In der untersuchten Zielgruppe äußert sich die politische
Handlungsbereitschaft u. a. in einer gesellschaftskritischen Einstellung und in der
Motivation, sich außerhalb etablierter Parteien und Strukturen politisch einzubringen. Diese allgemeinen Überlegungen erklären jedoch noch nicht, wieso sich bestimmte Jugendliche für ein dauerhaftes Engagement in bestimmten politischen
Gruppen entscheiden. Angesichts der Tatsache, dass sich viele Jugendliche mit
ähnlichen Voraussetzungen nicht engagieren, drängt sich die Frage auf, welche
zusätzlichen Umstände hinzukommen müssen, damit aus der Verhaltensdisposition
tatsächliches Engagement wird.

So werden die individuellen Bedingungen für den Einstieg in politisches Engagement auch durch die biografische Verfügbarkeit und individuelle Ressourcen
bestimmt (Corrigall-Brown 2012: 10). Das Konzept hebt hervor, dass Personen in
bestimmten Phasen des Lebensverlaufs besonders über zeitliche und soziale Ressourcen für politische Beteiligung verfügen. Schul- und Studienzeit sowie eine
Praktikumsphase dürften sich dafür als besonders günstig erweisen. Hinzu kommt
die Bedeutung sozialer Netzwerke, die ebenfalls ein entscheidender Faktor für den
Einstieg ins Engagement sind. Diese Vorüberlegungen weisen darauf hin, dass eine
biografische Herangehensweise für die Untersuchung des Engagementeinstiegs
besonders geeignet ist, da sie eine Rekonstruktion der Abfolge von Lebensereignis-
sen und Gelegenheiten aus subjektiver Perspektive erlaubt.

Dennoch ergeben sich bei der Analyse der autobiografischen Erzählungen einige methodologische Herausforderungen. Erstens besitzen die Befragten ein unterschiedliches Verständnis von Engagement. Von einigen Jugendlichen wird Engagement als eine ausschließlich organisierte Form des politischen Handelns verstanden. Tätigkeiten außerhalb von Parteien, Gruppen oder Verbänden fielen demnach nicht unter diesen Begriff. Andere Jugendliche bezeichnen bereits den Besuch von Demonstrationen oder die Auseinandersetzung mit politischen Themen als Engagement. Weiterhin wird Engagement von einigen Befragten verstanden als leidenschaftliches Einsetzen für die (politischen) Ziele und Ideale. Zuletzt wird teilweise zwischen politischem und sozialem Engagement unterschieden.

Das unterschiedliche Verständnis wirkt sich auf die Erzählungen zum Einstieg in das Engagement aus. So beginnen einige der Interviewten ihre Erzählung früher in der Biografie als andere, die damit möglicherweise Informationen weglassen, die eigentlich zur Beschreibung und Erklärung des Engagements relevant gewesen wären.

Engagement, wie es in dieser Studie verstanden wird, bezieht sich auf die Lebensphase, in der die Jugendlichen sich in Gruppen regelmäßig und längerfristig politisch aktiv einbringen. Der Punkt, an dem dauerhaftes, organisiertes Engagement beginnt, lässt sich in der Regel nicht auf ein konkretes Datum fixieren. Es handelt sich um einen Prozess, der sich nicht nur mit dem Eintritt in eine Gruppe manifestiert, sondern der zumeist mit veränderten Einstellungen verbunden ist.

Trotz der beschriebenen Probleme zeigen sich in den Daten wiederkehrende Muster, die den Einstiegsprozess in das dauerhafte organisierte Engagement verständlich machen können. Diese idealtypischen Einstiegswege werden als (1) Einstieg über soziale Netzwerke, (2) Einstieg über Schlüsselereignisse, (3) Einstieg über vorpolitisches Engagement bezeichnet und im Folgenden weiter ausgeführt.

5.2.1 „Und die haben mich dann mitgenommen." – der Einstieg über soziale Netzwerke

In Kap. 5.1 wurde dargelegt, welche Bedeutung Peers aber auch soziale Netzwerke insgesamt für die Politisierung der Jugendlichen haben. Ebenso wichtig sind diese jedoch auch für den Einstieg ins Engagement (vgl. Corrigall-Brown 2012: 87; McAdam, Paulsen 1993; Reinders 2014: 129–135). Beim ersten der identifizierten Einstiegswege stellen soziale Beziehungen den entscheidenden Faktor für den Zugang zu einer politischen Gruppe dar. Die Jugendlichen kommen also über soziale Kontakte in Berührung mit politisch aktiven Gruppen und werden über dritte Personen in das Engagement eingebunden. Diese können in unterschiedlicher Weise für den Einstieg bedeutsam sein. Sie können als ‚Türöffner' fungieren und die Betreffenden unmittelbar in die politische Gruppe einführen, oder sie dienen als Vorbild und befördern somit den Einstieg ins Engagement und in

entsprechende Gruppen eher indirekt. Die folgende Textpassage illustriert die
Bedeutung persönlicher Beziehungen für den Eintritt ins Engagement:

> Meine Freunde [...] waren auf Antifa-Demos. Dann bin ich da auch hingegangen.
> [...] Ich muss sagen, bis zum 17. Lebensjahr war ich nicht organisiert, sondern
> hatte Kontakt zu diesen Leuten, [ich beschäftigte] mich [mit] den Ideen von
> Punks und Links-sein, Kommunismus, Anarchie. Also irgendwie habe ich mich
> da schon hinzugehörig gefühlt so. [...] [Ein Bekannter] kam in Kontakt mit einer
> [antifaschistischen] Gruppe. Und ja, ich kam dann halt dadurch auch in Kontakt
> mit dieser Gruppe und habe mich dann sozusagen angefangen bei dieser Gruppe
> das erste Mal mich, ja, sagen wir mal linksradikal zu beschäftigen so. (I-33)

In der Schilderung des Befragten wird der Einfluss, den Freunde und Bekannte für
das Engagement haben, deutlich. Durch die Integration in einem Netzwerk ist der
Befragte über politische Aktionen und Beteiligungsformen informiert. Damit eröffnen die sozialen Beziehungen Gelegenheiten zum unkonventionellen Engagement und wecken themenbezogenes politisches Interesse. Soziale Beziehungen
sind somit in der Lage, die individuellen Kosten eines Einstiegs in politisches Engagement und politische Gruppen deutlich zu reduzieren (vgl. Corrigall-Brown
2012: 84). Das entstandene Zugehörigkeitsgefühl begünstigt ebenfalls den Eintritt
in die Gruppe.

Die beiden folgenden Beispiele zeigen, wie der Kontakt zu politisch Aktiven
nicht nur direkt, sondern auch indirekt zu Engagement führen kann:

> Ich hatte mitbekommen, dass ein Mensch von diesen, die ich so spannend fand
> an der Schule, weil sie irgendwie zum Beispiel so ganz ruhig durch die Schule
> schritten und sich von nichts stören ließen so – Einer von diesen Menschen hatte
> so einen Aushang gemacht irgendwie. Er war bei dieser [Gruppe] [...] und hat da
> so eine Veranstaltung angekündigt und hat seinen Namen drunter geschrieben.
> (I-22)

> Ich glaube, was mir am meisten immer bringt, ist, wenn ich Leute sehe, die das
> selbst machen. Wo ich mir dann denke: Okay, so etwas geht irgendwie. Und so
> etwas kann man auch im normalen Leben machen und so weiter und so fort. Al-
> so, das sind, glaube ich, die prägendsten Elemente." (I-1)

Im ersten Beispiel schildert die Befragte, wie sie sich von einem politisch aktiven
Mitschüler angezogen fühlt und aus diesem Grund eine Veranstaltung der Gruppe
besucht. An anderen Stellen des Interviews wird deutlich, dass auch bei der betreffenden Interviewpartnerin eine hohe politische Handlungsbereitschaft vorhanden
ist. Gleichwohl kostete es sie beim ersten Besuch der Veranstaltung „viel Überwindung", sich auf die unbekannte Situation einzulassen.

Anhand des zweiten Beispiels lässt sich aufzeigen, dass viele Jugendliche erst
durch den Kontakt zu politisch aktiven Menschen über die Möglichkeit nachdenken, selbst aktiv zu werden. In diesem Sinne spielen die Peers besonders als Vor-

bilder eine wichtige Rolle. Ein Befragter macht zudem deutlich, dass nicht nur Personen aus dem näheren Umfeld eine Vorbildfunktion einnehmen können:

> [...] und da habe ich den [Abgeordneten] getroffen und mich mit ihm auch kurz unterhalten und da habe ich mir gesagt: ‚Top, das ist ein netter Mensch, der hat Ahnung, wovon er spricht, der weiß, wovon er redet, und da – da möchtest du Praktikum machen.' Und – ja – das Praktikum habe ich auch bekommen, und ja, seitdem engagiere ich mich da stärker. (I-12)

Der Interviewte fühlt sich von einem Landespolitiker persönlich und politisch überzeugt und entschloss sich zu einem Praktikum, was ihn letztlich zum Eintritt ins Engagement bewog. Demnach können sowohl Personen aus dem näheren sozialen Umfeld, aber auch Politiker oder andere öffentliche Personen die Jugendlichen zu ihrem Engagement inspirieren.

Im beschriebenen Einstiegsweg entstehen durch soziale Netzwerke Gelegenheiten für politisches Engagement. Voraussetzung für das Erkennen und Wahrnehmen dieser Gelegenheiten ist eine grundsätzliche politische Handlungsbereitschaft. Durch den Kontakt zu politisch aktiven Personen ergeben sich Möglichkeiten diese Bereitschaft in tatsächliches Handeln umzusetzen (vgl. Matuschek et al. 2011: 231). Vor allem beim direkten Einstieg über Freunde können außerdem die individuellen Kosten, die beim Überwinden von Einstiegsbarrieren bestehen, gesenkt werden (vgl. Corrigall-Brown 2012: 84).

5.2.2 „Wir müssen jetzt etwas dagegen tun!" – der Einstieg über Schlüsselereignisse

Während beim ersten Typ das soziale Umfeld entscheidend für den Einstieg ist, stehen beim zweiten Einstiegsweg das Individuum und dessen persönliche Erfahrungen im Vordergrund. In Kap. 5.1 wurde bereits beschrieben, wie Alltagserfahrungen zur Politisierung der Jugendlichen beitragen können. Mitunter sind diese Erfahrungen so einschneidend oder prägend, dass es nicht bei einem diffusen Empfinden bleibt, sondern die Jugendlichen direkt die Notwendigkeit sehen, sich aktiv z. B. gegen die wahrgenommenen Missstände zu engagieren. Die nachfolgende Textpassage illustriert dies:

> Aber wo ich dann wirklich begriffen habe, dass das politische Engagement an jedem einzelnen liegt und auch an mir und ich auch das Bedürfnis habe mich auch persönlich mehr zu engagieren als nur die Zeitung zu lesen, war, glaube ich, Heiligendamm. Also vor den G8-Protesten in Heiligendamm war das bei mir so ein – Also weil einfach mehr vermehrt berichtet wurde. Also da habe ich mich mehr mit den Themen beschäftigt und habe dann gesagt: ‚Da muss ich hin!'. Und bin dann halt hingefahren mit einem Freund damals und das hat mich, genau, das war so das – wenn es ein Ereignis gab, was mich politisiert hat und wo ich gesagt habe: ‚Ja, die Sachen, die da behandelt werden, die Aktionsformen, die ich da

kennengelernt habe, das sind alles Dinge mit denen kann ich mich identifizieren und nicht nur das – Ich glaube, es ist notwendig und dann – Das war das Initialmoment wahrscheinlich. (I-24)

Das Zitat zeigt, wie ein persönliches Erlebnis den Einstieg in dauerhaftes Engagement befördert. Die Befragte hatte bereits vor der Veranstaltung ein ausgeprägtes politisches Interesse, aber erst durch die Teilnahme an den G8-Protesten fand sie einen Themenbereich, mit dem sie sich persönlich identifizieren konnte. Ihre Erwartungen haben sich auf der Veranstaltung bestätigt und so den dauerhaften Einstieg begünstigt. Sie hatte das Gefühl, die richtige Form des Engagements gefunden zu haben, und bezeichnet dies auch selbst als „Initialmoment".

Auch Konfrontationserfahrungen mit Nazis haben für viele Interviewte eine ähnliche initiale Bedeutung gehabt:

> Genau, es hat sich halt so eine Nazikameradschaft gegründet und wir hatten halt in gewalttätiger Form darunter zu leiden oder gab halt viele Jugendliche, die davon betroffen waren. Es gab rechte Übergriffe, Überfälle, Pöbeleien und so. Deshalb haben wir gedacht, dass wir uns organisieren müssen, dass wir was dagegen machen müssen. Und deswegen haben wir das damals gegründet. (I-18)

Die Textpassage verdeutlicht, wie Erfahrungen im Umfeld nicht nur zu einer persönlichen Betroffenheit führen, sondern auch direkt in ein aktives politisches Engagement münden können. So gründen die Jugendlichen aus der Erkenntnis heraus, dass die Nazis ein Problem darstellen, eine eigene Gruppe, die sich dieses Problems direkt annehmen soll.

Schlüsselereignisse sind jedoch nicht immer politischer Natur. Sie können auch in der persönlichen Lebenssituation begründet liegen sein und z. B. den Wunsch auslösen, etwas ‚Sinnvolles' aus seinem Leben zu machen, wie das folgende Zitat zeigt:

> Na, ich hatte keine Lust mehr, immer nur mein Wochenende zu verplempern mit Trinken […] Und wollte irgendwie mal was erreichen – versuchen zu erreichen. Und dann ja, hat das angefangen, Konzerte zu organisieren, und das hat mir auch immer Spaß gemacht, macht mir immer noch Spaß, und so kam das dann, ja. (I-13)

In diesem Fall liegt das Schlüsselereignis in der Bewältigung einer Lebenskrise, die den Befragten zum Umdenken anregt und ihm das Gefühl vermittelt, etwas verändern zu müssen. Dies stellt jedoch in der untersuchten Stichprobe eher eine Ausnahme dar.

Die in den drei Beispielen vorgestellten Schlüsselereignisse stellen den Kern dieses Einstiegswegs dar. Entscheidend ist die starke Veränderungsmotivation, die sich aus dem Ereignis ergibt und die mit einem hohen Betroffenheits- oder Ungerechtigkeitsempfinden oder einer Gestaltungsperspektive verbunden sein kann. Dabei können sowohl negative Erfahrungen, etwa die Bedrohung durch eine Nazi-

Kameradschaft, als auch das positive Gefühl, etwas verändern zu können oder die passenden Freunde gefunden zu haben, Schlüsselmomente darstellen. Oftmals gibt die Art des Schlüsselereignisses schon die konkrete Richtung des Engagements vor. Beispielsweise können Konfrontationserfahrungen mit Nazis in antifaschistisches Engagement münden. In anderen Fällen folgt auf das Schlüsselereignis eine Phase des aktiven Suchens nach einer passenden Gruppe. Die intrinsische Motivation ist bei diesem Typus besonders hoch.

5.2.3 „Da ist man an Leute rangekommen und hat erstmal was zum Warmwerden gemacht" – der Einstieg über vorpolitisches Engagement

Der dritte Einstieg in eine politische Gruppe erfolgt über vorpolitisches Engagement. Vorpolitisches Engagement umfasst freiwillige und gemeinwohlorientierte, aber (noch) nicht explizit politische Aktivitäten. Bei den Befragten findet es oft in der Schule, an der Universität oder in Jugendzentren statt. Hier können Handlungsweisen eingeübt werden, die auch in der politischen Praxis von Bedeutung sind. Darüber hinaus kann ein soziales Netzwerk aufgebaut und Spaß an diesen Aktivitäten vermittelt werden.

Veranschaulichen lässt sich dieser Einstiegsweg am Fall eines Jugendlichen, der mit etwa 14 Jahren durch Freunde zu einem alternativen Jugendzentrum kommt. Dort half er zunächst in einem Schülercafé und bei Arbeitseinsätzen. Im Laufe der drei Jahre, in denen der Befragte dort aktiv war, veränderten sich die Intensivität und die Form des Engagements, die dabei einen stärkeren politischen Charakter annahmen:

> Na, das anfängliche politische Engagieren war ja weniger wirklich politisches Arbeiten, sondern mehr Engagieren im privaten Umfeld oder im sozialen Umfeld. (I-23)

Auch seine Einstellung veränderte sich durch das Engagement. Darüber hinaus erwarb er politische Kompetenzen und entwickelte das Bedürfnis, sich konstruktiv einzubringen:

> Ja, natürlich. Natürlich dieser Wunsch irgendwie was zu verändern, der hat sich ja dann da– Der hat das erste Mal dann da wirklich Früchte getragen und hat auch irgendwie Ergebnisse gezeigt. Und das hat sich dann dort natürlich kultiviert. Wenn man halt dann irgendwie in die Organisation eingebunden wird, in die Durchführung und dann auch Nachbereitung, dann kommt man vielleicht doch irgendwie an den Punkt, wo man dann halt von diesem losen Sturm und Drängen weg kommt und dann doch irgendwie sich konstruktiv einbringt. (I-23)

Da der Interviewte seine Nachmittage meist mit den Freunden aus dem Jugendzentrum verbrachte, veränderte sich auch sein soziales Netzwerk. Nach der Schule wechselte er wegen einer Ausbildung den Wohnort und stieg dann in ein dauerhaftes, explizit politisches Engagement ein.

Dieses Beispiel verdeutlicht, wie durch vorpolitisches Engagement Kompetenzen erworben, aber auch die Freude an diesen gemeinwohlorientierten Aktivitäten entdeckt werden können. Eine noch häufigere Form dieses Engagements stellen die freiwilligen Aktivitäten in der Schule und im Studium dar, wie etwa im folgenden Beispiel:

> Also ich denke mal, zum einen war es wirklich dieser Eintritt damals beim Fachschaftsrat, [...] weil, das war so ein bisschen zusätzlich noch, dass man da an Leute rangekommen ist oder dass man erstmal überhaupt was gemacht hat, zum warm werden. (I-25)

In dieser Textpassage ist zu erkennen, wie freiwillige Tätigkeiten im Studium auch dazu führen, Kontakte zu politisch Aktiven herzustellen, die einen späteren Einstieg ins politische Engagement begünstigen können.

Generell zeigen sich verschiedene förderliche Aspekte des vorpolitischen Engagements. Zum einen merken die Jugendlichen, dass ihnen Tätigkeiten wie politische Diskussionen, Organisationsarbeit und das Sich-einsetzen für Andere Freude bereiten. Zum anderen stellen sie fest, dass sie in ihrem Umfeld etwas bewirken können, und erfahren dadurch ein Gefühl von Selbstwirksamkeit (political efficacy). Gleichzeitig erwerben sie wichtige Ressourcen und machen Erfahrungen, die ihnen bei der späteren politischen Arbeit behilflich sein können.

Verschiedene Studien weisen auf die hohe Bedeutung vorpolitischen Engagements hin. So zeigt sich etwa, dass Jugendliche, die sich in der Schule beteiligen, mit höherer Wahrscheinlichkeit auch als Erwachsene in irgendeiner Form bürgerschaftlich engagiert sind (Andolina et al. 2003; Kirlin 2002; Verba et al. 1995; Wilson 2000). Bei der Erklärung dieses Effekts wird zumeist davon ausgegangen, dass politische Kompetenzen vor allem im praktischen Vollzug gelernt werden und daher die konkreten Handlungserfahrungen für das Verstehen demokratischer Prinzipien und die Engagementbereitschaft zentral sind. Institutionalisiertes Engagement wirkt sich dabei sogar noch stärker auf spätere politische Partizipation aus als informelles Engagement. Dies könnte mit der Aneignung von Erfahrungswissen im Umgang mit Organisationen zusammenhängen (Prein et al. 2009: 542). Neben dem Erlernen der politischen Kompetenzen ist der Aufbau eines sozialen Netzwerkes aus politisch Gleichgesinnten wichtig. Durch ihre Aktivitäten in der Phase des vorpolitischen Engagements lernen die Jugendlichen mit einer höheren Wahrscheinlichkeit politisch interessierte und aktive Menschen kennen.

Eine große Bedeutung für den Einstieg ins politische Engagement haben Jugendzentren, da sie den Jugendlichen häufig Freiräume für eigene aktionsorientierte politische Arbeit eröffnen, wie sie die Schule kaum gewährt (Matuschek et al. 2011:

232). Das folgende Zitat bringt deren Relevanz als Szenetreffpunkt für Jugendliche zum Ausdruck:

> [Wir] haben halt dieses selbstverwaltete Jugendzentrum gehabt. Und das war halt eine der wichtigsten Sachen für uns. Also so einen eigenen Raum den man selber gestalten konnte– also so ein eigener politischer Raum. [...] Und natürlich sucht man sich dann Leute, mit denen man die gleichen Ideale hat und die gleichen Vorstellungen von der Zukunft oder der eigenen irgendwie– Zukunft oder der, keine Ahnung Gesellschaft oder alles so. […] also es ist, glaube ich, total wichtig, wenn man irgendwas macht, was halt nicht so viele machen, dass man dann in seiner eigenen Community eine Bestätigung dafür bekommt, dass es total wichtig ist, was man macht. Weil sonst geht man ja – also sonst kann man ja nach ein paar Monaten einknicken und einpacken. (I-17)

Besonders für die Punkszene spielen die alternativen, selbstverwalteten Jugendzentren eine wichtige Rolle. So berichtet ein Befragter, dass er und seine Gruppe einen Raum zur Verfügung gestellt bekamen:

> Da gab es ja diesen Konzertraum und da konntest du eben dann als Punk oder so hingehen, weil in [ostdt. Stadt] gab es ja nie was für alternative Jugendliche. Deswegen hast du auch ziemlich viel auf der Straße gesessen […] und dann gab es diesen Konzertraum und dann habe ich die Leute da kennengelernt und habe irgendwann dann angefangen – so kam das auch, immer mehr. (I-13)

Die gemeinsamen Orte spielen für die Entstehung von Engagement eine wichtige Rolle. So beginnen die Jugendlichen hier zunächst damit, unpolitische Aufgaben zu übernehmen, wie das Arbeiten an der Theke bei Veranstaltungen oder das Organisieren von Konzerten. Diese können später in organisiertem Engagement münden.

Generell lässt sich bei diesem Einstiegsweg erkennen, dass die Jugendlichen, die freiwillige Tätigkeiten in der Schule, im Studium oder in Jugendzentren übernehmen, oft auch eine gewisse Affinität für die Mitarbeit in politischen Gruppen und Organisationen mitbringen. Teilweise lässt sich zudem eine ansteigende Politisierung des Engagements feststellen, etwa vom Schülervertreter über den Fachschaftsvertreter bis hin zum Mitglied einer politisch aktiven Gruppe. Dabei spielen oft die Kontakte, die in einer Gruppe geknüpft werden, für die Engagementveränderung eine wichtige Rolle. Hier stellt sich der Einstieg in das Engagement als ein ,Hineinwachsen' dar. Durch ihre freiwillige Tätigkeit haben die Jugendlichen schon Erfahrungen gesammelt. Deshalb ist die Bereitschaft, sich in organisierten Strukturen zu beteiligen, stark ausgeprägt.

Soziale Netzwerke, Szenen und biografische Umbrüche können als Gelegenheiten begriffen werden, die die Richtung und Ausprägung des Engagements beeinflussen. Viele Jugendliche beschreiben, dass sie etwa durch Umzüge aus dem Herkunftsort in größere Städte die Vielfalt von politischen Gruppen und Initiativen, die sie in der neuen Stadt vorfinden, als positive Erfahrung wahrnehmen. Oft ziehen die Befragten auch bewusst in Städte, in denen die Möglichkeiten des Engagements in linken Szenen größer sind als im bisherigen Wohnort. Allerdings verdeutlicht das Beispiel auch, dass es nicht nur die Gelegenheiten selbst sind, die das Engagement bestimmen. Vielmehr zeigt sich, dass eine gewisse Handlungsbereitschaft vorhanden sein muss, damit Gelegenheiten erkannt und genutzt werden können.

5.3 Individuelle Erfahrungen im Engagement und deren Folgen

Während es in den bisherigen Kapiteln um die Wege *ins* Engagement ging, wird nun dargelegt, welche Erfahrungen die Jugendlichen in der Engagementpraxis machen. Hierbei spielen sowohl Erfolgserlebnisse und bestätigende Erfahrungen eine wichtige Rolle als auch Misserfolge, Schwierigkeiten, Widerstände und Konfrontationserfahrungen mit anderen Personengruppen. Der Fokus bei der Darstellung dieser Erlebnisse liegt dabei auf der Frage, wie die Jugendlichen mit diesen Erfahrungen und Herausforderungen umgehen und ob bzw. wie sie sich auf das Engagement auswirken. Tragen die gemachten Erfahrungen zur Aufrechterhaltung oder sogar zur Verstärkung des Engagements bei oder geben sie ihm eine andere Richtung?

Wichtigster Ort, in dem das Engagement stattfindet, ist die politische Gruppe. Kap. 5.3.1 beschäftigt sich daher mit der Wahrnehmung der Gruppenpraxis durch die Jugendlichen. Es wird gefragt, wie die Zusammenarbeit innerhalb der Gruppen stattfindet und inwieweit die Erfahrungen in der politischen Gruppe das Engagement bestärken oder schwächen können. Das Engagement der Jugendlichen ist darüber hinaus in ihr gesamtes Leben eingebettet und muss mit ihrem Studium oder der Arbeit, den Freunden, der Familie und der Freizeit vereinbart werden. Hieraus können sich zahlreiche Herausforderungen ergeben. Es wird daher analysiert, wie es den Befragten gelingt, ihr Engagement mit ihrem Lebensalltag zu vereinbaren und eine Balance zwischen den Lebensbereichen aufrechtzuerhalten. Darüber hinaus behandelt Kap. 5.3.2 die Zukunftsperspektiven der Befragten. Kap. 5.3.3 beschäftigt sich schließlich mit den Konfrontationserfahrungen, die bei politischen Aktionen, aber auch darüber hinaus im Alltag gemacht werden. Im Zentrum stehen dabei Erfahrungen mit dem politischen Gegner sowie Erlebnisse mit der Polizei. Es wird analysiert, wie diese von den Jugendlichen verarbeitet werden und welche Auswirkungen sich auf das weitere Engagement und die Einstellungen gegenüber Gewalt ergeben.

5.3.1 Zusammengehörigkeit, Erfolgserlebnisse, Enttäuschungen: Erfahrungen in den politischen Gruppen

Im Rahmen dieser Studie wurden Jugendliche interviewt, die Mitglied einer politischen Gruppe sind. Hieraus ergeben sich bestimmte Implikationen für das Engagement. Zum einen können beim Gruppenhandeln die individuellen Ziele nicht immer vollständig umgesetzt werden. Dies bedeutet, dass es zwischen Motiven und Werten der Befragten und tatsächlichem Agieren der Gruppe durchaus Unterschiede geben kann. Zum anderen sei angemerkt, dass die Jugendlichen mit der Gruppe unterschiedliche Zielvorstellungen verbinden. So ist die Gruppe für einige in erster Linie Mittel zum Zweck der Umsetzung ihrer individuellen Motive. Für andere besitzt die Gruppenpraxis darüber hinaus einen Wert an sich, da sie das Bedürfnis nach Gemeinschaft befriedigen kann. Des Weiteren handelt es sich beim Gruppenengagement um eine organisierte Form des politischen Handelns. So bedarf das Organisieren von Veranstaltungen, Treffen und Demonstrationen sowie das Bereitstellen von Räumen und die Anwerbung neuer Mitglieder ein gewisses Maß an organisatorischer Arbeit, die unter den Mitgliedern verteilt werden muss. Die Wahrnehmung, bei der Verteilung von Aufgaben benachteiligt zu werden, und die Überlastung mit Organisationsaufgaben können zu Frustrationen führen.

Die politischen Gruppen lassen sich als soziales Umfeld beschreiben, in dem die Jugendlichen ihre politischen Ideale umsetzen wollen. Es ist durch eine Abgrenzung zu politischen Parteien und ein persönliches Verhältnis unter den Mitgliedern, eine basisdemokratische Struktur und eine unmittelbare Aktionsorientierung gekennzeichnet. Unterschiede zwischen den Gruppen zeigen sich im Grad der Ausprägung dieser Merkmale und in der inhaltlichen Schwerpunktsetzung. Für die meisten der Befragten ist die Gruppe jedoch mehr als eine Möglichkeit, politische Ziele umzusetzen. Sie entscheiden sich ganz bewusst für die Gruppe und damit gegen eine Parteimitgliedschaft, und verbinden damit auch das Bedürfnis nach Zugehörigkeit und Gemeinschaft.

a)   Bestärkende Erfahrungen in der Gruppe – „Also ich mag die alle total gern"

Erfahrungen in der Gruppe werden von den Jugendlichen vor allem dann als positiv wahrgenommen, wenn damit individuelle oder kollektive Erfolgserlebnisse verbunden sind. Im nachfolgenden Zitat beschreibt eine junge Aktivistin aus einer kleinen Gruppe, die sich mit kreativen Aktionsformen wie Straßentheater und Kleidertausch gegen die Produktionsbedingungen in anderen Ländern engagiert, welche Erfahrungen sie in ihrer Gruppe gemacht hat:

> Ja, es macht halt auch schon Spaß. Also ich mag die alle total gerne. Es ist halt schon so, dass ich mit zwei bis drei davon, habe ich auch so ein bisschen Angst, dass wenn ich jetzt weggehe aus [Großstadt], dass wir dann nicht mehr so viel zu

tun haben. Weil es wirklich so dieser Punkt ist, wo wir uns immer sehen. Auch viel machen. Und die Aktionen machen auch immer total Spaß. Und ich finde halt auch dieses Gefühl, dass man was gemacht hat, richtig. Wo andere Leute Spaß dran hatten und die hoffentlich auch noch was mitnehmen irgendwie dabei. (I-3)

In diesem Auszug kommen drei Aspekte von bestärkenden Erfahrungen zum Ausdruck: (1) der Spaß an der Tätigkeit, (2) das Gemeinschaftsgefühl und (3) das Gefühl von Selbstwirksamkeit. Zunächst beschreibt die Interviewpartnerin den Spaß, den sie an der Arbeit hat. Dieser entsteht durch die kreativen, ungewöhnlichen Aktionsformen, die den Reiz des Außeralltäglichen haben und dadurch als „ganz besonders spannend" (I-1) und „cool" (I-17) wahrgenommen werden. Begründet wird dies damit, dass die Gruppen hauptsächlich „so zu […] aktuellen Themen oder was uns interessiert" (I-9) Aktionen organisieren. Weiterhin spielt das Gemeinschaftsgefühl eine wichtige Rolle. So entwickeln sich bei vielen Befragten, insbesondere in sehr kleinen Gruppen, freundschaftliche Beziehungen zu den anderen Mitgliedern. Eine Befragte beschreibt dies sogar als wichtigste Erfahrung in ihrem Engagement:

> Also ich glaube, erstmal diese Solidarität, die man innerhalb der Gruppe gefunden hat, also dieses ‚Wir-stehen-füreinander-ein' und ‚Wir-sind-halt-füreinander-da'. (I-7)

Freundschaftliche Beziehungen untereinander werden von der Mehrzahl der Befragten als wichtig für das politische Engagement angesehen. Besonders in eher informell organisierten Gruppen kann der gemeinschaftliche Aspekt der politischen Arbeit eine so starke Bedeutung gewinnen, dass die Gruppe die Rolle eines Familienersatzes einnehmen kann:

> Also momentan ist es wirklich, in dem Sinne, würde ich sagen, so eine Familie, die man sich irgendwo selber ausgesucht hat. Also, ich würde auch sagen, ein Großteil von uns hat eben nicht so den Rückhalt von zu Hause, wie er vielleicht sein sollte. (I-7)

Die Personen, denen dieses Gemeinschaftsgefühl besonders wichtig ist, betonen die Bedeutung der Gruppe für die persönliche Weiterentwicklung und den konstruktiven Beitrag der anderen Mitglieder. Eng verbunden mit diesem Gemeinschaftssinn ist das Gefühl, endlich gleichgesinnte Menschen gefunden zu haben. Sie beschreiben es als „eine coole Erfahrung, […] einfach nicht so alleine mit seiner Kritik" (I-30) zu sein. In diesem Sinne lässt sich von der Herausbildung einer gemeinsamen Identität sprechen, die für das Zusammenhalten der Gruppe bedeutend ist.

Ein weiterer wichtiger Faktor für die Aufrechterhaltung des Engagements ist das Gefühl der Selbstwirksamkeit. Dementsprechend beschreiben die Jugendlichen es als besonders befriedigendes Gefühl, wenn es gelungen ist, ein Projekt umzusetzen:

> Also 2010, als wir es [...] das erste Mal geschafft haben, dass sie [die Nazis] nicht gelaufen sind [...] und es hat funktioniert. Und die mussten wieder abreisen [...]. Es funktioniert! Und das macht es dann auch einfacher so Rückschläge wo es nicht funktioniert [...] so weg zu stecken. Weil ich weiß, dass wenn viele Menschen zusammen und ein gutes Ziel vor Augen haben, dann kann es funktionieren. Das war wahrscheinlich gut für mein politisches Engagement, dass ich da am Anfang so ein paar Erfolgserlebnisse hatte. (I-24)

Oft treten die drei genannten Aspekte gemeinsam auf. So werden in der Gruppe gemeinsam Aktionsformen diskutiert und entwickelt. Wenn diese erfolgreich umgesetzt werden konnten, stellt sich bei den Jugendlichen ein Gefühl der Zufriedenheit ein:

> Ich meine, Themen entstehen ja in Gruppenprozessen und [...] man kann ja alles machen, was man will. Also wenn ich sage, ich möchte nächste Woche gerne eine Veranstaltung zu weiß ich nicht machen, dann kann ich das machen. Das ist ziemlich cool. [...] da muss ich halt mit den Leuten da quatschen, aber ich kann mir gerade nicht vorstellen, dass da irgendwie jemand sagt: ‚Ich will nicht, dass du das machst.' (I-27)

Insgesamt zeigt sich bei den bestärkenden Erfahrungen ein recht einheitliches Bild. Der Spaß an den Aktionsformen verbunden mit einer Selbstbestätigung in der Gruppe und einem hohen Gemeinschaftsgefühl sowie das Gefühl der Selbstwirksamkeit sind wichtige Triebfedern, die das Aufrechterhalten des Engagements in hohem Maße begünstigen.

b)   Die Praxis des Engagements zwischen Anspruch und Realität

In den Interviews hat sich jedoch auch gezeigt, dass die Jugendlichen in der Gruppenpraxis nicht nur positive Erfahrungen machen. Sie orientieren sich an Werten wie Gleichberechtigung, Solidarität, Selbstbestimmung, Selbstorganisation und Hierarchiefreiheit. Diese bilden die Grundlage ihrer Motivation für das Engagement und sie versuchen diese Ideale in der Gruppenpraxis umzusetzen. Sie erleben auch immer wieder Enttäuschungen und machen Lernprozesse durch, in denen sie die Grenzen bei der Umsetzung ihrer Ideale erkennen müssen. Dabei treten auf unterschiedlichen Ebenen Schwierigkeiten auf.

Auf der inhaltlichen Ebene wünschen sich die Befragten Autonomie und eine selbstbestimmte Festlegung der Themen sowie die Möglichkeit, frei ihre Meinung zu äußern. Gerade hierin sehen sie den Vorteil der Gruppe gegenüber Parteien. Einige kritisieren jedoch die damit verbundenen „ermüdenden Diskussionen" (I-14) und die fehlende Geschlossenheit, die Entscheidungsprozesse deutlich verlangsamen können. Die große Bedeutung, die die Jugendlichen den eigenen Idealen beimessen, kann die Kompromissbereitschaft erschweren und unrealistische Ziele entstehen lassen.

Auch auf der strukturellen Ebene werden Probleme deutlich. Das Ziel einer basis-demokratischen und hierarchiefreien Struktur wird von fast allen Gruppen ange-strebt. Viele Befragte beklagen aber Schwierigkeiten bei der Umsetzung. Die Ab-wesenheit von Hierarchien in der Gruppe wird von diesen Jugendlichen in Zweifel gezogen. So beschreibt ein Interviewter, „dass es auch Leute gibt, wie den Grup-penvorstand, die haben halt ein bisschen mehr das Sagen als andere" (I-17).

Gründe für die Schwierigkeiten bei der Umsetzung von Hierarchiefreiheit se-hen die Befragten u. a. in unterschiedlichen Zeitressourcen, Kenntnissen und Fä-higkeiten. So „gibt [es] halt einfach Leute, die sind wirklich jede Woche da [...] und haben so einen gewissen Gesamtüberblick" (I-4). Dadurch entwickeln sich bei den länger aktiven Personen auch eine größere Erfahrung und mehr Wissen über die internen Arbeitsprozesse. Aufgrund des Erfahrungsvorsprungs entstehen entgegen der ursprünglichen Intentionen informelle Hierarchien in den Gruppen: „[...] dass die Leute die länger dabei waren, das halt auch irgendwie so raushängen haben lassen. Dass die ein bisschen mehr Autorität hatten" (I-34).

Andererseits spielen auch externe Faktoren eine Rolle. Beispielsweise wird von Seiten der Kooperationspartner (andere Gruppen, Behörden, Parteien, etc.) der Wunsch nach verlässlichen Ansprechpartnern geäußert. Auch die Spezialisierung aufgrund der Arbeitsteilung, begünstigt die informelle Hierarchiebildung.

Manche Gruppen versuchen, dieser Entwicklung zu entgehen, indem sie die Arbeitsaufgaben rotieren lassen. Zudem versuchen sie, diskursiv dagegen vorzuge-hen:

> Wenn wir merken, ein, zwei, drei Personen [werden] in letzter Zeit immer domi-nanter oder haben [...] das Geschehen beeinflusst, dass man dann darüber redet, dass die Personen sich auch bewusst mal zurücknehmen oder bewusst auch mal Aufgaben an andere abgeben. (I-30)

Einfacher scheint sich Basisdemokratie in kleinen Gruppen umsetzen zu lassen: „Dadurch, dass wir nur zu sechst sind, ist es auch nicht so schwierig mit dem Ba-sisdemokratischen" (I-3). Auch die gelingende Umsetzung von Basisdemokratie kann Schwierigkeiten mit sich bringen. Es besteht die Gefahr von Effizienzverlus-ten und von langwierigen, ergebnislosen Diskussionen. Außerdem kann es als ungerecht empfunden werden, dass diejenigen, die sich stärker engagieren, nicht die nötige Anerkennung in Form von größerer Mitsprache erhalten.

Als ein weiteres Problem für den Gruppenzusammenhalt stellen sich die feh-lenden festen Strukturen heraus, die eine hohe Fluktuation der Mitglieder bewir-ken. Meist gibt es einen Kern von Mitgliedern, der sich regelmäßig trifft und die meisten Arbeiten in der Gruppe übernimmt. Daneben gibt es weitere Sympathisan-ten, die eher unregelmäßig bei den Treffen erscheinen und dadurch weniger Ein-fluss auf Entscheidungen nehmen können. Dieser Umstand begünstigt ebenfalls eine informelle Hierarchiebildung. Trotz der beschriebenen Schwierigkeiten geben nur wenige Gruppen die Idee der Basisdemokratie auf. Dies unterstreicht noch einmal die Wichtigkeit dieses Prinzips für die untersuchten Gruppen.

Ein weiteres Grundprinzip für die befragten Jugendlichen ist die Inklusion von Minderheiten sowie die Gleichberechtigung verschiedener sozialer Gruppen. Dem Wunsch nach Diversität steht jedoch zum Teil das Bedürfnis gegenüber, mit möglichst ähnlichen Menschen zusammenzuarbeiten. So sind einige Jugendliche gerade wegen des jüngeren Altersdurchschnittes und des ähnlichen Habitus in die Gruppe eingetreten. Ein Befragter kritisiert zudem, obwohl er prinzipiell für die Gleichberechtigung ist, die Frauenquote in seinem Jugendverband:

> [Ich] finde [es] insofern schwierig, dass viele Frauen und Mädchen in Posten gedrängt und verheizt werden, wenn man noch eine Frau braucht, um das Gremium vollzukriegen. (I-29)

Auch auf Ebene der Aktionsform können Widersprüche auftreten. Es zeigt sich, dass der Alltag der Engagierten in einem hohen Maß von Organisationsarbeit bestimmt wird. Daher beklagen einige Befragte, dass es mitunter zu wenig Zeit gebe, sich der eigentlichen politischen Arbeit zu widmen:

> Und wenn man dann mal wieder irgendwas am Organisieren ist, was sich über Wochen, Monate hinzieht, dann hat man halt mitunter keine Zeit, zu irgendwelchen anderen Veranstaltungen zu gehen oder so. (I-17)

Auch sehen einige die Gefahr von Erschöpfung durch das Übermaß an Organisationsarbeit: „Also wenn ich merke, dass ich mal wieder kurz vor dem Ausbrennen bin, dann muss ich halt einfach mal einen Gang runterschalten" (I-15).

Hierin äußert sich die Problematik, den Ressourcenaufwand, der für das Engagement betrieben wird, in einem angemessenen und zu bewältigenden Rahmen zu halten. Die dargelegten Herausforderungen scheinen nicht nur auf die befragten Jugendlichen beschränkt zu sein. Die Fragen nach Sexismus, dem Einsatz von Gewalt, effektiver antihierarchischer Organisation und dem Verhindern von Burnout werden als zentrale Themen des Diskurses innerhalb der Sozialen Bewegung beschrieben (Doherty et al. 2003: 681). Eben jene Debatten spiegeln sich auch in den Gruppen dieser Studie wider.

c)   Was hält die Jugendlichen in der Gruppe?

> Es könnte sicherlich vieles besser sein, wir könnten mehr sein, wir könnten viel mehr coole Aktionen machen, [...] aber wir tun halt das, was wir können, was wir leisten können, [...] es gab eigentlich nie einen Grund, die [Gruppe] zu verlassen. (I-6)

Die Jugendlichen machen in der Engagementpraxis viele positive Erfahrungen, die ihre Motivation und das Commitment bestärken, gleichzeitig stellen sie aber auch fest, dass nicht alle Ziele in der Gruppe problemlos umzusetzen sind. Daher bleibt abschließend die Frage zu klären, wie sie mit diesen Erfahrungen umgehen und sie gegeneinander abwägen.

Die überwiegende Mehrheit der Befragten verneint die Frage, ob sie schon einmal darüber nachgedacht hat, die Gruppe zu verlassen. Dabei berichten einige Befragte durchaus von Konflikten, doch werden die positiven Erfahrungen als bedeutender angesehen, wie das folgende Beispiel zeigt:

> Forscher: Und hattest du schon mal darüber nachgedacht die Gruppe zu verlassen, weil ihr […] zu viel Streit hattet?

> Interviewter: Nein. Auch nicht. Ich blühe da gerade ziemlich auf. […] [Die Gruppe] ist für mich meine Familie. (I-13)

Der Befragte macht deutlich, dass er die Gruppe aufgrund des Gemeinschaftsgefühls nicht verlassen möchte, obwohl es durchaus auch Konflikte in der Gruppe gibt. Eine andere Befragte bemerkt, dass zwei Fronten in ihrer Gruppe bestünden, aber dies „würde [ihr] dann schon im Herzen irgendwie wehtun, wenn die Gruppe dann so auseinandergerissen werden würde" (I-7). Sie habe deshalb „bis jetzt noch nicht den Gedanken gefasst, dass ich da in eine andere Gruppe wechseln würde" (I-7).

Nicht nur gruppeninterne Differenzen, sondern auch der hohe Arbeitsaufwand führten bei einem Befragten zur kritischen Reflexion des Gruppenengagements: „Man fragt sich halt immer, wenn man so einen krassen Aufwand hat, bei bestimmten Sachen, wo man quasi noch die Kraft herbekommt weiterzumachen". (I-28). Doch er fühlt sich „zu verantwortlich, um zu sagen: ‚Ich steig da jetzt aus'." (I-28). Dieses Argumentationsmuster lässt sich bei vielen der befragten Jugendlichen finden. Trotz eingestandener Schwierigkeiten mit der Gruppe wird das Engagement weiterhin aufrechterhalten aufgrund eines Gemeinschaftsgefühls und eines Gefühls der Verpflichtung gegenüber der Gruppe. Nur wenige Befragte denken über ein Verlassen der Gruppe nach. Auch sprechen diejenigen, die das Verlassen der Gruppe in Erwägung ziehen, nur von einem Wechsel der Gruppe, nicht jedoch von einem Ende des politischen Engagements.

Zusammenfassend lässt sich feststellen, dass die Interviewten versuchen, in der Gruppe ihre gesellschaftlichen und politischen Ideale umzusetzen. Dabei erleben sie Spaß an ihrer Tätigkeit, ein Gemeinschaftsgefühl und machen die Erfahrung von Selbstwirksamkeit. Gleichzeitig erkennen sie auch Grenzen bei der Umsetzung ihrer Ideale. Bei der Abwägung von positiven und negativen Seiten des Engagements in der Gruppe dominieren die bestärkenden Erfahrungen und Verpflichtungsgefühle gegenüber der Gruppe und den politischen Zielen. Dies begünstigt die Verfestigung und Aufrechterhaltung des politischen Engagements.

5.3.2   Vereinbarkeit von Engagement und Lebensalltag

Das vorangehende Kapitel hat das Engagement der Befragten im Kontext der Gruppe und der alltäglichen politischen Praxis analysiert. Dabei wurden sowohl bestärkende Erfahrungen als auch bestimmte Herausforderungen dargestellt. Das folgende Kapitel versucht nun, das Engagement in den Kontext des gesamten Lebensalltags einzuordnen. Dabei wird zum einen der Frage nachgegangen, welche Bedeutung das Engagement für das Leben der befragen Jugendlichen besitzt, wie sie ihre politische Tätigkeit in ihren Alltag integrieren und welche Wechselwirkungen es zwischen den Lebensbereichen gibt. Während also die vorangegangenen Kapitel vor allem darauf fokussiert waren zu analysieren, wie sich der Lebensverlauf auf die Entwicklung von Engagement auswirkt, wird hier gewissermaßen die entgegengesetzte Perspektive eingenommen und gefragt, welche Implikationen das Engagement für den Lebensverlauf des Individuums mit sich bringt. Des Weiteren wird untersucht, wie die Befragten ihr Engagement über die Zeit hinweg trotz eventuell auftretender Schwierigkeiten und desillusionierender Erfahrungen sowie Kollisionen mit anderen Lebensbereichen aufrechterhalten. Abschließend werden drei typische Handlungsoptionen herausgearbeitet, welche den Umgang der Jugendlichen mit den vielfältigen Anforderungen zwischen Engagement und Alltag prägen.

Auf den ersten Blick erscheint das Engagement neben den Lebensbereichen Familie, Schule bzw. Studium, Beruf und Freunden für die Befragten die Funktion eines Hobbys oder einer alternativen oder zusätzlichen Freizeitbeschäftigung zu erfüllen. Tatsächlich hat das Engagement einiges mit anderen Freizeitbeschäftigungen gemeinsam: Es wird regelmäßig und freiwillig betrieben, dient nicht dem Erwerb des Lebensunterhaltes und beeinflusst die Gestaltung der alltäglichen Lebensführung. Bei einer gründlicheren Analyse zeigt sich jedoch, dass das Engagement in seiner Bedeutung für die meisten Befragten weit darüber hinausgeht. So nimmt es Einfluss auf ihre allgemeinen Werte, ihre Weltsicht und das Selbstkonzept. Hierdurch wirkt es sich – zumindest bei einem Teil der Befragten – auf nahezu alle anderen Lebensbereiche wie etwa auf den Konsum, den Freundeskreis, die Berufswahl, aber auch auf die Prioritätensetzung und die zeitliche Organisation des Alltags sowie auf ihre Zukunftsperspektiven aus (vgl. Andrews 1991; Kiecolt 2000; Klandermans 1997: 109–113; McAdam 1989; Roth 2000).

Biografische Untersuchungen und Längsschnittstudien legen nahe, dass Aktivismus starke und anhaltende Effekte auf das spätere Leben hat und damit nicht allein als isolierte ‚rebellische Phase' in der Biografie anzusehen ist. So stellt etwa McAdams (1989) nicht nur eine erstaunliche Kontinuität bezüglich politischer Werte und Handlungsweisen im Leben von jenen Aktivisten fest, welche sich 1964 am Freedom-Summer-Projekt beteiligt hatten, sondern auch einen deutlichen

Einfluss auf die Entwicklung der Erwerbsbiografie, auf Partnerschaft und Familiensituation.

Für die meisten der hier befragten Jugendlichen ist das Engagement inzwischen integraler Bestandteil ihres Lebens. Dies wird unter anderem auch daran deutlich, dass die Interviewten, die ihr Engagement für kurze Zeit ausgesetzt hatten, etwa wegen des Umzugs in eine neue Stadt oder eines Auslandsaufenthalts, feststellten, dass ihnen ohne politisches Engagement etwas fehlte. Das Engagement ist bei den meisten Jugendlichen zu einer Grundhaltung geworden. Sie empfinden es inzwischen als moralische Notwendigkeit, sich in gesellschaftliche Prozesse einzumischen, ihre Meinung zu vertreten, sich für benachteiligte Gruppen einzusetzen und ihr eigenes Leben entsprechend sozialer und ökologischer Grundsätze zu gestalten. Ähnlich wie in der biografischen Untersuchung von Andrews (1991) kann damit festgestellt werden, dass die Aktivistinnen und Aktivisten mit der Zeit eine erhöhte Sensibilität für ihre soziale und politische Umwelt entwickeln. Sie nehmen Probleme in diesem Bereich stärker wahr und haben das Bedürfnis und die Kompetenzen dazu, mit kollektivem Handeln darauf zu reagieren. Je stärker eine Person politisiert ist, desto eher wird sie jede Situation oder Beziehung vor dem Hintergrund ihrer politischen Dimension interpretieren. Das politische Bewusstsein ist damit zentral für die Identität des Individuums geworden (Klandermans 1997: 112). In diesem Sinne ist politisches Engagement nicht nur etwas, das eine Person tut, sondern etwas, das eine Person *ist*, das ihrem Leben Bedeutung und Sinn verleiht (Andrews 1991: 164).

Die Auswertungen dieses Projekts zeigen, dass auch ein Großteil der Befragten dem politischen Engagement eine essenzielle Bedeutung für das eigene Leben zuweist. Dies verdeutlicht folgende Aussage einer Interviewpartnerin, die von der Interviewerin nach der Bedeutung des Engagements für sie als Person gefragt wird:

> Ich kann dem keine Bedeutung auf einer Skala beimessen, weil das an und für sich die größte Bedeutung ist, weil das damit zu tun hat, wie ich mich persönlich entwickle und was für ein Mensch ich bin und dadurch werde. Von daher ist das wahrscheinlich das Maßgeblichste, was ich tun kann in meinem Leben. (I-11)

Eine andere Interviewte beschreibt die Bedeutung des Engagements für ihr Leben folgendermaßen:

> [Das Engagement] gehört zu mir dazu, ist ein Teil meines Lebens. Ich mache das nicht, weil ich es machen will, sondern weil ich mir nicht vorstellen kann, es nicht zu machen. (I-24)

Aus dieser entscheidenden Bedeutung des Engagements folgt für viele Interviewte, dass die Grenzen zwischen Privatem, Politischem und Beruflichem mehr oder weniger stark verschwimmen. Dabei erfolgt die Abgrenzung einzelner Lebensbereiche insgesamt sehr individuell. Während einige etwa Beruf oder Studium mit dem Engagement verbinden, jedoch Privates und Freundeskreis strikt abtrennen, vermischen sich bei anderen vor allem Privates und Engagement und die Arbeit wird diesem Bereich diametral gegenübergestellt. Einige betrachten ihr Engagement als politische ‚Arbeit', andere sehen es eher als Freizeit an.

Dabei zeigt sich in den Erzählungen immer wieder, dass sowohl die Integrations- als auch die Abgrenzungsprozesse der verschiedenen Lebensbereiche mit Schwierigkeiten und Konflikten einhergehen. Offensichtlichstes Problem ist etwa die zeitliche Organisation der unterschiedlichen Aktivitäten. Eine weitere Schwierigkeit ergibt sich für viele Engagierte aus der Notwendigkeit, ab einem bestimmten Zeitpunkt selbst für den eigenen Lebensunterhalt sorgen zu müssen. Auch die mitunter widersprüchlichen Anforderungen, die von Familie, Freunden, Studium, Arbeit und Engagement an die Jugendlichen herangetragen werden, können zu Komplikationen führen. Diese sollen im Folgenden ausführlicher beschrieben werden.

a) Begrenzte zeitliche Ressourcen als Herausforderung

Persönliche Ressourcen stellen notwendige Voraussetzungen für die Ausübung von politischem Engagement dar. Neben ökonomischen sowie kulturellen und sozialen Ressourcen spielt die zeitliche Verfügbarkeit einer Person eine entscheidende Rolle. Die befragten Jugendlichen unterscheiden sich zum Teil sehr stark darin, wie viel Zeit sie durchschnittlich für ihr Engagement aufwenden. Hier reicht die Spanne von „pro Woche umgerechnet eine halbe Stunde" (I-36) bis hin zu „am Tag […] schon so drei, vier Stunden bestimmt […], und in den Semesterferien, wenn ich dann wirklich Zeit habe, ist es auch bedeutend mehr" (I-7).

Die meisten der Befragten geben an, viel Zeit in das Engagement zu investieren. Einige bezeichnen den Zeitaufwand auch als „viel zu groß" (I-2). In diesen Fällen nimmt das Engagement den überwiegenden Anteil der frei verfügbaren Zeit ein.

Ein Großteil der Interviewten befindet sich im Studium und besitzt damit den Vorteil einer relativ freien Zeiteinteilung. Trotzdem wird häufig von zeitlichen Schwierigkeiten berichtet. Insgesamt betrachtet werden die begrenzten zeitlichen Ressourcen als große Herausforderung innerhalb des Spannungsfelds zwischen politischem Engagement und Alltag angesehen. Dabei erweist es sich insbesondere als schwierig, die Balance zwischen den einzelnen Lebensbereichen zu halten. Diese ist den Befragten jedoch sehr wichtig und so müssen das Verhältnis zwischen Engagement, Studium, Arbeit und Freizeit immer wieder neu austariert und Prioritäten verschoben werden. Dazu gehört für die Interviewten auch, genügend Zeit für die eigene Erholung und die Pflege sozialer Kontakte einzuplanen. Dass dies nicht immer gelingt und Engagement in vielen Fällen eine deutliche zusätzliche zeitliche Belastung darstellt, zeigt etwa die Aussage einer Interviewpartnerin:

> Politische Arbeit [...] fängt bei mir an, wenn andere schlafen gehen, also, wenn andere mit Uni und so weiter fertig sind und ins Bett gehen, dann habe ich erst wirklich so Zeit dafür. (I-10)

Dennoch wird deutlich, dass selbst Interviewpartner und Interviewpartnerinnen, die das Engagement als wichtigsten Lebensbereich betrachten, diesem keine ausschließliche Dominanz einräumen wollen, denn:

> Es ist jetzt nicht so, dass man 24 Stunden Aktivist wäre, also, man geht halt auch ins Theater oder ins Kino oder was auch immer. (I-17)

Viele der Interviewten äußern das Bedürfnis, neben den politisch geprägten Aktivitäten und Netzwerken, Lebensbereiche zu haben, die gänzlich unpolitisch sind oder von dem Politischen abgegrenzt werden können. Beide Bereiche sind den Jugendlichen wichtig und müssen daher separat gepflegt werden:

> Ich möchte noch mein normales Leben haben und das politische [...]. Ich mache beides gerne [...] ich lese genauso gerne Karl Marx wie ich irgendwie eine Gossip-Zeitung lese oder so. (I-5)

Die ‚unpolitischen‘ Bereiche werden dabei als Erholung von der körperlich und vor allem psychisch als anstrengend empfundenen politischen Arbeit betrachtet. So berichtet einer der Interviewpartner, der sehr viel Zeit für seine politischen Aktivitäten aufwendet:

> Also wenn ich von meiner politischen Arbeit einen Ruhepol haben will, dann ist es eher so, dass ich mich zurückziehe, irgendeinen Filme sehe, Serien sehe, X-Box spiele oder so was. (I-15)

Ein anderer Befragter beschreibt dies folgendermaßen:

> Man will halt einfach in der freien Zeit, die man jenseits dessen hat, jetzt auf jeden Fall keine politische Bildung haben, sondern irgendwas anderes. Vielleicht irgendwas Künstlerisches oder halt ganz Profanes. Party. Was trinken. (I-17)

Die vorangehenden Ausführungen haben gezeigt, dass das in der Freizeit ausgeübte politische Engagement der Jugendlichen dazu führen kann, dass andere Funktionen dieses Lebensbereichs wie etwa die persönliche Regeneration oder die Aufrechterhaltung sozialer Netzwerke beeinträchtigt werden können. Durch die große zeitliche Belastung kann es jedoch auch in anderen Bereichen zu Beeinträchtigungen kommen. So berichten viele Befragte, dass sich ihr Studium durch das Engagement verzögert. Während einige hierin keinen Nachteil sehen, beschreiben andere, dadurch in Konflikt mit ihren Eltern zu geraten oder diesen gegenüber aufgrund der erhaltenen finanziellen Unterstützung ein schlechtes Gewissen zu haben.

b)   Engagement als Doppelbelastung

Doch nicht nur die zeitliche Organisation von Engagement und Studium sowie Ausbildung oder Berufstätigkeit ist mit Schwierigkeiten verbunden. Die Interviewten heben auch eine andere Form von Doppelbelastung hervor, wie im folgenden Auszug anschaulich beschrieben wird:

> Es ist schon eine Doppelbelastung, die man da hat. Das ist es natürlich auf der einen Seite, weil es viel Zeit erfordert, auf der anderen Seite aber auch, weil wir manchmal das Gefühl haben, wir leben wie so ein Doppelleben. Also eigentlich ist es ja immer so, wir – irgendwo wollen wir ja das System, in dem wir leben, weghaben oder anders haben. Wir müssen aber trotzdem hier irgendwie überleben. (I-7)

In ihrem Alltag sehen sich die Jugendlichen also zum Teil dazu gezwungen, nach Regeln zu leben, die sie eigentlich ablehnen und verändern möchten. Die empfundene Belastung, die aus der Vereinbarung von politischem Leben und den Anforderungen der Ausbildung bzw. Arbeitswelt entsteht, kann zu Erschöpfungs- oder Überlastungsgefühlen führen. Die meisten Interviewpartnerinnen und -partner achten daher darauf, sich genügend Auszeiten zu nehmen. Das angestrebte Ziel ist „eine gesunde Mischung zwischen Politik und Freizeit" (I-26). Einigen gelingt dies gut, anderen weniger wie z. B. dem folgenden Interviewpartner:

> Ich versuche noch, mir Zeit freizuhalten für noch andere Sachen, damit ich nicht nur [den] Kopf voll von [Engagement]-Sachen habe. Aber es funktioniert halt meistens nicht. Ich bin froh, wenn ich abends ein paar Stunden frei habe für mich. (I-28)

Diese Kollisionen von Engagement und anderen Lebensbereichen führen auch dazu, dass Prioritäten gesetzt werden müssen und manchmal eine Reduzierung des Engagements unausweichlich scheint. So erzählt der Interviewpartner weiter:

> Ich interessiere mich schon dafür, auch weiter Politik zu machen, aber ich muss halt selber auch für mich schauen, wie es aussieht und was ich leisten kann. Weil ich auch irgendwann mit meinem Studium jetzt demnächst mal fertig werden möchte. (I-28)

Ein weiterer Interviewter verbindet damit sogar die Perspektive des Ausstiegs aus dem Engagement, zumindest in seiner jetzigen aktionsorientierten Form, denn: „Ich glaube, auf die Dauer dieses Aktivistenmäßige ist einfach zu anstrengend." (I-8). Andere Jugendliche beschreiben, dass sie sich momentan von ihrem Arbeitspensum her ‚am Limit' fühlen, also maximal ausgelastet sind.

Zusammenfassend lässt sich sagen, dass es sich für viele Interviewte als schwierig erweist, die Balance zwischen den einzelnen Lebensbereichen zu halten. Füllt das Engagement einen zu großen Anteil der Freizeit aus, fällt es schwer, Freunde nicht zu vernachlässigen und genügend Zeit für die eigene Erholung zu haben. Doch auch mit dem eigenen beruflichen Werdegang kann es zu Kollisionen kommen, sowohl in zeitlicher Perspektive als auch in Hinsicht auf die unterschiedlichen Logiken und Anforderungen der verschiedenen Bereiche.

c)   Ökonomische Zwänge erschweren das Engagement

Die bislang herausgearbeiteten Schwierigkeiten bei der Einbettung des politischen Engagements in den Lebensalltag erweisen sich als besonders gravierend, je stärker für die Jugendlichen die Notwendigkeit besteht, selbst für ihren Lebensunterhalt aufzukommen. Im Allgemeinen wird die Notwendigkeit zur Erwerbsarbeit als inkompatibel zum Engagement angesehen, einige Interviewpartner betrachten aber auch die zukünftige Familie als Lebensbereich, der mit dem Engagement schwer zu vereinbaren sein könnte.[15] Interessanterweise wird Erwerbstätigkeit bei Erwachsenen in der Regel als eine Ressource für Engagement und Partizipation betrachtet, bei Jugendlichen an der Schwelle zum Erwachsenenalter verhindert Vollzeitarbeit Engagement jedoch eher (Oesterle et al. 2004). Eine Begründung sehen Oesterle et al. darin, dass die Rollenerwartungen im Beruf ebenso wie in der Familie für die Jugendlichen noch neu und daher besonders fordernd sind.

In der hier erhobenen Stichprobe wird deutlich, dass neben den zeitlichen Ressourcen vor allem ökonomische Zwänge zur Konfrontation von Engagement mit anderen Lebensbereichen führen. Es scheint, dass Engagement in erster Linie unter einigermaßen gesicherten finanziellen Verhältnissen möglich ist. So erhalten viele Interviewte finanzielle Unterstützung von ihren Eltern oder durch ein Stipendium, zum Teil ergänzt durch Nebenjobs. Sobald sich jedoch die Notwendigkeit ergibt, allein für den gesamten Lebensunterhalt aufzukommen, verringert sich das Engagement häufig notgedrungen. Dies impliziert, dass Jugendliche, deren Eltern sie nicht finanziell unterstützen (können) geringere Möglichkeiten haben, sich politisch zu engagieren. Dieses grundsätzliche Problem ungleicher Partizipationschancen aufgrund ungleicher Ressourcenverteilung wurde bereits vielfach dargelegt (vgl. z. B. Verba et al. 1995).

Eine Möglichkeit, diesem Konflikt zwischen Engagement und Erwerbsarbeit aus dem Weg zu gehen, ist der Versuch beides zu verbinden. Viele der Interviewten denken über solche Möglichkeiten nach oder haben damit sogar bereits Erfahrungen gemacht. Als Arbeitgeber kommen hierfür z. B. NGOs, Stiftungen, aber auch Parteien in Frage. Neben der Politik werden auch weitere Arbeitsfelder angesprochen wie Bildungsarbeit, Jugendarbeit oder helfende Berufe. Generell wird diese Verknüpfung von Arbeit und Engagement als positiv betrachtet, wie dies folgende Interviewpartnerin formuliert:

---

[15] Bisher hat keiner der Interviewten eigene Kinder.

Ich finde halt gut, dass ich es so mache. Also mit Sachen Geld verdienen – Sachen, wo ich auch dahinterstehe, die mich auch selber weiterbringen. (I-18)

Auch Arbeitserfahrungen im sozialen Bereich werden als nützlich für das politische Engagement empfunden. Diese Verbindung ist jedoch auch mit Problemen behaftet, da befürchtet wird, nicht mehr nur den *eigenen* Interessen und Wertvorstellungen folgen zu können, wenn Engagement und Arbeit sich überschneiden. Problematisch werden hier also wieder die bereits angesprochenen widersprüchlichen Anforderungen von wertegeleitetem Engagement und Erwerbsarbeit.

Noch weiter verbreitet, als eine Verknüpfung von Engagement und Arbeit, ist der Versuch, das Engagement in die private Lebensführung einfließen zu lassen, etwa in der Gestaltung von Beziehungen und Zusammenleben oder im Konsumverhalten. Beispiele sind das Leben in alternativen Hausprojekten, die Beteiligung an nichtkommerziellen Kulturangeboten, die Verringerung von Konsum durch Tauschen, Containern oder Do-it-yourself-Angebote. Hierbei wird die alltägliche Lebensgestaltung als ein Teilaspekt des Engagements betrachtet. Politisches Engagement wird dadurch zum „stetige[n] Prozess, sein eigenes Leben zu verändern" (I-4). Teilweise berichten die Interviewten jedoch auch davon, dass es mühsam sein kann, die eigenen Werte im Alltag umzusetzen. So erzählt etwa eine Interviewpartnerin, dass sie aufgrund ihres Engagements versucht, ihren Konsum von Kleidung zu reduzieren, dies jedoch nicht vollständig möglich sei:

Ich versuche jetzt auch, [...] dass ich an mir selber arbeite, gerade in Bezug auf Klamotten [...] Ja, es ist nicht so einfach. Also am Anfang habe ich es gar nicht hingekriegt [...] und so ganz ist es halt auch echt schwierig. (I-3)

d)   Zukunftsvorstellungen und die Bedeutung des Engagements

Die Zukunftsplanungen der meisten Jugendlichen bleiben äußerst vage. Dies liegt vermutlich auch daran, dass sich viele noch mitten im Studium befinden. Konkrete Entscheidungen stehen für die meisten zum aktuellen Zeitpunkt noch nicht an. Auch verweisen sie auf die vielen Unabwägbarkeiten des Arbeitsmarktes sowie ihrer privaten Entwicklung. Dennoch stehen die Jugendlichen ihrer Zukunft nicht planlos gegenüber und wägen bereits unterschiedliche Optionen ab. Die wenigen Jugendlichen, die zum Befragungszeitpunkt in einer Ausbildung stehen oder bereits einen Beruf ausüben, äußern klarere Zukunftspläne.

Die Unbestimmtheit bezüglich der beruflichen und privaten Zukunft geht mit einer Offenheit bezüglich des weiteren Verlaufs des Engagements einher. In vielen Fällen lehnen die Jugendlichen es ab, konkrete Pläne zu schmieden, da der Verlauf ihres Engagements vor allem von äußeren Faktoren abhänge:

Ich mache mir da keinen Plan, so einen großartigen. Es gibt schon so ein paar Sachen, die ich gerne machen würde, aber im Großen und Ganzen, denke ich, wird sich das daran auch ausrichten, wie sich halt das große Ganze verändert oder halt nicht verändert. (I-27)

Auch der folgende Interviewpartner macht sich keine konkreten Vorstellungen von der Zukunft seines Engagements. Er drückt jedoch die starke Hoffnung aus, dass er sein Engagement weiterhin aufrechterhalten kann – ein Wunsch, der von der Mehrzahl der Interviewten geäußert wird.

> Ich hoffe, dass mein Engagement weiterhin so stark ist. Ich hoffe es. Aber kann ich nicht sagen. In fünf Jahren! Ich weiß nicht mal – ich habe keine Ahnung, was morgen passiert. Deswegen habe ich keine Ahnung davon, was in fünf Jahren passiert. Und das will ich mir auch nicht vorstellen. Das ist verschenkte Energie, in meinen Augen. Über so was will ich nicht nachdenken. (I-12)

Bezüglich der Zukunftsvorstellungen bleibt also festzuhalten, dass für die meisten Jugendlichen vor allem feststeht, sich weiter engagieren zu wollen, die konkrete Form oder die Themen des Engagements sich jedoch durchaus noch verändern können. Dass sie ihr Engagement vollständig aufgeben oder dass ihre politischen Ansichten sich grundlegend ändern, können sich die Interviewten nicht vorstellen. Dennoch streben einige explizit eine Verschiebung ihrer Schwerpunkte im Engagement an oder gehen davon aus, dass sich dieses mit einer veränderten Lebenssituation automatisch wandeln wird. So spielen sie beispielsweise mit dem Gedanken, sich in Zukunft parteipolitisch zu beteiligen oder sich thematisch stärker zu spezialisieren. Andere dagegen fühlen sich in ihrer momentanen Gruppe fest verankert und möchten dort auch in Zukunft bleiben. Teilweise sind diese jedoch auch mit Altersgrenzen belegt oder erfordern den Studentenstatus, sodass ein Austritt in näherer Zukunft unvermeidlich ist.

Die soziale Verankerung spielt neben dem Wunsch, die politischen Ziele umzusetzen und der Befriedigung, die sie daraus ableiten, sich für die eigenen Werte eingesetzt zu haben, eine entscheidende Rolle für den starken Wunsch nach Aufrechterhaltung des Engagements. Folgender Interviewpartner sieht auch die übernommene Verantwortung in der Gruppe als Grund, sich in nächster Zeit nicht aus dem Engagement zurückzuziehen, sondern sich eher verstärkt einzubringen:

> Ich werde natürlich immer zur Verfügung stehen für [die Partei] und für [die Gruppe], um irgendwas zu machen. Ich habe ja jetzt auch Vorstandsverantwortung. Ich kann mir gut vorstellen, dass das in den nächsten Jahren noch ein bisschen mehr wird. (I-29)

Generell lässt sich jedoch bei vielen Befragten die Tendenz beobachten, sich bezüglich der Zukunft viele Optionen offenhalten zu wollen, denn „mit jedem Weg, den man in eine Richtung geht, verbaut man sich ja auch einen anderen" (I-1).

e) Politisches Engagement als Lebensform? – drei Möglichkeiten der Verbindung von Engagement und Alltag

In den vorangehenden Abschnitten wurde deutlich, dass politisches Engagement, wie es von den hier befragten Jugendlichen verstanden und praktiziert wird, weit mehr als ein normales Hobby ist. Gerade aus dieser hervorgehobenen Bedeutung ergibt sich eine Vielzahl möglicher Konflikte mit anderen Lebensbereichen. Die Umgangsweise der Jugendlichen mit diesen Herausforderungen ist sehr unterschiedlich. Insgesamt lassen sich drei Möglichkeiten identifizieren, wie die Jugendlichen die verschiedenen Anforderungen aus Studium/Beruf und Engagement handhaben. Diese werden im Folgenden beschrieben als Koexistenz, Kollision und Integration.

(1) *Koexistenz:* Bei der ersten Handlungsoption existieren Beruf bzw. Studium sowie weitere Lebensbereiche und das Engagement weitgehend unverbunden nebeneinander. Sowohl hinsichtlich der verfolgten Ziele als auch bezüglich der beteiligten Personen gibt es kaum Überschneidungen zwischen den Bereichen. Sie beeinträchtigen sich jedoch auch nicht gegenseitig. Das Engagement ist für diese Interviewten nicht der entscheidendste Lebensbereich; anderen Bereichen wird klar der Vorrang eingeräumt. Hiermit geht häufig die Perspektive einher, dass das Engagement in Zukunft, wenn sich mit dem Ende des Studiums die Prioritäten noch weiter verschieben und die zeitlichen Ressourcen knapper werden, verstärkt ‚nebenbei' betrieben werden soll. Zwar sehen auch diese Interviewten das Engagement als wichtig an, dennoch leiten sie davon nicht unbedingt eine alternative Lebensweise ab. Die Motivlage ist bei diesem Typ vor allem durch den Spaß an der Tätigkeit selbst, die soziale Komponente des Engagements sowie das Erreichen konkreter, kurzfristiger Ziele geprägt.

(2) *Kollision:* Bei diesem Typus wird insbesondere der Bereich der Erwerbsarbeit als grundsätzlich inkompatibel zum Engagement wahrgenommen. Es kommt daher zu wiederkehrenden Konflikten zwischen den Bereichen, die sowohl die zeitliche Prioritätensetzung als auch die Ebene der persönlichen Werte und Ziele berühren. Aus dieser Kollision ziehen die Befragten in der Regel die Konsequenz, einen Bereich zugunsten des anderen zu vernachlässigen. Entweder wird das Engagement in seiner Intensität und Bedeutsamkeit für das Individuum reduziert und die Jugendlichen wechseln damit zur ersten Handlungsoption oder sie räumen dem Engagement den Vorrang ein. Die Arbeit wird dann häufig nur noch als notwendige Tätigkeit für den eigenen Lebensunterhalt begriffen und nicht mehr unbedingt als ein Bereich, in welchem persönliche Weiterentwicklung und Selbstverwirklichung angestrebt werden. Diese Ziele werden vollständig auf das Engagement und den privaten Bereich verlagert.

(3) *Integration:* Bei dieser Option sehen die Jugendlichen Engagement und den Bereich der Erwerbsarbeit nicht zwingend als inkompatibel an und versuchen daher beides miteinander zu vereinen. Das Engagement hat dadurch prägenden

Einfluss auf fast alle anderen Lebensbereiche und wird somit zur Lebensform. Damit wollen die Interviewten durch ihre Lebensweise eine Vorbildfunktion einnehmen. Die politischen Ziele sind hier häufig abstrakter und langfristiger angelegt und die Motivlage außerdem stark durch den Wunsch nach persönlicher Weiterentwicklung und Umsetzung persönlicher Werte im Alltag geprägt. Dies wird einerseits von den Befragten als befriedigend empfunden, weil es hierdurch möglich ist, sich auch in Beruf und Privatleben konsistent zu den politischen Wertvorstellungen zu verhalten. Andererseits wird gerade dieses Bedürfnis nicht immer erfüllt, da im Erwerbsleben bestimmte Regeln und Hierarchien zu beachten sind, die eine Orientierung an ausschließlich persönlichen Werten und Vorlieben verhindern. Auch kann die fehlende Abgrenzung der einzelnen Lebensbereiche dazu führen, dass das Engagement – ursprünglich eine Freizeittätigkeit – vermehrt als Arbeit empfunden wird. Die Person hat dadurch in gewissem Sinne auch außerhalb der Arbeitszeit nicht *frei* und empfindet dies möglicherweise als aufreibend und kräftezehrend. Auch aus diesem Grund möchten die Befragten sich und ihr Engagement immer wieder reflektieren, um sicher zu gehen, dass dies noch ihren aktuellen Interessen, Bedürfnissen und Werten entspricht. Auch die Gruppe und die eigene Identifikation mit ihr werden dabei immer wieder auf den Prüfstand gestellt. Interessanterweise zeigt sich bei diesem Typ zwar häufig ein sehr hohes Commitment bezüglich des Engagements und der zugrunde liegenden Überzeugung, jedoch nur eine verhältnismäßig geringe Bindung an die jeweilige konkrete Gruppe.

Die drei vorgestellten Handlungsoptionen im Umgang mit dem Spannungsfeld Engagement und Alltag verteilen sich in etwa gleichmäßig über die erhobene Stichprobe. Teilweise zeigen sich im biografischen Verlauf auch Wechsel zwischen den Handlungsmustern. So ist etwa bei folgendem Interviewpartner eine Entwicklung von einem anfangs sehr breiten, umfassenden Engagement hin zu einer Fokussierung und Reduzierung zu beobachten:

> Also von diesem kindlichen ‚Ich will gern überall mitmachen' habe ich mich einfach ein bisschen gesetzt und kann mich jetzt konzentrieren auf das, was ich jetzt möchte, und das, was ich halt denke, da anbringen, wo es hilfreich ist. (I-23)

Darüber hinaus ist die Unterscheidung zwischen den drei Optionen insofern nicht trennscharf, als sich alle Interviewpartner als politisch denkende Menschen verstehen, d. h. dass sie ihr Handeln unter politischen Gesichtspunkten reflektieren. Auch für die ‚Teilzeitaktivisten' ist ihr Engagement daher mehr als ein bloßes ‚Hobby' und auch jene, die ihr Engagement als Lebensform begreifen, nehmen sich regelmäßig unpolitische Auszeiten.

5.3.3 Konfrontationserfahrungen im Engagement

Zu den prägenden Erfahrungen, die von den Interviewten beschrieben werden, zählen unter anderem Konfrontationserfahrungen, die sie im Laufe ihres Engagements und teilweise bereits davor erlebt haben. Zwei Bereiche bilden einen deutlichen Schwerpunkt in den Berichten der Befragten: Gewalterfahrungen mit der Polizei und Konfrontationen mit Nazis. In einigen wenigen Fällen werden auch gewaltsame Auseinandersetzungen innerhalb der linken Szene angesprochen. Dabei bildet vor allem der Israel-Palästina-Konflikt einen Brennpunkt der immer wieder Auslöser für starke Kontroversen bis hin zu körperlichen Auseinandersetzungen sein kann. Im Vergleich zu den beiden zuvor genannten Kontexten spielen gewaltsame Erfahrungen im linken Spektrum in den Erzählungen der Interviewpartnerinnen und Interviewpartner aber nur eine untergeordnete Rolle. Die Frage, ob und wenn ja, in welcher Weise Konfrontationserfahrungen einen Einfluss auf die Ausrichtung des Engagements der Jugendlichen haben, soll im Folgenden daher näher an den beschriebenen Kontakten mit Polizisten und der rechten Szene untersucht werden.

Bereits in Kap. 4.2.3 wurden die Einstellungen der Jugendlichen gegenüber Gewalt analysiert. Dabei konnten drei wesentliche Tendenzen herausgestellt werden:

1) die von nur wenigen Befragten geäußerte Befürwortung von Gewalt, die fast ausschließlich auf Gewalt gegen Sachen bezogen ist.

2) eine deutliche Ablehnung von Gewalt, die teilweise von moralischen Bedenken, überwiegend aber von rationalen Kosten-Nutzen-Abwägungen getragen wird.

3) eine bedingte Befürwortung von Gewalt, die der größte Teil der Befragten mit unterschiedlichen Schwerpunkten und Begründungsmustern auf die ein oder andere Art und Weise äußert.

Diese Gewalteinstellungen sind aber nicht ohne Weiteres einfach vorhanden. Sie setzen sich aus einer Vielzahl von selbst erlebten oder aus berichteten Erfahrungen zusammen und sind damit Ergebnis sozialen Lernens (Heitmeyer 1989: 23). Die persönliche Positionierung der Interviewten gegenüber Gewalt als möglicher Handlungsstrategie basiert damit in erster Linie auf diesen beschriebenen Tendenzen, kann aber nicht ohne eine weitere Betrachtung der jeweiligen konkreten Konfrontationserfahrungen verstanden werden, da diese auf die Einstellungen zur Gewalt wesentlich zurückwirken. An dieser Stelle wird daher untersucht, welche Erlebnisse die Befragten beschrieben haben und in welcher Form sich die während des Engagements gemachten Erfahrungen auf die Positionierung gegenüber Gewalt und damit auch auf die Formgebung des weiteren Handelns auswirken.

a)   Konfrontationserfahrungen mit politischen Gegnern

Bei den Konfrontationserfahrungen mit politischen Gegnern bildet die Gewalt, die
von Nazis ausgeht, als wahrgenommene Bedrohung bei den linksaffinen Jugendlichen einen eindeutigen Schwerpunkt. In vielen Fällen erweist sich diese Form der
Konfrontationsgewalt sogar als ein Bindeglied zwischen verschiedenen Stadien des
Engagements. Während Erfahrungen mit rechter Gewalt bei einigen Jugendlichen
noch vor dem eigentlichen Eintritt in das aktive Engagement liegen und sogar
ausschlaggebend für den Einstieg in eine gesellschaftspolitisch aktive Gruppe sein
können, gehören sie später für fast alle Befragten zum Alltag des linken Engagements in irgendeiner Form dazu. Ein großer Teil der Interviewten, vor allem aus
ländlichen oder kleinstädtischen Gebieten, hat bereits eigene Erfahrungen mit
rechter Gewalt gemacht, andere berichten von Erzählungen aus ihrem Freundes-
und Bekanntenkreis, die von gewalttätigen Übergriffen von Nazis handeln. Die
Jugendlichen beschreiben auch indirekt vermittelte Erfahrungen, die in ihrer Ein-
drücklichkeit eine ähnlich starke Prägung wie selbst erfahrene Gewalt zu haben
scheinen. Die beiden folgenden Interviewpartner schildern beispielsweise Überfälle
auf Veranstaltungen, von denen Freunde ihnen berichtet haben:

> […] aber erst letztes Jahr sind halt sechs Nazis bei einem Freund von mir auf eine
> Party eingefallen, durch die verschlossene Tür, und haben dann die Wohnung
> aufgemischt. (I-23)

> Freunde von mir hatten eine Veranstaltung gemacht, in einer Kleinstadt. […] Und
> die waren so sechs Leute und dann sind 20 Nazis gekommen, haben die mit Fla-
> schen und Steinen angegriffen. Und das war in so einem Hinterhof. Und die ha-
> ben sich halt wirklich gewehrt […]. Die haben alles genommen, was sie hatten,
> und die Nazis damit beschmissen, damit sie nicht reinkommen. Weil sonst hätten
> die das Zentrum zerstört und die Leute, die da Schutz gesucht haben. […] also die
> Leute hatten Todesangst. (I-18)

Gegendemonstrationen und Blockaden bei Naziaufmärschen bilden ebenso wie
das Aufeinandertreffen bei weitergehenden antifaschistischen Aktionen in vielen
Fällen einen Rahmen für Konfrontationsgewalt zwischen linken und rechten
Gruppierungen. Auch im Sample dieser Studie werden vor allem solche Ereignisse
als ausschlaggebende und prägende Momente genannt. Allerdings gehen die Be-
drohungskontexte auch weit über Demonstrationen und den Rahmen des konkreten politischen Engagements hinaus. Gewalt durch Nazis stellt damit für einen Teil
der Befragten eine dauerhafte Bedrohung im Alltag dar:

> Na ja, und so Bedrohungsszenarien von rechten Schlägertypen in irgendwelchen
> öffentlichen Verkehrsmitteln oder so was, und ich kenne Leute, da ist das nicht so
> gut ausgegangen. (I-17)

Also im Internet gab es auch ein Foto von mir. Also es wurde ein Foto von mir veröffentlicht weil ich ja noch im Vorstand war und ich habe dann mitbekommen, dass auf Naziseiten das Foto von mir veröffentlicht wurde. Nach dem Motto: ‚Der ist ein linker Aktivist'. (I-20)

Diese Erfahrungen, die als einschneidend wahrgenommen werden, haben gemeinsam mit den bereits vor dem eigentlichen Engagement liegenden Erlebnissen mit rechter Gewalt entscheidenden Einfluss auf die Einstiegswege in das Engagement, die Wahl bestimmter Gruppen und die Ausrichtung von Aktivitäten innerhalb des Engagements. Für einen Großteil der Befragten bildet rechte Gewalt eine Konfliktlinie, die sich durch die gesamte persönliche und politische Entwicklung hindurchzieht. Dieses dauerhafte Bedrohungsszenario lässt der Thematik ein besonderes Gewicht zukommen. Wut, Ohnmacht und Empörung sind dabei zentrale Antriebsfaktoren, die zusätzlich durch die Wahrnehmung verstärkt werden, dass der Staat, also Politik, Justiz und Polizei, der rechten Gewalt keine ausreichenden Maßnahmen entgegensetzt. Hier wird in großen Teilen ein Staatsversagen unterstellt. Wie auch die beiden folgenden Interviewpartner, stellen mehrere Befragte dabei das staatliche Vorgehen gegen rechte und linke Aktivitäten gegenüber. Teilweise reicht die Kritik sogar so weit, dass das Handeln des Staates bis hin zu einer Parteinahme für das rechte Spektrum interpretiert wird, das linken Protest im Verhältnis zu rechten Meinungsäußerungen kriminalisiere:

Gleichmacherei: Linksextremismus gleich Rechtsextremismus, heißt: Massenblockaden sind genauso verurteilenswert wie wenn Neonazis irgendwen zusammenprügeln, im Endeffekt sozusagen, also es kommt einem manchmal so vor. Gerade jetzt wurde – zwei Wochen nachdem Tim aus dem Bündnis […] verurteilt wurde, wurde ein Neonazi, der schon jemanden umgebracht hat, wegen schwerer Körperverletzung verurteilt, zu 21 Monaten Haft. Und ein Antifaschist, der zu einer friedlichen Blockade aufgerufen hat und durch ein Megafon drei Worte gesagt hat, sitzt 22 Monate ein. Das ist einfach so eine Sache. (I-24)

Man hat es die letzten Jahre über so versucht halt, die Nazi-Aufmärsche durchzuprügeln. Oder im Vorfeld wurden schon quasi Gegenproteste kriminalisiert, wurden Internetseiten abgeschaltet. […] An dem Tag, wo gegen Nazi-Aufmärsche demonstriert wurde oder blockiert wurde, gab es schon Hausdurchsuchungen. […] Ja, und natürlich ganz klar so irgendwie so was wie ein Hausprojekt wird von 250 Nazis angegriffen und zwei Wochen später haben sie eine Hausdurchsuchung. Also, was ist denn das für ein politisches Signal? (I-27)

Insbesondere die Wahrnehmung mangelnden staatlichen Handelns wirkt sich im Zusammenspiel mit Wut und Empörung in der Konsequenz nicht nur auf die Einstellungen gegenüber Gewalt, sondern auch auf die Ausrichtung des eigenen Handelns und die Ausgestaltung des eigenen Engagements aus. Das Gefühl, dass der Staat nicht darum bemüht ist, rechte Gewalt gezielt zu bekämpfen und auch ganz konkret die Sicherheit der Interviewten zu gewährleisten, lässt für diese die

Relevanz ihres politischen Engagements besonders deutlich werden und führt darüber hinaus auch dazu, dass Gewalt als Teil dieses Handelns verstanden werden kann, sofern es keine Alternativen gibt, um sich oder andere zu schützen und gegen rechte Gewalt vorzugehen:

> Ich finde nochmal so eine Gegengewalt ist auf jeden Fall auch diskussionswürdig also [...] zum Beispiel, wenn man einen Naziangriff hat und sich dagegen wehren muss, damit die nicht näher kommen, damit man körperliches Wohl hat, das finde ich natürlich, das ist total in Ordnung weil – na ja sonst kommen die halt und greifen dich persönlich an. Und ich finde auch, dass Leute – ich meine was sollen die auch machen, wenn du angegriffen wirst: Entweder du rennst weg, aber das geht ganz oft nicht – und ich finde es dann auch in Ordnung zu versuchen, dass die andere Person damit aufhört. (I-18)

An dieser Stelle wird deutlich, dass die Gewalterfahrungen mit Nazis die Grundlage für eine *bedingte Legitimation von Gewalt* bieten können. Der Notwehrbegriff wird in Zusammenhang mit Konfrontationserfahrungen mit politischen Gegnern noch weit häufiger genannt als im Zusammenhang mit Polizisten. Hier werden fast ausschließlich Situationen beschrieben, die teils existenziellen Charakter haben und die Anwendung von Gewalt zur Wahrung der eigenen körperlichen Unversehrtheit erforderlich erscheinen lassen – auch dann, wenn ursprünglich kein Vorsatz zur Gewaltanwendung bestanden hat. Ein Interviewpartner macht in diesem Zusammenhang etwa deutlich, dass Gewalt nicht zu seinem üblichen Handlungsrepertoire zählt, er diese aber als Form der Notwehr unter Umständen als ultima ratio in Erwägung zieht:

> Also ich habe von mir aus einfach kein Interesse, irgendjemandem Gewalt anzutun. Aber wenn man halt in eine bestimmte Situation kommt, wo nichts anderes hilft, wenn man selber angegangen wird und Gefahr läuft, irgendwie verletzt zu werden oder in eine Situation zu kommen, aus der man nicht mehr rauskommt, dann ist es manchmal auch das letzte Mittel. (I-28)

Ein anderer Befragter beschreibt die Entwicklung seiner Haltung zu Gewalt als Konsequenz wiederholter Gewalterfahrungen folgendermaßen:

> Na ja, es hat mich, denke ich, radikalisiert. So, ich weiß nicht, am Anfang fand ich halt irgendwie Gewalt total doof und aber als mir dann immer mehr Gewalt angetan wurde für Nichtigkeiten, wurde ich halt auch immer bereiter, mich zu verteidigen. Also sei es jetzt von Seiten der Polizei, sei es von Nazis. Das wurde mir immer plausibler, warum eben in [ostdeutsche Großstadt] die Gruppen dazu aufrufen, den antifaschistischen Selbstschutz zu organisieren oder halt Nazis zu boxen. Das wurde mir halt immer plausibler. Davor fand ich das doof. Da war ich der Meinung, man müsste doch argumentieren mit denen. Und das hat sich dann halt auch geändert. Einfach, denke ich, auch aufgrund dieser Erfahrungen. (I-27)

Eine Radikalisierung, wie sie der Interviewpartner im vorangehenden Zitat beschreibt, entwickelt sich dabei aus den Erfahrungen, die die Jugendlichen im Laufe ihres Engagements mit Konfrontationen gemacht haben. Die bedingte Legitimation von Gewalt bildet in diesem Kontextbereich den Schwerpunkt unter den Äußerungen der Befragten. Eine deutliche Ablehnung von Gewalt gegen Nazis wird angesichts der als besonders dauerhaft und massiv empfundenen Bedrohung kaum geäußert. In fast allen Fällen wird Notwehr hier als einschränkende Variable genannt und erfährt eine durchgängig breite Unterstützung. Gleichzeitig wird eine Befürwortung von Gewalt gegen Nazis abgelehnt oder zumindest nicht explizit geäußert. Die Legitimation der Ausübung von Gewalt im Rahmen des Engagements bleibt hier auf wehrhaftes Verhalten beschränkt. Gezielte Körperverletzungen von Nazis und der mögliche instrumentelle Einsatz von Gewalt gegen die rechte Szene findet im vorliegenden Sample keine Erwähnung. Als Bedingung für die Legitimation von gewaltsamen Handlungen steht der Selbstschutz im Vordergrund. Dabei kann es zu einer Radikalisierung wie im eben beschriebenen Fall kommen, genauso finden sich aber auch Berichte über einen Rückgang der Gewaltbereitschaft, der sich von einer früher bestehenden Befürwortung von gewaltsamen Aktionen hin zum Bereich der bedingten Legitimation von Gewalt als Notwehr abgeschwächt hat:

> [...] also halt wirklich diese absolute Abkehr von Gewalt, das ist zwei, drei Jahre her oder so was. Aber damals mit 14, 15 fand ich das alles super. Und mit 16, 17 auch noch. Und erst irgendwie so im Erwachsenenalter hat sich das dann wieder zurückgenommen. Ich habe damals auch niemanden angegriffen, aber wenn es zur Sache ging, war ich gerne mit dabei. Mittlerweile ist [Gewalt] für mich, wenn überhaupt, notwendiges Übel, wenn es darum geht, sich selbst zu schützen. Aber ich habe da auch kein Spaß dran. Also ich habe da auch keinen Spaß dran, wenn ich jetzt mich abends mit irgendeinem Nazi rumwampsen muss, weil er mir eins auf die Nase hauen will. Also das macht mir keinen Spaß. Und das möchte ich auch nicht. (I-23)

Die niedrigste Schwelle, die bei einem Rückgang der Gewaltbereitschaft wie in diesem Fall erreicht wird, ist im Bereich der Konfrontationsgewalt mit politischen Gegnern eher im Bereich der bedingten Legitimation angesiedelt. Anders als etwa bei Konfrontationen mit der Polizei, die neben den Gewalterfahrungen mit Nazis zu den prägendsten und am häufigsten erwähnten Ereignissen während der aktiven Phase des Engagements zählen. In diesem Erfahrungskontext lassen sich breiter differenzierte Formen der Gewalteinstellungen in unterschiedlichen Ausprägungen finden.

b)   Konfrontationserfahrungen mit der Polizei

Bei den befragten Jugendlichen bestehen fast durchgängig entweder eigene Erfahrungen mit der Polizei oder aber sie berufen sich auch hier auf Erzählungen über
konfrontative Ereignisse von Dritten. Beide Aspekte sind, wie schon im Falle der
Konfrontationsgewalt mit Nazis, von Interesse, da auch die Einstellungen und das
Verhalten gegenüber der Polizei sowohl durch eigene Erfahrungen als auch durch
indirekte und von anderen vermittelte Erfahrungen geprägt werden können
(Oberwittler et al. 2014: 35).

Die Anlässe, bei denen es zu gewaltsamen Auseinandersetzungen mit Polizisten kommt, finden sich dabei mehrheitlich im Rahmen von Demonstrationen und
Protestmärschen oder bei Aktionen des zivilen Ungehorsams. Besonders häufig
werden Blockaden von Routen rechter Demonstrationszüge genannt, bei denen es
zu einem Einschreiten der Polizei gekommen ist. Diese Kontexte bilden die
Schwerpunkte in den Erzählungen der Jugendlichen. Darüber hinaus waren es aber
teilweise auch kapitalismus- und globalisierungskritische Proteste, in einigen wenigen Fällen auch Aktionen im Kontext der Flüchtlingshilfe, die zu Konfrontationssituationen mit der Polizei geführt haben. Die Anlässe stehen dabei durchaus in
einem Bezug zur Stärke der Konfrontationserfahrungen. Während es bei Aktionen
wie Informations- oder Bildungsveranstaltungen eher zur friedlichen Zusammenarbeit mit der Polizei im Rahmen von organisatorischen Aufgaben kommt und
Gewalt dabei kaum eine Rolle spielt, werden Anti-Nazi-Demonstrationen, Aktionen der Flüchtlingshilfe oder Blockaden mit starken konfrontativen Auseinandersetzungen in Verbindung gebracht, wie etwa dem Einsatz von Reizgas, Wasserwer-
fern und Schlagstöcken. Dazwischen lassen sich teilweise kapitalismuskritische
Demonstrationen verorten, die meist im Zusammenhang mit Demütigungen durch
Polizeibeamte, mit der Einkesselung von Demonstranten, verschärften Personen-
kontrollen oder der Ziehung von Bannmeilen verbunden werden.

Die Wahrnehmung dieser Ereignisse durch die Interviewten kann dabei sehr
unterschiedlich sein. Auch vergleichsweise geringe Repression, wie sie in unserem
Sample in einigen Fällen etwa in Form einer Durchsuchung von Fahrzeugen bzw.
dem Festhalten in Bussen auf dem Weg zu Großdemonstrationen beschrieben
wurde, kann große Empörung und heftigen Widerstand hervorrufen, wenn sie von
den Beteiligten als willkürlich aufgefasst wird (vgl. Neidhardt 1989: 239).

Entscheidend für die Bewertung solcher Situationen ist vor allem die Frage
danach, ob eine repressive Vorgehensweise bzw. eine Gewaltanwendung als legitim
empfunden wird (vgl. Willems 1992: 219). Die durch Polizeibeamte verübte Gewalt
wird dabei von den Befragten fast durchgängig als unverhältnismäßig wahrgenommen. Einerseits wird die Legitimität der Gewaltanwendung an sich in Frage gestellt,
andererseits wird die Stärke der Repressionsausübung in den meisten Fällen auch
unabhängig von der Legitimitätsfrage als nicht angemessen beschrieben. Diese

Einschätzung äußern auch zwei Interviewpartner, die sich völlig ungerechtfertigt harter Gewaltausübung seitens der Polizei ausgesetzt sahen:

> Ja, weil da war wirklich eine Unverhältnismäßigkeit. Ich saß da, wurde herausgezogen, und als sie mich hatten, habe ich gesagt: ‚Hey, Leute, ich komm mit.' Und dann haben sie noch mehr angezogen. Also, als ich mich schon gefügt habe, haben die halt noch härter zugehauen. (I-26)

> Also ich habe nichts gemacht, ich habe – In ihren Augen habe ich natürlich schon was gemacht, dass ich probiert habe eine Bullenkette zu durchbrechen, aber ich habe keinen – keine Bullen aktiv angegriffen, habe halt trotzdem dann eine Ladung voll Pfefferspray gefressen. (I-15)

Inwieweit das tatsächliche Handeln der Konfliktbeteiligten ausschlaggebend ist und die subjektive Interpretation eines bestimmten Verhaltens die Bewertungen der Interviewten beeinflusst, lässt sich im Rahmen der Interviews nicht feststellen. Es ist aber davon auszugehen, dass Perzeptions- und Interpretationsprozesse sowohl das Erleben einer bestimmten Konfrontationssituation als auch die nachträgliche Beschreibung und Einordnung in hohem Maße beeinflussen. Auch wenn es dabei zu einer verzerrten Wahrnehmung oder Darstellung der Situationen auf Seiten der Gesprächspartner kommen sollte, bilden diese dennoch die Grundlage für Einstellungsmuster gegenüber der Polizei bzw. für eventuelle Verhaltensweisen bei zukünftigen Ereignissen und sind daher im Rahmen dieser Analyse, unabhängig von objektiven Sachverhalten, von großem Interesse. Ein Zusammenhang der anschaulich auch im sogenannten Thomas Theorem[16] (Thomas, Thomas 1928) beschrieben wird. Demnach spielt es keine Rolle, ob die subjektiven Ansichten und Vermutungen richtig sind oder nicht. Vielmehr ist entscheidend, dass im Anschluss an eine solche subjektive Situationsdefinition Folgen für das ‚reale' Handeln der Personen entstehen (Esser 1999: 63). So löst das in den beschriebenen Konfrontationssituationen wahrgenommene Ungerechtigkeitsempfinden bei vielen der Befragten sowohl in der konkreten Situation als auch in der nachträglichen Bewertung der Ereignisse starke Gefühle von Wut und Ohnmacht aus. Wie prägend solche Erfahrungen sein können, beschreibt dieser Interviewpartner:

> Also zum Beispiel, ich bin in den letzten drei Jahren nach [Stadt] gefahren, zu der Anti-Nazi-Kundgebung. [...] und allein was man dann vor Ort mitbekommt, wie Leute einfach, wie normale Demonstranten einfach grundlos verprügelt werden von Polizisten, das bewegt einen stark. Und da kriege ich dann große Wut irgendwie. Wenn man das dann so direkt miterlebt. Also das finde ich, solche Erfahrungen prägen einen auch. Finde ich. (I-20)

---

[16] Die Originalformulierung lautet: „If men define situations as real, they are real in their consequences." (Thomas, Thomas 1928: 572).

Dieses Zusammenspiel aus der Wahrnehmung von unverhältnismäßigem Vorgehen der Polizei und die daraus entstehenden Gefühle von Wut und Ohnmacht lassen bei den Befragten Ungerechtigkeitsempfindungen entstehen, die ein starkes Leitmotiv in den Aussagen der Jugendlichen bilden. Die bedingte Legitimation von Gewalt kann auf Grundlage dieser Emotionen durchaus begünstigt werden. Auch dabei bleibt allerdings der Notwehrbegriff zentral und wird in das Zentrum der Argumentationen gestellt, die Gewalt unter bestimmten Bedingungen als Teil des Engagements legitimieren sollen:

> Hm, sagen wir es mal so: Ich bin zu oft von Polizisten verprügelt worden, [als] dass ich irgendwie noch einsehe, warum man sich nicht auch ab und zu mal wehren sollte. (I-30)

Die Empörung der Jugendlichen geht dabei auch über die reine körperliche Gewalt hinaus und bezieht sich in Teilen auch auf Einschränkungen der Versammlungs- oder Bewegungsfreiheit, die genauso als massive Repression empfunden werden und für die Jugendlichen den situativen Rahmen der Demonstration überschreiten, etwa wenn sie sich an der Ausübung ihrer Grundrechte gehindert sehen. Auch diese Wahrnehmung kann eine bedingte Legitimation von Gewalt fördern oder, wie im Folgenden beschrieben, zu einer Radikalisierung innerhalb des Engagements führen:

> Und jetzt würde ich auch sagen, dass sich das schon ein Stück weit radikalisiert hat, also einfach auch durch Erfahrungen, die man auf Demonstrationen gemacht hat. Also, dass man dann eben doch mal gekesselt wurde oder auch mal einen Stock von der Polizei abbekommen hat, das sind schon prägende Ereignisse, wo man dann auch merkt: O.k., irgendwie wird eine Meinung da doch auf irgendeine Art und Weise unterdrückt. (I-7)

Das mögliche Fehlverhalten der Polizei wird dabei von einigen Jugendlichen als Verrat der staatlichen Institutionen an ihren eigenen demokratischen Regeln verstanden (vgl. della Porta 2002: 489), wodurch sie die Notwendigkeit gegeben sehen, sich gegen dieses Verhalten – notfalls auch mit Gewalt – zur Wehr zu setzen. Dies begünstigt nicht nur die bedingte Legitimation von Gewalt, sondern bestärkt auch ganz allgemein das Engagement und die Fortführung der gesellschaftspolitischen Aktivitäten. Mehrere Befragte haben diese bestärkende Wirkung als Konsequenz aus ihren Erfahrungen mit der Polizei beschrieben:

> Ja, auf jeden Fall bestärkt, aber man lernt auch daraus. Man muss das mit sich ausmachen, ob man jetzt unbedingt in der ersten Reihe sein muss und dann höchstwahrscheinlich was abbekommt. Also, muss man dann für sich ausmachen. Aber das hat jetzt nicht so einen Einfluss gehabt, dass ich jetzt dachte, nee ich habe jetzt keinen Bock mehr oder so. Eigentlich eher bestärkt. (I-20)

Das sind dann halt auch Erfahrungen, die man sammelt, die einen auch prägen. Also das hat man dann auch im Kopf, wenn man irgendwelche Sachen sieht. Und das macht einen schon ein bisschen wütend. Und das bestärkt einen auch noch irgendwie mehr, sich weiter zu engagieren, finde ich. (I-20)

Ach, das hat das nur gestärkt. Das hat das sozusagen bestärkt und dem in einer Weise auch Recht gegeben, weil wir so ernst genommen wurden von der Polizei, dass eigentlich klar war, dass das in einer Weise eine große Berechtigung hat. (I-11)

Diese Emotionen als Resultat eines massiven Vorgehens von Seiten der Polizei, welche sich aus einzelnen Erfahrungen der Befragten speisen, bilden damit die Grundlage für eine Verfestigung und in gewissem Umfang auch für eine potentielle Radikalisierung innerhalb des Engagements. Oftmals kommen hier situative Momente mit grundsätzlichen Fragestellungen zum Gewaltmonopol des Staates zusammen, welche gemeinsam dem beschriebenen Ohnmachtsgefühl den Anlass bieten, die eigene Zurückhaltung in konfrontativen Situationen aufzugeben:

Und wenn ich sehe, dass ein Polizist, wie letztens in [Stadt] passiert, eine junge Frau angreift und – weiß nicht ein Polizist mit 95 Kilo Gewicht sich auf ein 50 Kilo Mädel stürzt und sie einfach am Rucksack festhält und nach hinten zum Boden zieht, dann sehe ich es einfach auch als meine Pflicht an, den Polizisten da zurecht zu weisen. Ob das nun verbal oder körperlich ist. Um das Mädchen dann da weg zu bekommen, weil das ist einfach unverhältnismäßige Härte. Sie war halt auf einer Demonstration und hat nicht irgendwie, keine Ahnung, eine Bank überfallen oder einen Fußgänger überfahren. Und da einzugreifen und zu intervenieren, finde ich, gehört zur Zivilcourage wie sie auch von Gauck, Merkel und so weiter gefordert wird. (I-23)

Oder ich weiß nicht, ich hatte vor ein paar Monaten, dass ich irgendwo bei einer Demo war und da wurde ein Demonstrant eine Straßenkreuzung weiter ins Koma geprügelt von zwei PolizistInnen und die Nazis sind einfach marschiert, man konnte einfach nichts machen an dem Tag und die Polizei war einfach richtig, richtig krass. Die haben das einfach durchgeprügelt. Und das macht schon, also man ist nach so einem Tag einfach fertig, weil man einfach so die Machtlosigkeit auch spürt. […] Und das ist irgendwie – das macht voll wütend und das sind auch so Punkte, die einen auf jeden Fall radikalisieren. (I-18)

Bei vielen Jugendlichen entwickelt sich auf Grundlage dieser Erfahrungen eine Art Metakonflikt, der sich etwa auf die Einschätzung der Demokratie und ihrer Teilhabemöglichkeiten auswirkt (vgl. Kap. 4.1.1). Als Exekutivorgan des Staates handelt die Polizei nach den Grundsätzen und Gesetzen, die durch die Politik und die staatlichen Institutionen vorgegeben werden. Hier schließt sich für viele der Kreis zwischen den politischen Entscheidungsprozessen auf der einen Seite und Repression und Gewaltausübung durch den Staat auf der anderen Seite. Viele fassen letztere als Reaktion auf ihr politisches Engagement auf. Deutlich wird zudem, dass das Vertrauen in die Polizei und ihre Aufgaben unter dem Einfluss der Konfrontationserfahrungen der Jugendlichen stark gelitten hat:

> Mein Hass auf die Polizei wird auch einfach größer. Also weil, man macht einfach super krasse Erfahrungen und ich finde man kann das auch Leuten erzählen, aber Leute, die das nicht selber erlebt haben oder noch nie selber in Konflikt geraten sind mit der Polizei, sagen entweder: ‚Ich glaub dir das nicht' oder ‚Du übertreibst doch'. Aber ich habe schon Sachen – oder Leute haben mir Sachen erzählt oder ich habe Sachen auf Videos gesehen von PolizistInnen, wo – also ein paar krasse Sachen, wo ich irgendwie denke: Was ist denn mit der Polizei los? Ich würde schon sagen, also ich hatte auch schon Situationen, wo ich überlegt habe: Rufe ich jetzt die Polizei oder rufe ich sie nicht? Weil ich wusste, dass ich mich nicht auf die verlassen kann. (I-18)

> Das hat natürlich durchaus dafür gesorgt, das Gewaltmonopol des Staates zu hinterfragen, weil also, bis heute ist von mir nie Gewalt ausgegangen. Zumindest nicht gegen Personen. Und trotzdem habe ich mehr als nur einmal die Faust des Gesetzes zu spüren bekommen. (I-15)

> Ja, und, wie immer, aber auch bei ganz vielen Leuten hilft es einfach auch im übertragenen Sinne, von der Polizei auf die Fresse zu kriegen. Also das hilft immer ganz gut, Leute davon zu überzeugen, dass die Staatsmacht lange nicht unfehlbar ist und in meinen Augen eben schon lange keine Legitimität mehr hat. (I-15)

Eine ganz konkrete Auswirkung auf das Engagement besteht darin, dass so auch eine mögliche Zusammenarbeit zwischen den Gruppen und der Polizei erschwert wird. Im Rahmen von Organisationsaufgaben bei Veranstaltungen, der Anmeldung und Genehmigung von Demonstrationszügen oder in ganz konkreten Konfliktsituationen, bei denen es um eine Deeskalationsunterstützung gehen könnte, ist die Zusammenarbeit mit der Polizei oftmals eine notwendige Voraussetzung, um überhaupt den Fortgang oder das Zustandekommen einer Veranstaltung gewährleisten zu können. Aus ihren Konfrontationserfahrungen resultiert für einige Befragte aber viel eher eine gestörte Kommunikation mit der Polizei. Ein Interviewpartner beschreibt als Konsequenz eine Entwicklung, die dazu geführt hat, dass er eine Zusammenarbeit mit der Polizei auf der Grundlage seiner Erfahrungen für sich ausschließt:

> Das war auf jeden Fall insofern ein einschneidender Moment, dass ich inzwischen nicht mehr versuche auf Demos konstruktiv zu diskutieren. Also ich knalle denen immer noch entgegen, wenn sie gesetzeswidrig handeln. Das kommt immer wieder irgendwie. Also auch auf Dienstvorschriften hinweisen, was zum Beispiel Räumungen angeht. Also, dass es im Abstand von 15 Minuten drei Aufforderungen geben muss. Das sagt man immer noch, aber da wird echt nicht mehr diskutiert. Also das ist insofern auf jeden Fall einschneidend, als dass ich nicht mehr meine, dass man konstruktiv mit Polizisten reden kann. (I-5)

Bei aller Empörung über das als unverhältnismäßig und teilweise brutal wahrgenommene Verhalten der Polizei, finden sich in mehreren Erzählungen aber auch differenzierte Aussagen über Polizisten, die eine eher ausgewogene Haltung der Befragten deutlich werden lassen. Eine pauschale Feindprojektion auf Polizisten findet in diesen Fällen nicht statt. Vielmehr lassen sie ein Bewusstsein für die Eskalationsdynamiken auf beiden Seiten erkennen, wie sie etwa für expressive Gewaltausbrüche bei Demonstrationen typisch sind. Gleichzeitig sind keine durchweg positiven Äußerungen zur Polizei zu finden. Die einschränkenden und differenzierten Äußerungen werden immer auch mit der Beschreibung negativer Erfahrungen und Einstellungen gegenüber der Polizei verbunden. Sie vermeiden aber einseitige Schuldzuweisungen:

> Ich glaube, dass sich das auf beiden Seiten polarisiert. Weil die sich immer gegenseitig, man ja so ein Schutzding aufbaut und ich hab halt selber auch keine besonders tolle Einstellung zur Polizei, weil ich die ganzen Leute kenne, die da negativ in Berührung – mitgemacht haben. Und weil man auch Vorurteile gegenüber Polizisten hat, auf jeden Fall. Dieser Mechanismus, wie sich das gegenseitig, also wie sich das immer innerhalb der Gruppen so verstärkt, ohne dass man jetzt eine also nicht konfrontative Begegnung jemals gehabt hätte. (I-3)

> Also, […] die Polizei oder Polizisten sind nicht meine Hauptfeinde. Ich fahre nirgendwo hin, nur um mich jetzt mit Polizisten zu prügeln oder auseinanderzusetzen. (I-30)

> […] nämlich bei den einen Demos laufen halt vorne fünf Reihen von übelsten Brechern, die halt die ganze Zeit so ein Zeug schreien wie: ‚Schlagt den Bullen die Schädeldecke ein.' […] Und das war für mich so ein bisschen, ich weiß nicht, nicht nur menschenverachtend, sondern auch politisch halt nicht gerade sehr versiert, diese Menschen. (I-36)

Die Befürwortung von Gewalt gegen Polizisten als strategisches Mittel findet im gesamten Sample keine Erwähnung. Instrumentelle Gewalt gegen Sachen im Zusammenhang mit Polizeieinsätzen, also z. B. das in Brand setzen von Polizeiwagen, wird von Teilen des Samples als Form der bedingten Legitimation von Gewalt unterstützt.

Ein Teil der Interviewten beschreibt anstelle von Aggression und Wut aber auch Angst und Einschüchterung als Ergebnis polizeilicher Repression. Bei diesen Jugendlichen besteht etwa die Sorge vor beruflichen Nachteilen oder rechtlichen Konsequenzen, die ihr späteres Leben durch Vermerke in Führungszeugnissen oder Vorstrafen beeinträchtigen könnten. Aber auch die Angst vor gesundheitlichen Schäden und körperlichen Einschränkungen durch unkontrollierte Polizeigewalt ist für einige der Befragten sehr präsent, wie die folgenden Interviewpassagen zeigen:

Ich muss aber auch ehrlich sagen, dass ich da noch nicht, ich bin noch nicht schmerzfrei, also ich hatte auch wirklich die Hosen voll in Frankfurt. Da sind andere viel abgehärteter als ich und ich hab da auch schon Schiss. Teilweise, weil ich das noch nicht so oft erlebt habe und man rechnet damit einfach nicht. Also ich war, ich sage das jetzt mal, eine unbescholtene Bürgerin. Ich habe nie irgendwie mir was zu Schulden kommen lassen und wenn du dann plötzlich Kontakt kriegst mit der Polizei. Du glaubst es gar nicht. Also die ‚Polizei - dein Freund und Helfer' und in Zwischenzeit werde ich halt nervös, wenn ich eine größere Gruppe Polizisten sehe. (I-4)

Was ich halt merke ist, dass ich jetzt relativ schlecht nur noch mit Polizisten kommunizieren kann. Also, ich merke halt, dass ich zittrig werde, oder relativ schon anfange zu zittern, wenn ich die sehe, auch im Alltag oder so, weil ich eigentlich immer irgendwas Schlimmes erwarte. (I-17)

Also es ist nicht so, dass ich immer wieder danach dachte so: ‚Ja, jetzt erst recht'. Sondern dass es einen auch einschüchtert und dass es einem auch Angst macht. Und dass es einen auch irgendwie verletzt. Und natürlich auch bei Dingen, wo man in einen gesetzlichen Konflikt kommt, ja, natürlich auch dazu kommen kann, dass man strafverfolgt wird oder so. Und dann sich einfach nicht mehr so politisch engagieren kann. Oder erst mal nicht mehr engagieren kann, weil man Gefahr läuft, irgendwie verurteilt zu werden, für irgendwas. Und das dann auch auf das weitere Leben irgendwie Einfluss nehmen kann. Und auch die Möglichkeiten dort irgendwie, ja, selbstbestimmt zu leben oder nach den eigenen Bedürfnissen zu leben. Oder Möglichkeiten wahrzunehmen im Beruf oder irgendwie so. (I-37)

Die deutliche Ablehnung von Gewalt gründet in manchen Fällen durchaus auf einer gewachsenen inneren Überzeugung. Tatsächlich liegt sie häufig aber auch in der beschriebenen Furcht vor etwaigen Konsequenzen begründet, die bei einigen Befragten sogar zu einem Rückzug aus bestimmten Aktivitäten und einer Hinwendung zu einer passiveren Haltung innerhalb des Engagements führt. Eine besonders drastische Schilderung dazu findet sich in der Beschreibung dieses Interviewpartners:

Also ich finde diese repressiven Zustände, gerade wenn man da keinen guten sozialen Rückhalt hat, führen die eher zu einer Passivität. Und ich glaube, also so ungerne man das wahrhaben will, aber ich glaube, wenn staatliche oder andere Stellen ihre – mehr auf Gewalt noch setzen würden, dann könnten sie auch noch wesentlich mehr Protest unterdrücken und viele Leute in die Passivität drängen, weil das eigentlich kaum Leute irgendwie ertragen oder – ich kenne halt auch Menschen, die – oder eine Person jetzt im Speziellen, na ja zwei Personen kenne ich, die ist – da war sie noch relativ jung – bei dieser großen G8-Demo von vorbeilaufenden Polizisten in so einer Seitenstraße halt aufs Pflaster geworfen und zusammengetreten worden und musste dann ein Vierteljahr oder so an Krücken laufen. Und die traut sich eigentlich bis heute auf keine Demo, es sei denn, dass die wirklich, also so ganz flauschig ist und man weiß, dass da auf keinen Fall irgendwas passieren wird oder so. Aber – ja die kriegt dann halt Panikzustände, also auch gegenüber jetzt – also wenn man halt diese richtigen Polizeistellungen hat, mit Wasserwerfer und übelst vermummt und so, also das kann die nicht mehr ab. (I-17)

Die Konfrontationserfahrungen mit der Polizei gehören demnach, neben den Gewalterfahrungen mit Nazis, zu den prägendsten Ereignissen, die von Teilnehmerinnen und Teilnehmern der Studie berichtet werden. Die Konsequenzen, die sich daraus für das Engagement ergeben, gehen weit über die Beeinflussung der Einstellungen zur Gewalt hinaus und beeinträchtigen in hohem Maße auch die Gesamtwahrnehmung staatlichen Handelns.

c)   Die Bewältigung von Konfrontationserfahrungen

Die Aussagen der Jugendlichen machen deutlich, dass die Konfrontationserfahrungen, die die Interviewten bislang erlebt haben, teilweise weitreichende Konsequenzen für die weitere Ausrichtung ihres Engagements haben. Im Wesentlichen lassen sich dabei drei Tendenzen erkennen: entweder führen die Erfahrungen (1) zu einer Bestärkung des Engagements oder aber sie bewirken (2) entgegengesetzt, dass es zu einem Rückgang oder zu bestimmten Einschränkungen der Aktivitäten kommt. Bei einem beträchtlichen Teil führen sie aber auch (3) zu ambivalenten Positionierungen, die sehr unterschiedliche Auswirkungen haben können.

Die Mehrheit der Befragten fühlt sich durch die persönlichen Gewalterfahrungen und die dadurch ausgelösten Emotionen, vor allem durch das Erleben von Ohnmacht und Ungerechtigkeitsempfindungen, in ihrem Engagement bestärkt. Für viele wird gerade dadurch deutlich, dass das Engagement eine besondere Relevanz besitzt, um den erfahrenen Ungerechtigkeiten entgegenzutreten. Dies ist besonders häufig im Zusammenspiel von Konfrontationserfahrungen mit Nazis und Polizisten und Polizistinnen der Fall, etwa bei Blockadeaktionen gegen Nazi-Demonstrationen. Im Selbstverständnis der Jugendlichen wird beispielsweise der Aktivismus gegen rechte Ideologien, deren Auswirkungen sie selbst oder Menschen in ihrem Umfeld erlebt haben, als durchweg positiv bewertet. Dazu werden häufig auch die mögliche Teilnahme an Blockaden und der eventuelle Einsatz gewaltförmiger Mittel im Extremfall gezählt. Angesichts mangelnden staatlichen Vorgehens gegen rechte Gruppierungen wird das Engagement sogar als zwingend erforderlich empfunden. Demgegenüber stehen in der Wahrnehmung der Jugendlichen dann oftmals Polizei und Staat, welche zum einen überhaupt erst die Genehmigung für rechte Demonstrationen und Versammlungen erteilen, und zum anderen deren Durchführung teilweise eben auch unter Anwendung gewaltförmiger Mittel gewährleisten. Dabei kommt es in vielen Fällen zu Konfrontationserfahrungen zwischen linksaffinen Jugendlichen und der Polizei. Die Jugendlichen fühlen sich hier vom Staat im Stich gelassen und in ihrem (z. B. antifaschistischen) Engagement behindert. Die eigene Gewaltausübung gegen Polizisten wird dabei als Notwehr

beurteilt, welche zu einem Bestandteil des Engagements wird, ohne dass sie von
vornherein als strategisches Mittel von den Interviewten intendiert gewesen ist.
Damit geht zudem ein stetiger Vertrauensverlust in die Polizei als Institution
einher. Dieser Mechanismus greift vor allem zu Beginn des politischen Engagements, wenn die Jugendlichen zum ersten Mal mit der Staatsgewalt in Konflikt
geraten. In vielen Engagementverläufen wird deutlich, dass hierbei eine zeitliche
Beziehung zur jeweiligen Engagementphase besteht. So ist zu beobachten, dass
insbesondere bei Jugendlichen, die sich erst seit kurzem in einer Phase des aktiven
politischen Engagements befinden, Gewalterfahrungen mit der Polizei zu einer
Bestärkung im Engagement führen. Auch wenn sie zuvor von ausnahmslos gewalt-
losem Vorgehen überzeugt waren, realisieren sie innerhalb ihrer politischen Tätigkeit, dass sie wiederholt konfrontativen Auseinandersetzungen ausgesetzt sind, die
unter bestimmten Bedingungen auch eine eigene Gewaltausübung erforderlich
machen können. Die Konfrontationserfahrungen innerhalb einer solchen Orientierungsphase können sich dabei als ausschlaggebend für eine Veränderung der persönlichen Positionierung gegenüber Gewalt erweisen.

Demgegenüber äußern Engagierte, die bereits über einen längeren Zeitraum
politisch aktiv gewesen sind und dabei bereits ausgiebige Erfahrungen mit Polizeigewalt gemacht haben, ihr Engagement dort eher einzuschränken, wo gewaltsame
Auseinandersetzungen potenziell zu erwarten sind. Zu vermuten ist, dass hier auch
die entsprechende Lebensphase, in der sich die Interviewten befinden, von Bedeutung ist. Stehen sie etwa kurz vor dem Übergang ins Berufsleben oder vor der
Gründung einer Familie, werden die Konsequenzen eines gewaltsamen Handelns
sorgsamer abgewogen, da sie negative Auswirkungen auf die Zukunftsplanung mit
sich bringen könnten. Eine differenzierte Sichtweise auf polizeiliches Handeln und
ein Bewusstsein für situative Eskalationsdynamiken auf beiden Seiten ist eher bei
den erfahreneren Befragten zu erkennen. Dabei könnte man von einer Revisionsphase hinsichtlich der eigenen Positionierung als Konsequenz auf eine Reihe von
gewaltsamen Konfrontationserfahrungen sprechen.

Ein statisches ‚Feindbild Polizei' existiert demzufolge im vorliegenden Sample
ausdrücklich nicht. Vielmehr wird deutlich, dass die Jugendlichen in den meisten
Fällen eher unbedarft in ihr Engagement eintreten, ohne besondere Erfahrungen
mit der Polizei gemacht zu haben. Zu Beginn der aktiven Phase und im Laufe des
Engagements entwickeln sich auf der Grundlage der erlebten Konfrontationserfahrungen aber deutliche Vertrauensverluste, Vorurteile und Feindbilder. Während
diese sich bei einigen Interviewten dauerhaft verfestigen, lösen sie sich bei anderen
im Verlauf des Engagements wieder auf. In beiden Fällen ist die Konfrontationsgewalt aber kein Selbstzweck, sondern wird zu einer Art Nebeneffekt des politischen Engagements.

Es kann jedoch in der Konsequenz genauso auch zu einer Ausweitung des
gewaltlosen Engagements kommen, etwa um die Effektivität dieses friedlichen

Vorgehens zu beweisen, das Bild einer gewalttätigen linken ‚Chaostruppe' in der Öffentlichkeit zu vermeiden und um das gewaltsame Vorgehen von Polizei oder Nazis zu delegitimieren. Teilweise wird sogar die Wahl der Gruppe in den direkten Bezug zu einer bewussten Gewaltvermeidungsstrategie gestellt.

Bei einem beträchtlichen Teil der Befragten zeigt sich, dass die Gewalterfahrungen keine eindeutigen Konsequenzen für den weiteren Verlauf des Engagements haben. Hieraus können zwar radikalere Gewalteinstellungen resultieren, die auch geäußert werden, aber nicht zwingend eine Konsequenz für das tatsächliche Handeln der Befragten haben. Bei einzelnen Jugendlichen zeigen sich außerdem sogar innerhalb des Interviews sehr ambivalente Positionen, die keine klaren Rückschlüsse auf die Auswirkungen auf das Engagement zulassen.

An dieser Stelle erweist sich der erneute Rückblick auf die Einstellungen gegenüber Gewalt (Kap. 4.2.3) als hilfreich. Fasst man die analysierten Einstellungen mit der Untersuchung der einzelnen Konfrontationserfahrungen während des Engagements zusammen, so wird deutlich, dass etwa diejenigen, die sich innerhalb des Samples am ehesten von Gewalt distanzieren, am wenigsten selbst konkrete Gewalterfahrungen erlebt haben. Sie meiden meist auch Situationen, die gewaltsam verlaufen könnten und haben zudem weniger Kontakt mit Menschen, die direkt von Gewalt betroffen sind oder Konfrontationserlebnisse aus der Vergangenheit zu berichten haben. Bei dieser Gruppe sind demzufolge auch keine relevanten Auswirkungen auf den weiteren Engagementverlauf zu erwarten. Die Interviewten, die Gewalt bedingt oder auch klar befürworten, standen dagegen auch am ehesten unter einem konkreten situativen Handlungsdruck, weil sie selbst massive Gewalterfahrungen mit der Polizei oder mit der rechten Szene gemacht haben oder sich diesen weiterhin ausgesetzt sehen.

Zusammenfassend lässt sich feststellen, dass es offenbar fließende Übergänge zwischen den Konfrontationserfahrungen, den Gewalteinstellungen und den daraus resultierenden Konsequenzen für das Engagement gibt, die je nach Fall komplexen Wechselwirkungen unterliegen. Während in der Orientierungsphase, also zu Beginn des aktiven Engagements, oftmals noch eine deutliche Ablehnung von Gewalt bei den Befragten erkennbar ist, verschiebt sich diese Haltung in vielen Fällen, basierend auf der Ausweitung selbst erlebter Konfrontationserfahrungen, hin zu einer bedingten Legitimation von Gewalt, teilweise bis zu einer Befürwortung von Gewalt unter bestimmten Bedingungen. Diese Entwicklung verläuft aber weder zwangsläufig noch linear. Einige Befragte, die kaum dem Kontakt zu gewaltsamen Ereignissen ausgesetzt sind, bleiben dauerhaft in der Kategorie der deutlichen Gewaltablehnung. Andere Befragte, die konkrete eigene Erfahrungen und Bezüge zu einem Umfeld haben, das von Konfrontationserfahrungen betroffen ist, finden sich dagegen im Laufe ihres Engagements in einer der beiden darauffolgenden Kategorien wieder. Ein Teil der Befragten durchläuft aber auch eine Revisionsphase und wendet sich von der Befürwortung zur Gewalt hin zu einer erneuten deutlichen Ablehnung. Es handelt sich also um komplexe und von vielen unterschiedlichen Faktoren abhängige Wechselwirkungen, welche nicht pauschal zu fassen sind. Klar feststellen lässt sich dagegen, dass innerhalb des hier vorliegenden Samples Gewalt in keinem Fall als Selbstzweck angewendet wird. Vielmehr erscheint sie als reaktive Nebenerscheinung des Engagements, die jedoch unverkennbar auch von polizeilichem Verhalten beeinflusst wird. Die Tatsache, dass die Mehrheit der Befragten ohne Vorbehalte gegen die Polizei in die Engagementphase eingetreten ist und sich erst danach Feindbilder und negative Bewertungen entwickelt haben, lässt deutlich werden, in welchem Maße polizeiliches Vorgehen hier eine Rolle spielt.

Interessant ist zudem die Feststellung, dass Konfrontationserfahrungen, die in der Regel im Rahmen situativer Eskalationsspiralen bei Demonstrationen oder Großereignissen erlebt werden, in beträchtlichem Umfang zu einem Metakonflikt beitragen, bei welchem staatliches Handeln insgesamt einer negativen Bewertung unterworfen wird. Die Konfrontationserfahrungen während des Engagements bilden damit einen zentralen Einflussbereich ab, der nicht nur Auswirkungen auf die Einstellungen der Befragten, sondern auch auf die Ausrichtung ihres Engagements mit sich bringt.

6 Zusammenfassung und Diskussion

Die vorliegende Arbeit hat eine bestimmte Form politischen Engagements zum Forschungsgegenstand gemacht: ein Engagement, das durch selbstorganisierte Strukturen und eine gewisse Distanz zu traditionellen politischen Akteuren charakterisiert ist, das sich durch die Verwendung unkonventioneller, direkter Aktionsformen auszeichnet und das sich eher im linken politischen Spektrum verortet. Leitend waren dabei zwei zentrale Fragestellungen. Zum einen wurde untersucht, welches Selbst- und Gesellschaftsverständnis linksorientierte jugendliche Akteure vertreten und wie sie dies in ihrem politischen Handeln umsetzen. Zum anderen wurde gefragt, wie es dazu kam, dass sich die Jugendlichen politisch engagiert haben und wie sich ihr Engagement im biografischen Verlauf verändert hat. Im Vordergrund standen bezüglich beider Fragekomplexe die subjektiven Erfahrungen, Sichtweisen und Interpretationen der Jugendlichen.

Dies spiegelte sich in der methodischen Herangehensweise wider: In erster Linie wurden qualitative Interviews durchgeführt, die den Jugendlichen Gelegenheit geben sollten, darzulegen, wie sie selbst die gesellschaftliche Situation einschätzen, welche Kritik sie äußern, wie sie ihr eigenes Engagement wahrnehmen und begründen. Die Ergebnisse der Studie stellen somit keine Daten über Merkmale und tatsächliche Lebensverläufe linksaffiner Jugendlicher zur Verfügung, sondern müssen als *Rekonstruktion individueller Engagementverläufe, Sinnkonzepte, Identitäten und Gesellschaftsbilder* verstanden werden.

Die zentralen Ergebnisse sollen im Folgenden noch einmal zusammenfassend dargestellt, in einen theoretischen Kontext gerückt und interpretiert werden. Darüber hinaus wird gefragt, welche praktischen Konsequenzen sich aus dieser Arbeit ergeben könnten, etwa für Bildungsangebote und Partizipationsmöglichkeiten.

6.1 Wer sind und was wollen die engagierten linksaffinen Jugendlichen?

Dieser grundlegenden Frage nach dem Selbstverständnis der engagierten Jugendlichen hat sich die Studie aus verschiedenen Perspektiven genähert. So wurde analysiert, welches Verhältnis die Befragten zum politischen System einnehmen, welche Gesellschaftskritik sie zur Grundlage ihres Engagements machen, aber auch wie sie sich innerhalb des politischen Spektrums verorten. Neben diesen Aspekten der politischen Orientierung wurde ausführlich dargelegt, wie die Jugendlichen ihr politisches Handeln reflektieren, welche Aktionsformen sie befürworten und welche Ziele sie damit umsetzen wollen.

Dabei hat sich gezeigt, dass die Frage nicht einheitlich beantwortet werden kann. Es gibt keine homogene kollektive Identität engagierter linksaffiner Jugendlicher, die sich durch feste ideologische Überzeugungen oder einen konkreten Handlungsrahmen charakterisieren ließe. Vielmehr kann festgehalten werden, dass sich die Jugendlichen untereinander sehr stark in ihren Ansichten und Aktionsformen unterscheiden und dass im biografischen Verlauf auch intraindividuell große Veränderungen auftreten können. Somit haben sich die politischen Orientierungen keinesfalls als festgelegt, starr oder dogmatisch herausgestellt, sie unterliegen stattdessen einem permanenten Reflexions- und Wandlungsprozess, der sowohl von den praktischen Erfahrungen im Engagement, als auch durch theoretische Beschäftigung und Diskussionen beeinflusst wird.

a)   Kritische Distanz zur parlamentarischen Demokratie

Die These einer wachsenden Distanz von Jugendlichen zur Politik, wie sie immer wieder in verschiedenen sozialwissenschaftlichen Untersuchungen der letzten Jahre in unterschiedlichster Form vertreten wird (vgl. Niedermayer 2006; Roller et al. 2006), lässt sich zumindest für die hier befragten linksaffinen Jugendlichen nicht ohne Weiteres bestätigen. Die Aussagen zum Verhältnis der Befragten zu Parteien, Demokratie und Staat lassen vielmehr deutlich werden, dass eine grundsätzlich hohe Unterstützung für die demokratische Idee als grundlegendes politisches Ordnungsprinzip besteht. Eine starke Unzufriedenheit wird jedoch in den Bewertungen des tatsächlichen Handelns und der Strukturen der politischen Institutionen, von Parteien und Justiz deutlich. Den traditionellen Instanzen des politischen Systems wird nur eine geringe Integrität zugeschrieben. Die Fähigkeit zur Lösung der akuten gesellschaftlichen Probleme und Krisen wird ihnen weitgehend abgesprochen. Dabei rückt auch das kapitalistische Wirtschaftssystem, in den Vordergrund, dessen Auswüchse durch die politischen Vertreter aus Sicht der Jugendlichen nicht kontrolliert werden können. Dazu bedarf es nach ihrer Vorstellung anderer Lösungsmöglichkeiten oder gar alternativer Konzepte des wirtschaftlichen und gesellschaftlichen Zusammenlebens.

b)   Ungleichheit, Ökonomisierung, Herrschaft und Entpolitisierung als Dimensionen einer linksaffinen Systemkritik

Eine Gemeinsamkeit der Jugendlichen ist ihre kritische Perspektive auf die Gesellschaft, welche die Grundlage für ihr Engagement bildet. Auch wenn sich die inhaltlichen Schwerpunktsetzungen der verschiedenen politischen Gruppen, aber auch der einzelnen Interviewten zum Teil deutlich unterscheiden, haben sich doch vier zentrale Dimensionen der Gesellschaftskritik herauskristallisiert, die sich in fast allen Interviews identifizieren lassen.

Ein zentraler und am häufigsten genannter Bezugspunkt der Gesellschaftskritik ist Ungerechtigkeit. Diese beziehen die Jugendlichen vor allem auf die ungleiche Verteilung von Ressourcen und Chancen in der Gesellschaft. Zweiter Bezugspunkt ist der wahrgenommene Trend einer Ökonomisierung aller Lebensbereiche. Hierunter verstehen die Jugendlichen eine Vernachlässigung menschlicher Bedürfnisse zugunsten von Kosten-Nutzen-Überlegungen, die Ausrichtung an Konkurrenz statt an Solidarität und die Überbetonung des Leistungsprinzips. Besonders stark kritisieren sie diese wahrgenommenen Entwicklungen mit Bezug auf die psychischen Auswirkungen auf die Menschen. Als dritter Bezugspunkt kann die Kritik an Herrschaftsverhältnissen und hierarchischen Strukturen betrachtet werden. Die vierte Kritikdimension bezieht sich auf die als unzureichend wahrgenommene Bewältigung gesellschaftlicher Krisen und Risiken. Diese reichen von der Finanzkrise und dem Klimawandel über internationale Konflikte bis hin zu Hungersnöten und Wasserknappheit.

Häufig werden diese Dimensionen der Gesellschaftskritik von den Interviewten nicht als getrennt voneinander angesehen, sondern zu einem kohärenten Gesellschaftsbild verknüpft. Den übergreifenden Deutungsrahmen hierfür bildet in der Regel die Kritik am Kapitalismus. Dieser wird als komplexes System betrachtet, das sich strukturierend auf alle gesellschaftlichen Bereiche auswirkt.

Im Gegensatz zu der kritischen Haltung der Jugendlichen gegenüber dem politischen System, die viele Momente einer zum Mainstream gewordenen Politikdistanz enthält, kann die angesprochene Gesellschaftskritik durchaus als spezifisch links bzw. linksaffin betrachtet werden. Entscheidend sind hierfür weniger die konkreten Themenbereiche, auf die sich die Kritik bezieht als vielmehr die Werthaltungen, die darin zum Ausdruck kommen. Hierunter finden sich mit Gleichheit und (internationaler) Solidarität klassische linke Werte, mit Selbstentfaltung und einer bewussten Lebensführung aber auch postmaterialistische Werte (vgl. Inglehart 1971), die insbesondere seit den neuen sozialen Bewegungen (vgl. Roth, Rucht 2002) zum politisch linken Spektrum gehören.

Die Bindung der Jugendlichen an diesen Werterahmen scheint dabei auffallend fest und stabil zu sein. Er bildet nicht nur den Hintergrund, vor dem sie gesellschaftliche und politische Entwicklungen beurteilen, sondern stellt auch die Grundlage für ihr politisches Handeln und für die Gestaltung ihrer privaten Lebens- und Konsumverhältnisse dar. Unrecht, Ungleichheit und Verantwortungslosigkeit werden in allen Bereichen als Herausforderungen empfunden und lösen zum Teil starke Gefühle von Wut und Enttäuschung aus.

c)   Links-sein: individuelle Verständnisse einer politischen Kategorie

Der Kritik an Politik und Gesellschaft versuchen die Interviewpartner durch ein aktives Engagement und die Änderung ihrer privaten Lebensweise zu begegnen. Links-sein bedeutet für die meisten von ihnen viel mehr als die Zuordnung zu einem politischen Konzept, einer festen Ideologie oder gar einer Partei. Die Jugendlichen definieren ihre persönliche politische Verortung eher über den individuellen Werterahmen, an dem sie ihr Handeln ausrichten. Dabei wird die eigene Situation durchaus auch in ihren Ambivalenzen wahrgenommen, wenn etwa die eigenen Überzeugungen nicht mit der Erfahrung, selbst auch Teil des kritisierten Systems zu sein in Einklang zu bringen sind. Hier wird ein hohes Maß an Selbstkritik und Reflexion des eigenen Handelns und der eigenen Lebensweise deutlich. Zugleich ist dies oft mit moralischen Überlegenheitsgefühlen gepaart. Insbesondere dann, wenn die eigenen Überzeugungen auch als handlungsleitend für Dritte angesehen werden.

d)   Ziele der Jugendlichen: nachhaltige Veränderung gesellschaftlicher Werte und Strukturen

Die Kritik am politischen System und an gesellschaftlichen Entwicklungen wird verbunden mit der Überzeugung, dass die krisenhaften Erscheinungen veränderbar sind und eine Verbesserung erreicht werden kann. Soziale Gerechtigkeit, verbesserte Mitbestimmung, Toleranz gegenüber Minderheiten, der Abbau von Hierarchien und die Abkehr von marktökonomischen Effizienzprinzipien sind Ziele, die ihrem Engagement zugrunde liegen. Entscheidend ist dabei für sie jedoch nicht die konkrete Utopie, bedeutsamer sind die Prinzipien nach denen der Veränderungsprozess gestaltet wird. Hierbei sollten möglichst viele Menschen einbezogen werden und dadurch die Entfremdung von politischem System und Bevölkerung durch ein basisdemokratisches Vorgehen überwunden werden. Eine allzu konkrete Vorstellung einer besseren Gesellschaft widerspricht nach Ansicht der Jugendlichen diesem Prinzip.

Einige bezeichnen den angestrebten transformativen Prozess als Revolution und verstehen darunter eine grundsätzliche Veränderung gesellschaftlicher Strukturen, die auch den ökonomischen Bereich umfasst. Voraussetzung und zentraler Bestandteil dieser Revolution sei der langfristige Wandel gesellschaftlicher Denkmuster und Werthaltungen. Dementsprechend richtet sich ein Großteil ihrer Aktionsformen wie Flashmobs, Vorträge und Workshops auf die Aufklärung und Politisierung der Bevölkerung.

Darüber hinaus nutzen die Befragten ein sehr breites Repertoire politischer Aktionsformen. Neben den angesprochenen Angeboten alternativer politischer Bildung spielen für sie direkte Aktionen, wie Blockaden, Besetzungen, Selbsthilfeangebote und Formen des alternativen Zusammenlebens, eine entscheidende Rolle. Andere Untersuchungen, die sich der Analyse ähnlicher Formen politischen Engagements widmen, kommen zur Schlussfolgerung, dass hierin ein langfristiger Wandel der politischen Kultur sichtbar werde und sehen darin eine neue Form der ‚citizenship' (Juris, Pleyers 2009).

e)   Differenzierte Abwägung von Gewaltanwendung

Die persönliche Haltung zu Gewalt als potenzieller Handlungsstrategie ist für die befragten Jugendlichen durchgängig ein wichtiges Thema. Dabei lassen sich grundlegende Tendenzen der Einstellungen zu Gewalt erkennen, die aber jeweils von sehr individuellen Argumentationslinien getragen werden. Überwiegend wird eine ablehnende Haltung von Gewalt als Mittel zur Erreichung politischer Ziele vertreten. Ausnahmen, etwa in Notwehrsituationen oder zur Gefahrenabwehr, werden allerdings teilweise als Einschränkungen genannt. Insgesamt lassen sich drei Einstellungsmuster gegenüber Gewalt erkennen: eine deutliche moralisch begründete Ablehnung, die bedingte Legitimation, etwa als Notwehr, und bei einigen auch die Befürwortung von Gewalt aus taktischen oder instrumentellen Überlegungen heraus. Hierbei wird jedoch nur Sachbeschädigung als mögliche Option angesprochen, instrumentelle Gewalt gegen Personen wird von allen Befragten abgelehnt.

f)   Engagierte Linksaffine als undogmatische Idealisten?

Zusammenfassend lässt sich feststellen, dass die Wertorientierungen der Interviewpartnerinnen und Interviewpartner die Grundlage ihres Engagements bilden. Ideologien oder der Bezug auf bestimmte Denkschulen oder linke Theoretiker spielen nur eine sehr untergeordnete Rolle, wenn sie überhaupt erwähnt werden. Kennzeichnend für die hier untersuchten linksaffinen Jugendlichen ist, dass sie sich als gesellschaftskritische Idealisten präsentieren, die an der potenziellen Erreichbarkeit ihrer langfristigen Zielvorstellungen festhalten.

Insgesamt zeigen sich die Jugendlichen dabei größtenteils sehr undogmatisch. Sie betonen, dass sie ihre Anschauungen in einem langen Prozess erworben haben und dass sich diese weiterhin verändern. Auch werden Selbstreflexion und der Austausch mit Andersdenkenden von den meisten als bedeutsam für die eigene Weiterentwicklung betrachtet.

Zwar sind in den Argumentationen und Legitimationsmustern der Jugendlichen teilweise durchaus Vereinfachungen gesellschaftlicher Realitäten enthalten, dennoch erscheint es bemerkenswert, wie viel Zeit sie investieren, um sich politisch zu informieren und sich ein tieferes Verständnis anzueignen. Besonders Jugendliche, die sich auf ein bestimmtes Gebiet spezialisiert haben, sei es die Euro-Krise, Hochschulpolitik oder die Bedingungen von Textilproduktion, verfügen in diesen Bereichen über ein sehr detailliertes Wissen.

Sie betonen die Komplexität gesellschaftlicher und ökonomischer Prozesse. Die führt jedoch nicht zu einer passiven Haltung; vielmehr investieren sie viel Zeit, um sich mit den Entwicklungen auseinanderzusetzen, diese zu diskutieren und zu versuchen, sie sich selbst zu erschließen. In diesem Prozess spielt die institutionalisierte politische Bildung jedoch eine untergeordnete Rolle bzw. wird in ihrer bestehenden Form als unzureichend empfunden, individuelle und kollektive selbstorganisierte Bildungsangebote stehen im Zentrum. Teilweise wird das Anbieten oder Vorleben alternativer politischer Bildung selbst zu einem Ziel des Engagements, das sich in öffentlichen Aktionen, Workshops, Vorträgen und vielem mehr ausdrückt.

6.2 Die Entwicklung des politischen Engagements als voraussetzungsreicher Prozess

Wie bereits betont wurde, ist das hier untersuchte Engagement in vieler Hinsicht als Ausnahmefall zu betrachten. Es ist weder verallgemeinerbar auf die Gruppe der Jugendlichen generell, noch entspricht es den aktuellen Trends des politischen Engagements, die stärker durch eventorientierte, sporadische Aktionsformen gekennzeichnet sind (vgl. Roth 2012). Es stellt sich daher die Frage, welche Voraussetzungen für diese Form der Beteiligung bestehen? Welche Ressourcen, welche Kompetenzen und Kenntnisse sind notwendig? Welche Motivationslagen bilden die Grundlage für den Entschluss, diese Ressourcen und Fertigkeiten auch tatsächlich einzusetzen und dies nicht nur einmalig, sondern über einen langen Zeitraum hinweg?

In Kap. 3.2 wurde in Bezug auf diese Fragestellung das Civic Voluntarism Model (Verba et al. 1995) vorgestellt. Dieses fokussiert zur Erklärung von Partizipation auf die drei Aspekte Ressourcen, Motivation und Netzwerke. Es hat sich gezeigt, dass die im Modell postulierten Voraussetzungen von Partizipation auch in der Empfindung der Jugendlichen bedeutsam für die Entwicklung und Aufrechterhaltung ihres Engagements sind. So werden Ressourcen, Motivation und Netzwerke in unterschiedlicher Gewichtung von allen Befragten als zentrale Elemente der Erklärung für ihr Engagement angesprochen.

Die Analysen haben gezeigt, dass die klassischen Ressourcen Geld, Zeit und politische Kompetenzen auch bei den befragten Jugendlichen eine wichtige Rolle für Entwicklung und Beibehaltung des Engagements spielen. Tatsächlich werden ökonomischer Druck und verringerte zeitliche Ressourcen als häufigste Gründe für ein abnehmendes Engagement genannt. Auch politische Kompetenzen und biografische Vorerfahrungen spielen eine bedeutsame Rolle. So zeigte sich, dass nahezu alle Befragten aus bildungsaffinen Elternhäusern stammten und sich häufig bereits dort ein grundlegendes politisches Interesse und wichtige Fertigkeiten, z. B. kommunikative Kompetenzen, aneignen konnten. Somit gibt das Elternhaus einen entscheidenden Ausschlag für das Wecken eines grundsätzlichen politischen Interesses. Darüber hinaus spielen hier die Peers und politische Medieninhalte eine wichtige Rolle.

Zentrales motivationales Moment des Engagements ist für alle Befragten, das starke Ungerechtigkeitsgefühl bezogen auf aktuelle gesellschaftliche Zustände. Praktische partizipative Erfahrungen sowie das Kennenlernen aktiver Menschen im nahen sozialen Umfeld sind außerdem für den Wunsch, sich selbst zu beteiligen ausschlaggebend. Besonders bedeutsam erschienen in diesem Zusammenhang auch die praktischen Partizipationserfahrungen, die viele Jugendliche im schulischen Rahmen, in Jugendzentren, Universitäten, Jugendparlamenten etc. gesammelt haben.

Zusammenfassend lässt sich sagen, dass auch in dieser Studie politisches Engagement als eine höchst voraussetzungsreiche Tätigkeit erscheint, die sowohl die Verfügung über bestimmte Ressourcen und Kompetenzen als auch die Einbindung in entsprechende Netzwerke erfordert.

a)   Politische Sozialisation: Eltern als wichtigste Vermittler einer aktiven Bürgerrolle

Die Ergebnisse unserer Studie bestätigen die These, dass die Eltern in der politischen Sozialisation eine wichtige Rolle spielen (vgl. Andolina et al. 2003; de los Angeles Torres 2007; McIntosh et al. 2007). Sie regen zwar in den seltensten Fällen zu konkretem Engagement an, vermitteln jedoch ein grundlegendes Interesse an politischen und gesellschaftlichen Vorgängen und betonen in der Erziehung die Bedeutung demokratischer Werte und einer aktiven Haltung in der Gesellschaft. Von den Jugendlichen wird die politische Kommunikation im Elternhaus besonders betont. Dies passt zu Befunden, die darauf hinweisen, dass Eltern insbesondere dann die Meinungsbildung der Kinder beeinflussen, wenn sie selbst politisch interessiert sind und viel über Politik sprechen (Fend 1991: 238). Trotz gelegentlicher Konflikte und Abgrenzungsbemühungen der Jugendlichen in der Pubertät beschreiben die meisten Befragten die Haltung ihrer Eltern als unterstützend und wohlwollend. Es wird außerdem deutlich, dass auch den Jugendlichen selbst eine positive Beziehung zu den Eltern wichtig ist und sie sich um deren Verständnis für ihr Engagement bemühen. Hierin wird deutlich, dass die hier untersuchte Form politischen Engagements nicht als Rebellion gegen die Elterngeneration verstanden werden kann und sich dadurch von dem Aufbegehren etwa der 68er-Generation unterscheidet. Dies spiegelt sich auch in aktuellen Jugendstudien wider, die hervorheben, dass die Familie heute für junge Menschen so wichtig ist wie für kaum eine vorangegangene Generation (Leven et al. 2010; Meyers, Willems 2008).

Die Rolle der Schule entspricht auch in anderen Studien beschriebenen Befunden (vgl. u. a. Andolina et al. 2003; de Castro 2007; Oesterreich 2003; Torney-Purta 2002). So spielt die Schule zwar eine wichtige Rolle in der Vermittlung politischen Wissens, wird jedoch nicht als fördernde Umgebung für aktive Partizipation wahrgenommen. Die institutionellen Strukturen werden vielmehr als einschränkend empfunden.

Trotz oder auch gerade wegen dieser Einschränkungen kann gesagt werden, dass Erfahrungen mit Partizipation jeglicher Art eine bedeutende Grundlage für späteres Engagement zu sein scheinen. In der konkreten partizipatorischen Praxis wird den Jugendlichen bewusst, dass sie durch ihr persönliches Eingreifen eine Veränderung bewirken können – eine Erkenntnis, die über abstrakte Vermittlung politischen Wissens nicht zu erreichen ist. Engagement wird in diesem Sinne von vielen als Erfahrung von Empowerment beschrieben.

Bezüglich der Rolle der Peergroup in der politischen Sozialisation konnte die These bestätigt werden, dass Gleichaltrige besonders über den Lebensstil und die damit verbundenen weltanschaulichen Orientierungen einen Einfluss darauf ausüben, wie sich die Jugendlichen politisch verorten (vgl. Böhm-Kasper 2010; Sünker 2002). Besonders relevant sind in diesem Zusammenhang die Selbstverortung etwa in der Punkszene und die Abgrenzung vom gesellschaftlichen und jugendkulturellen Mainstream. Entgegen der Befunde in verschiedenen Jugendstudien, wonach Politik im Allgemeinen von Jugendlichen nicht als ein persönlich bedeutsamer Bereich empfunden wird und daher auch in der Kommunikation zwischen Peers einen sehr untergeordneten Stellenwert einnimmt (vgl. Böhm-Kasper 2006), zeigt sich in unserer Stichprobe, dass die Befragten durchaus auch im Freundeskreis über politische Themen zu diskutieren. Viele Jugendliche beschreiben, dass sie im Verlauf ihrer politischen Entwicklung ein Bewusstsein dafür entfaltet haben, wie sehr politische und gesellschaftliche Entwicklungen auch mit ihrem eigenen Leben und ihrem unmittelbaren Umfeld verwoben sind. Hierdurch wird Politik plötzlich zu einem persönlich durchaus sehr relevanten Bereich, der auch mit Freunden besprochen wird.

b)   Politisches Bewusstsein und das Finden einer politischen Rolle als Entwicklungsaufgabe des Jugendalters

Die allgemeinen Entwicklungsprozesse, die typischerweise in der Jugendphase ablaufen, spielen in vielen Fällen auch eine große Bedeutung für den Politisierungsprozess der Jugendlichen. Zu nennen sind hier zum einen die Abgrenzung vom Elternhaus und zum anderen die Suche nach Orientierungspunkten und möglichen Lebensentwürfen.

Aus den Erzählungen wird erkennbar, dass die Jugendzeit für viele eine Phase der Suche nach der eignen politischen Identität ist. Hierbei werden teilweise sehr unterschiedliche Positionen und Handlungsweisen ausprobiert und es zeigt sich, dass „[d]er Weg zu einem klaren und entfalteten politischen Standpunkt […] lang und meist von vielen Umwegen und Irrwegen gezeichnet [ist]" (Fend 1991: 218). Die politische Identitätsfindung kann als ein sehr individueller und vielschichtiger

Prozess angesehen werden. Er ist unter anderem davon abhängig, inwieweit die Jugendlichen bereits eine relativ gefestigte politische Identität durch die Sozialisation im Elternhaus erworben haben oder ob ihre Überzeugungen durch einschneidende Erfahrungen erschüttert werden. Unabhängig davon, ob die politische Identitätsfindung von Konflikten begleitet wird oder weitgehend kontinuierlich verläuft, wird das politische Selbstverständnis von den Interviewten als zentraler Teil ihrer Identität angesehen.

c)   Wege ins Engagement über soziale Netzwerke, Schlüsselereignisse und vorpolitisches Engagement

Viele Jugendliche verfügen (ebenso wie die hier Interviewten) über ein vergleichsweise großes politisches Wissen und über die notwendigen individuellen Ressourcen und werden dennoch nicht politisch aktiv. Welche Faktoren sind es also, die die befragten Jugendlichen in das Engagement führen?

Dies sind erstens Gelegenheiten wie Medien, persönliche Kontakte und Szenen, die eine latente politische Handlungsbereitschaft in aktives politisches Engagement transformieren. Insbesondere soziale Netzwerke stellen einen häufig vorkommenden Einstiegsweg dar und können sowohl direkt als Türöffner wie auch indirekt als Vorbild wirken.

Ein zweiter Einstiegstyp zeichnet sich durch einen starken Veränderungswillen aus, der sich aus einem Schlüsselereignis im Leben des Befragten ergibt. Diese Initialmomente können dabei aus dem privaten Bereich stammen, aber auch auf ein politisches Ereignis zurückzuführen sein.

Beim dritten Einstiegsweg handelt es sich um einen allmählichen Prozess, bei dem die Jugendlichen bereits früh engagiert sind, beispielsweise in der Schule und im Studium. Dieses Engagement politisiert sich im Laufe der Zeit, dadurch, dass Kontakte hergestellt werden oder auch durch das Gefühl, mit dem Engagement etwas erreichen zu können. In vielen Fällen wie etwa bei den Punks kommt es zu Mischformen dieser Einstiegswege, bei denen beispielsweise sowohl vorpolitisches Engagement wie auch das soziale Netzwerk den Einstieg ins Engagement begünstigen.

d)   Die Gruppenpraxis als Herausforderung und Stütze von Engagement

Die politische Praxis in der Gruppe wird teilweise als ambivalente empfunden. Zum einen werden viele positive Erfahrungen gemacht, die das Engagement bestärken, zum anderen ergeben sich in der Gruppenpraxis auch Schwierigkeiten. Als besonders herausfordernd werden die Fragen nach der Umsetzung einer effektiven antihierarchischen Arbeitsweise, nach der Vermeidung von Überlastungen und einer gleichberechtigten Arbeitsweise betrachtet; eben jene Diskurse, die Doherty, Plows und Wall als immer wiederkehrende Fragen innerhalb von Bewegungen bezeichnet haben (Doherty et al. 2003: 681). Auf der anderen Seite sind es Erfahrungen der Selbstwirksamkeit, von ausgeprägtem Gemeinschaftsgefühl und der Spaß an der Tätigkeit, die das Engagement bestärken. Sie führen dazu, dass das Engagement kein kurzfristiger Exkurs bleibt, sondern eine gewisse Dauerhaftigkeit aufweist.

e)   Wechselseitige Beeinflussung von politischem Engagement und privater Lebensführung

Engagement ist für die hier Befragten in vielen Fällen auch eine transformative Erfahrung, die Einfluss auf ihre gesamte Persönlichkeit und den langfristigen Lebensverlauf nimmt, wie dies bereits andere biografische Untersuchungen herausgestellt haben (vgl. Andrews 1991; McAdam 1989). Dies gilt sowohl für bestimmte einschneidende Erlebnisse bei politischen Aktionen aber auch für langfristige Effekte des Engagements. Hierzu zählt etwa, dass die Jugendlichen durch ihr Engagement ein verstärktes Gefühl von Selbstwirksamkeit erlangen, aber auch, dass sie durch das zusätzliche politische Wissen und die verstärkte Sensibilität für Probleme einen anderen Blick auf die Gesellschaft und ihre privaten Lebensformen werfen. Dabei wird politisches Denken und Handeln oft zum festen Bestandteil des individuellen Lebensweges. Diese starke Wechselbeziehung zwischen Engagement und Lebensführung kann jedoch auch Herausforderungen und Konflikte mit sich bringen. Sie kommen insbesondere dann zum Vorschein, wenn zeitliche oder materielle Ressourcen knapper werden und damit eine Prioritätensetzung durch das Individuum notwendig machen. Auch wenn die Interviewten um eine Balance zwischen den einzelnen Bereichen bemüht sind, so kommt es dennoch teilweise zu verlängerten Studienzeiten oder zu Erschöpfungsgefühlen aufgrund der durch Studium/Arbeit und politisches Engagement bedingten verringerten Freizeit.

Durchgängig wird von den Befragten der Wunsch geäußert, das Engagement auch in Zukunft aufrechtzuerhalten. Einige sprechen die vage Möglichkeit an, Engagement und berufliche Weiterentwicklung miteinander zu verbinden. Gleichzeitig bleiben die beruflichen und privaten Zukunftsvorstellungen zwar optimistisch, jedoch weitestgehend offen.

f)   Reaktionen auf Konfrontationserfahrungen innerhalb des Engagements: Radikalisierung, ambivalente Positionierung und Rückzug

Einschneidende Erfahrungen werden unter anderem bei Konfrontationen mit der Polizei gemacht. Es zeigt sich, dass die subjektive Verarbeitung der Erlebnisse den Verlauf des Engagements entscheidend beeinflussen kann. Dabei kommt es in einigen Fällen durchaus zu Radikalisierungsprozessen. Diese sind jedoch keinesfalls als linearer Prozess zu verstehen, sondern stellen vielschichtige, ambivalente Entwicklungen dar, die einerseits durch individuelle Überzeugungen und Einstellungen zur Gewalt, andererseits aber auch durch konkrete Erfahrungen mit Gewalt beeinflusst werden können. So kann es durch eigene Gewalterfahrungen etwa eine Radi-kalisierung von Meinungsäußerungen und eine Tolerierung von ‚Gegengewalt' als Notwehr geben. Zugleich kann es jedoch auch auf der Handlungsebene zu einem Rückzug kommen. Die Jugendlichen sind durchaus in der Lage, die erhöhten indi-viduellen Kosten und Risiken einer verstärkten Radikalisierung und Gewaltbereit-schaft zu reflektieren und sich für eine Verringerung ihres Engagements oder einen Verzicht auf gewalttätige Aktionen zu entscheiden. Gewalthandlungen können in diesem Fall auch an andere Personengruppen ‚delegiert' werden. Die oft ange-nommene Linearität und Unumkehrbarkeit von Radikalisierungsprozessen konnte im Rahmen dieser Untersuchung nicht bestätigt werden.

6.3 Herausforderungen und Ausblick

Ausgangspunkt der vorliegenden Arbeit war zum einen das wissenschaftliche Inte-resse an Prozessen der politischen Sozialisation und Entwicklung von Engagement im Jugendalter. Zum anderen wurde die Studie jedoch auch von einem praktischen Interesse geleitet. Dieses bestand darin, die Sichtweisen einer Gruppe politisch aktiver Jugendlicher darzustellen, über deren Selbstverständnis relativ wenig be-kannt ist und deren Aktivitäten von Politik und Öffentlichkeit ambivalent beurteilt werden. Aus diesem Grund hat sich das Forscherteam bemüht, den Jugendlichen zunächst selbst Gelegenheit zu geben, ihre Ansichten und Motive darzulegen.

Die vorliegende Analyse unternimmt den Versuch das Verhältnis der linksaf-finen Jugendlichen zum politischen System und zur Gesellschaft sowie ihre Erfah-rungen mit politischem Handeln systematisch zu rekonstruieren und vor diesem Hintergrund nachvollziehbar zu machen.

Zur angemessenen Einordnung der Ergebnisse muss zunächst noch einmal hervorgehoben werden, dass die hier befragten Jugendlichen nicht als repräsentativ für ihre Generation betrachtet werden können. Zwar wurde in den letzten Jahren in den Medien über eine Vielzahl von Protesten berichtet und diese auch wissen-schaftlich untersucht, von den globalisierungskritischen Protesten (z. B. Andretta et al. 2003) bis hin zur Occupy-Bewegung (z. B. Brinkmann et al. 2013; Mörtenböck, Mooshammer 2012; Roth 2012). Hierdurch kann der Eindruck entstehen, unkon-ventionelles politisches Handeln sei insbesondere unter jungen Menschen weit verbreitet. Dennoch muss betont werden, dass sich jeweils nur eine kleine Minder-heit an diesen Protesten beteiligt und ein noch kleinerer Kern von Aktivisten ihr Engagement auch über einen längeren Zeitraum hinweg aufrechterhält. Die hier befragten Jugendlichen zeichnen sich dadurch aus, dass sie längerfristig in hohem Maße persönliche Ressourcen für ihr politisches Engagement aufbringen. Dieser außerordentliche Einsatz für überindividuelle und gemeinwohlorientierte Ziele ist zunächst einmal sehr bemerkenswert, auch wenn das Engagement vereinzelt durchaus problematische Formen annehmen kann.

Die geäußerte Kritik der Jugendlichen an der parlamentarischen Demokratie ist nicht nur für die hier Befragten relevant, sondern Ausdruck einer generellen Entwicklung, wie andere Studien gezeigt haben (vgl. z. B. Niedermayer 2006). Diese Kritik scheint auf eine teilweise Entfremdung insbesondere der jüngeren Bevölkerung vom politischen System hinzuweisen, eine Entwicklung, die langfristig gesehen potenziell problematische Auswirkungen für die Demokratie mit sich bringen kann. Gleichzeitig wird jedoch die Demokratie auf der Werteebene von den Befragten durchgängig befürwortet.

Des Weiteren muss betont werden, dass die interviewten Jugendlichen zwar teilweise massive Kritik an der traditionellen Politik äußern, sich jedoch gleichzeitig auffallend intensiv mit ihr auseinandersetzen. Auch hat sich in der untersuchten Stichprobe deutlich gezeigt, dass sich konventionelles und unkonventionelles Engagement nicht widersprechen, sondern sich ergänzen, befördern und ineinander übergehen können. Häufig werden jedoch konventionelle Partizipationsangebote von den Jugendlichen als unattraktiv betrachtet, da wenig Möglichkeiten für tatsächliche praktische Einflussnahme gesehen werden. Auch wird die konventionelle Politik als weit entfernt von den eigenen Bedürfnissen und den Lebensrealitäten junger Menschen aufgefasst. Der starken Bereitschaft der befragten Jugendlichen, sich politisch einzubringen, stehen aus ihrer Sicht also häufig keine geeigneten institutionellen Partizipationsmöglichkeiten gegenüber. Aus diesem Grund suchen sie nach alternativen Wegen ihre Interessen zu vertreten. Insbesondere die starke Betonung von basisdemokratischen Prinzipien, die Bevorzugung direkter Aktionen, die starke Rückbindung an die eigene Lebensführung sowie die wenig ideologisch aufgeladenen politischen Orientierungen geben darüber hinaus Hinweise auf eine sich verändernde Kultur politischer Mitbestimmung, auf die auch andere Studien verweisen (Juris, Pleyers 2009; Pleyers 2005). Welche Auswirkungen sich aus diesen Veränderungen langfristig für Demokratie und Bürgerbeteiligung ergeben, bleibt eine offene Frage. In Politik und Öffentlichkeit werden solche Formen der Beteiligung teilweise als problematisch erachtet, insbesondere wenn sie durch Gewaltaktionen Grenzen der Legalität überschreiten; die hohe Engagementbereitschaft der hier untersuchten Gruppe kann jedoch auch als ein Potenzial angesehen werden. Mehr Partizipationsmöglichkeiten für Jugendliche und junge Menschen in modernen Demokratien zu schaffen und das politische System insgesamt responsiver zu gestalten, könnte den Jugendlichen das Gefühl vermitteln, dass ihre Stimme gehört und ihre Bedürfnisse berücksichtigt werden.

Literatur

Abold, R., Juhász, Z. 2006: Rückkehr in den Mainstream? Einstellungswandel der Jugend zu Demokratie und Parteiensystem. In E. Roller, F. Brettschneider, J. W. van Deth (Hg.), Jugend und Politik: „Voll normal!". Wiesbaden: VS Verlag für Sozialwissenschaften, 77–98.

Adorno, T. W., Frenkel-Brunswick, E., Levinson, D. J. 1950: The Authoritarian Personality. New York: Norton Library.

Albert, M., Hurrelmann, K., Quenzel, G. 2010: Jugend 2010. Selbstbehauptung trotz Verunsicherung? In Shell Deutschland Holding (Hg.), Jugend 2010. Eine pragmatische Generation behauptet sich. Frankfurt a. M.: Fischer-Taschenbuch-Verlag, 37–51.

Almond, G. A., Verba, S. 1963: The Civic Culture. Political Attitudes and Democracy in Five Nations. Princeton: Princeton University Press.

Amadeo, J.-A., Torney-Purta, J., Lehmann, R., Husfeldt, V., Nikolova, R. 2002: Civic Knowledge and Engagement. An IEA Study of Upper Secondary Students in Sixteen Countries. Amsterdam: IEA.

Andolina, M. W., Jenkins, K., Zukin, C., Keeter, S. 2003: Habits from Home, Lessons from School: Influences on Youth Civic Engagement. Political Science and Politics, 36. Jg., Heft 2, 275–280.

Andretta, M., della Porta, D., Mosca, L., Reiter, H. 2003: No global – new global. Identität und Strategien der Antiglobalisierungsbewegung. Frankfurt a. M.: Campus.

Andrews, M. 1991: Lifetimes of Commitment. Aging, Politics, Psychology. Cambridge: Cambridge University Press.

Arnett, J. J. 2004: Emerging Adulthood. The Winding Road from the Late Teens through the Twenties. New York, Oxford: Oxford University Press.

Arzheimer, K. 2009: Ideologien. In V. Kaina, A. Römmele (Hg.), Politische Soziologie. Ein Studienbuch. Wiesbaden: VS Verlag für Sozialwissenschaften, 83–108.

Barnes, S. H., Kaase, M. 1979: Political Action. Mass Participation in Five Western Democracies. London: Sage Publications.

Bauer-Kaase, P. 2001: Politische Ideologie im Wandel? Eine Längsschnittanalyse der Inhalte der politischen Richtungsbegriffe ‚links' und ‚rechts'. In H.-D. Klingemann, M. Kaase (Hg.), Wahlen und Wähler. Analysen aus Anlass der Bundestagswahl 1998. Wiesbaden: Westdeutscher Verlag, 207–245.

Beck, U. 1986: Risikogesellschaft. Auf dem Weg in eine andere Moderne. Frankfurt a. M.: Suhrkamp.

Beher, K., Liebig, R., Rauschenbach, T. 2000: Strukturwandel des Ehrenamtes. Gemeinwohlorientierung im Modernisierungsprozeß. Weinheim [u. a.]: Juventa.

Benford, R. D., Snow, D. A. 2000: Framing Processes and Social Movements. An Overview and Assessment. Annual Review of Sociology, 26. Jg., 611–639.

Berton, M., Schäfer, J. 2005: Politische Orientierungen von Grundschulkindern. Ergebnisse von Tiefeninterviews und Pretests mit 6- bis 7-jährigen Kindern. Mannheim.

Bertram, H. 2002: Kindheit/Jugend. In M. Greiffenhagen, S. Greiffenhagen (Hg.), Handwörterbuch zur politischen Kultur der Bundesrepublik Deutschland. Wiesbaden: Westdeutscher Verlag, 221–224.

Böhm-Kasper, O. 2006: Politische Partizipation von Jugendlichen. Der Einfluss von Gleichaltrigen, Familie und Schule auf die politische Teilhabe Heranwachsender. In W. Helsper, H.-H. Krüger, S. Fritzsche, S. Sandring, C. Wiezorek, O. Böhm-Kasper, N. Pfaff (Hg.), Unpolitische Jugend? Eine Studie zum Verhältnis von Schule, Anerkennung und Politik. Wiesbaden: VS Verlag für Sozialwissenschaften, 53–74.

Böhm-Kasper, O. 2010: Peers und politische Einstellung von Jugendlichen. In M. Harring (Hg.), Freundschaften, Cliquen und Jugendkulturen. Peers als Bildungs- und Sozialisationsinstanzen. Wiesbaden: VS Verlag für Sozialwissenschaften, 261–281.

Bozay, K. 2011: Ethnisierung sozialer Konflikte im Kontext von Migration und Globalisierung. In G. Hentges, B. Lösch (Hg.), Die Vermessung der sozialen Welt. Neoliberalismus – extreme Rechte – Migration im Fokus der Debatte. Wiesbaden: VS Verlag für Sozialwissenschaften, 295–307.

Brie, M., Spehr, C. 2006: Was ist heute links? kontrovers. Beiträge zur politischen Bildung, Heft 1, 1–20.

Brinkmann, U., Nachtwey, O., Décieux, F. 2013: Wer sind die 99%? Eine empirische Untersuchung der Occupy-Proteste. OBS-Arbeitspapier 6.

Buechler, S. M. 2011: Understanding Social Movements. Theories from the Classical Era to the Present. Boulder: Paradigm Publishers.

Burdewick, I. 2003: Jugend, Politik, Anerkennung. Eine qualitative empirische Studie zur politischen Partizipation 11- bis 18-Jähriger. Bonn: Bundeszentrale für politische Bildung.

Bütow, B. 2008: Der subjektive Altersstatus im Zeitvergleich. Vom Brüchigwerden sozialer Kategorien. In M. Gille (Hg.), Jugend in Ost und West seit der Wiedervereinigung. Ergebnisse aus dem replikativen Längsschnitt des DJI-Jugendsurvey. Wiesbaden: VS Verlag für Sozialwissenschaften, 83–117.

Claußen, B., Geißler, R. (Hg.). 1996: Die Politisierung des Menschen. Instanzen der politischen Sozialisation. Ein Handbuch. Opladen: Leske + Budrich.

Claußen, B. 1996: Die Politisierung des Menschen und die Instanzen der politischen Sozialisation. Problemfelder gesellschaftlicher Alltagspraxis und sozialwissenschaftlicher Theoriebildung. In B. Claußen, R. Geißler (Hg.), Die Politisierung des Menschen. Instanzen der politischen Sozialisation. Ein Handbuch. Opladen: Leske + Budrich, 15–48.

Corcoran, K. E., Pettinicchio, D., Young, J. T. N. 2011: The Context of Control. A Cross-National Investigation of the Link between Political Institutions, Efficacy, and Collective Action. British Journal of Social Psychology, 50. Jg., Heft 4, 575–605.

Corrigall-Brown, C. 2012: Patterns of Protest. Trajectories of Participation in Social Movements. Stanford, California: Stanford University Press.

de Castro, Lucia Rabello. 2007: Political Participation in the School Context. Youths' Experiences in Collective Action. Children, Youth and Environments, 17. Jg., Heft 2, 93–111.

de los Angeles Torres, M. 2007: Youth Activists in the Age of Postmodern Globalization. Notes from an Ongoing Project. Children, Youth & Environments, 17. Jg., Heft 2, 541–562.

della Porta, D. 1992: Life Histories in the Analysis of Social Movement Activists. In M. Diani, R. Eyerman (Hg.), Studying Collective Action. London, Newbury Park: Sage Publications, 168–193.

della Porta, D. 2002: Gewalt und die Neue Linke. In W. Heitmeyer, J. Hagan (Hg.), Internationales Handbuch der Gewaltforschung. Wiesbaden: Westdeutscher Verlag, 479–500.

della Porta, D., Diani, M. 2006: Social Movements. An Introduction. Malden: Blackwell.

Deutsche Shell (Hg.) 2000: Jugend 2000. 13. Shell Jugendstudie. Band 1 + 2. Opladen: Leske + Budrich.

Deutsche Shell (Hg.). 2002: Jugend 2002. Zwischen pragmatischem Idealismus und robustem Materialismus. Frankfurt a. M.: Fischer-Taschenbuch-Verlag.

Doherty, B., Plows, A., Wall, D. 2003: ‚The Preferred Way of Doing Things'. The British Direct Action Movement. Parliamentary Affairs, 56. Jg., Heft 4, 669–686.

Dostie-Goulet, E. 2009: Social Networks and the Development of Political Interest. Journal of Youth Studies, 12. Jg., Heft 4, 405–421.

Easton, D., Dennis, J. 1969: Children in the Political System. Origins of Political Legitimacy. New York.

Eckert, R., Willems, H. 1993: Politisch motivierte Gewalt. In Informationszentrum Sozialwissenschaften der Arbeitsgemeinschaft Sozialwissenschaftliche Institute e.V. (Hg.), Gewalt in der Gesellschaft. Bonn: Informationszentrum Sozialwissenschaften, 7–59.

Eckert, R. 2012: Die Dynamik der Radikalisierung. Über Konfliktregulierung, Demokratie und die Logik der Gewalt. Weinheim: Juventa.

Embacher, S., Lang, S. 2008: Lern- und Arbeitsbuch Bürgergesellschaft. Bonn: Dietz.

Engels, D. 1991: Soziales, kulturelles, politisches Engagement. Sekundäranalyse einer Befragung zu ehrenamtlicher Mitarbeit und Selbsthilfe. Köln: ISAB-Verlag.

Enquete-Kommission „Zukunft des Bürgerschaftlichen Engagements". 2002: Bericht Bürgerschaftliches Engagement: auf dem Weg in eine zukunftsfähige Bürgergesellschaft. Opladen: Leske + Budrich.

Esser, H. 1999: Soziologie. Spezielle Grundlagen. Band 1: Situationslogik und Handeln. Frankfurt a. M.: Campus.

Faltin, I. 1990: Norm, Milieu, politische Kultur. Normative Vernetzungen in Gesellschaft und Politik der Bundesrepublik. Wiesbaden: Deutscher Universitäts Verlag.

Fend, H. 1991: Identitätsentwicklung in der Adoleszenz. Lebensentwürfe, Selbstfindung und Weltaneignung in beruflichen, familiären und politischweltanschaulichen Bereichen. Bern: H. Huber.

Fromm, E., Horkheimer, M., Marcuse, H. 1936: Studien über Autorität und Familie. Paris: Librairie Félix Alcan.

Fuchs, D. 1995: Die Struktur politischen Handelns in der Übergangsphase. In H.-D. Klingemann (Hg.), Zwischen Wende und Wiedervereinigung. Analysen zur politischen Kultur in West- und Ost-Berlin 1990. Opladen: Westdeutscher Verlag, 135–147.

Fuchs, D. 2002: Das Konzept der politischen Kultur: Die Fortsetzung einer Kontroverse in konstruktiver Absicht. In D. Fuchs, E. Roller, B. Wessels (Hg.), Bürger und Demokratie in Ost und West. Studien zur politischen Kultur und zum politischen Prozess. Wiesbaden: Westdeutscher Verlag, 27–49.

Fuchs-Heinritz, W. 2009: Biographische Forschung. Eine Einführung in Praxis und Methoden. Wiesbaden: VS Verlag für Sozialwissenschaften.

Gabriel, O. W. 2009: Politische Kultur. In V. Kaina, A. Römmele (Hg.), Politische Soziologie. Ein Studienbuch. Wiesbaden: VS Verlag für Sozialwissenschaften, 17–51.

Gabriel, O. W., Maier, J. 2009: Politische Soziologie in Deutschland – Forschungsfelder, Analyseperspektiven, ausgewählte empirische Befunde. Politische Vierteljahresschrift, 50. Jg., Heft 3, 506–538.

Gaiser, W., de Rijke, J. 2006: Gesellschaftliche und politische Beteiligung. In M. Gille, S. Sardei-Biermann, W. Gaiser, J. de Rijke (Hg.), Jugendliche und junge Erwachsene in Deutschland. Lebensverhältnisse, Werte und gesellschaftliche Beteiligung 12- bis 29-Jähriger. Wiesbaden: VS Verlag für Sozialwissenschaften, 213–275.

Gaiser, W., Gille, M., de Rijke, J., Sardei-Biermann, S. 2005: Zur Entwicklung der politischen Kultur bei deutschen Jugendlichen in West- und Ostdeutschland. Ergebnisse des DJI-Jugendsurveys von 1992–2003. In H. Merkens, J. Zinnecker (Hg.), Jahrbuch Jugendforschung. Opladen: Verlag für Sozialwissenschaften, 161–198.

Gaiser, W., Gille, M., de Rijke, J. 2006: Politische Beteiligung von Jugendlichen und jungen Erwachsenen. In B. Hoecker (Hg.), Politische Partizipation zwischen Konvention und Protest. Eine studienorientierte Einführung. Opladen: Budrich, 211–234.

Galtung, J. 1975: Strukturelle Gewalt. Beiträge zur Friedens- und Konfliktforschung. Reinbek bei Hamburg: Rowohlt.

Geißel, B., Thillman, K. 2006: Partizipation in Neuen Sozialen Bewegungen. In B. Hoecker (Hg.), Politische Partizipation zwischen Konvention und Protest. Eine studienorientierte Einführung. Opladen: Budrich, 159–183.

Geißler, R. 1996: Politische Sozialisation in der Familie. In B. Claußen, R. Geißler (Hg.), Die Politisierung des Menschen. Instanzen der politischen Sozialisation. Ein Handbuch. Opladen: Leske + Budrich, 51–70.

Gensicke, T., Geiss, S. 2010: Hauptbericht des Freiwilligensurveys 2009: Zivilgesellschaft, soziales Kapital und freiwilliges Engagement in Deutschland 1999-2004-2009. München.

Gensicke, T. 2010: Wertorientierungen, Befinden und Problembewältigung. In Shell Deutschland Holding (Hg.), Jugend 2010. Eine pragmatische Generation behauptet sich. Frankfurt a. M.: Fischer-Taschenbuch-Verlag, 187–242.

Gille, M., Krüger, W. (Hg.). 2000: Unzufriedene Demokraten. Politische Orientierungen der 16- bis 29jährigen im vereinigten Deutschland. DJI-Jugendsurvey. Opladen: Leske + Budrich.

Gille, M., Sardei-Biermann, S., Gaiser, W., de Rijke, J. (Hg.). 2006: Jugendliche und junge Erwachsene in Deutschland. Lebensverhältnisse, Werte und gesellschaftliche Beteiligung 12- bis 29-Jähriger. Wiesbaden: VS Verlag für Sozialwissenschaften.

Golova, T. 2011: Räume kollektiver Identität. Raumproduktion in der „linken Szene" in Berlin. Bielefeld: Transcript.

Gordon, H. R., Taft, J. K. 2011: Rethinking Youth Political Socialization: Teenage Activists Talk Back. Youth & Society, 43. Jg., Heft 4, 1499–1527.

Greiffenhagen, M., Greiffenhagen, S. 2002: Politische Kultur. In M. Greiffenhagen, S. Greiffenhagen (Hg.), Handwörterbuch zur politischen Kultur der Bundesrepublik Deutschland. Wiesbaden: Westdeutscher Verlag, 387–401.

Grob, U. 2009: Die Entwicklung politischer Orientierungen vom Jugend- ins Erwachsenenalter – Ist die Jugend eine spezifisch sensible Phase in der politischen Sozialisation? In H. Fend, F. Berger, U. Grob (Hg.), Lebensverläufe, Lebensbewältigung, Lebensglück: VS Verlag für Sozialwissenschaften, 329–372.

Habermas, J. 1983: Ziviler Ungehorsam – Testfall für den demokratischen Rechtsstaat. In P. Glotz (Hg.), Ziviler Ungehorsam im Rechtsstaat. Frankfurt a. M.: Suhrkamp.

Haunss, S. 2004: Identität in Bewegung. Prozesse kollektiver Identität bei den Autonomen und in der Schwulenbewegung. Wiesbaden: Verlag für Sozialwissenschaften.

Havighurst, R. J. 1972: Developmental Tasks and Education. New York: McKay.

Havighurst, R. J. 1975: Society and Education. Boston: Allyn and Bacon.

Heinze, R. G., Olk, T. 2001: Bürgerengagement in Deutschland – Zum Stand der wissenschaftlichen und politischen Diskussion. In R. G. Heinze (Hg.), Bürgerengagement in Deutschland. Bestandsaufnahme und Perspektiven. Opladen: Leske + Budrich, 11–26.

Heitmeyer, W. 1989: Jugend, Staat und Gewalt in der politischen Risikogesellschaft. In W. Heitmeyer, K. Möller, H. Sünker (Hg.), Jugend – Staat – Gewalt. Politische Sozialisation von Jugendlichen, Jugendpolitik und politische Bildung. Weinheim & München: Juventa, 11–47.

Helfferich, C. 2005: Die Qualität qualitativer Daten. Manual für die Durchführung qualitativer Interviews. Wiesbaden: VS Verlag für Sozialwissenschaften.

Hellmann, K.-U. 1998: Paradigmen der Bewegungsforschung. Forschungs- und Erklärungsansätze – ein Überblick. In K.-U. Hellmann, R. Koopmans (Hg.), Paradigmen der Bewegungsforschung. Entstehung und Entwicklung von neuen sozialen Bewegungen und Rechtsextremismus. Opladen [u. a.]: Westdeutscher Verlag.

Helsper, W., Böhm-Kasper, O., Sandring, S. 2006: Die Ambivalenzen der Schülerpartizipation – Partizipationsmaße und Sinnstruktur der Partizipation im Vergleich. In W. Helsper, H.-H. Krüger, S. Fritzsche, S. Sandring, C. Wiezorek, O. Böhm-Kasper, N. Pfaff (Hg.), Unpolitische Jugend? Eine Studie zum Verhältnis von Schule, Anerkennung und Politik. Wiesbaden: VS Verlag für Sozialwissenschaften, 319–339.

Herkenrath, M. 2011: Protest, Ungleichheit und Theorien der sozialen Bewegungen. In A. Schäfer, M. D. Witte, U. Sander (Hg.), Kulturen jugendlichen Aufbegehrens. Jugendprotest und soziale Ungleichheit. Weinheim: Juventa, 59–72.

Hess, R. D., Torney-Purta, J. V. 2005 [1967]: The Development of Political Attitudes in Children: Aldine Transaction.

Hitzler, R., Niederbacher, A. 2010: Leben in Szenen. Formen jugendlicher Vergemeinschaftung heute. Wiesbaden: VS Verlag für Sozialwissenschaften.

Hoecker, B. 2006: Politische Partizipation. systematische Einführung. In B. Hoecker (Hg.), Politische Partizipation zwischen Konvention und Protest. Eine studienorientierte Einführung. Opladen: Budrich, 3–20.

Hoffmann-Holland, K. 2010: Analyse der Gewalt am 1. Mai 2009. Triangulierte kriminologische Studie. Berlin.

Hoffmann-Lange, U. (Hg.). 1995: Jugend und Demokratie in Deutschland. DJI-Jugendsurvey 1. Opladen: Leske + Budrich.

Hopf, C., Hopf, W. 1997: Familie, Persönlichkeit, Politik. Eine Einführung in die politische Sozialisation. Weinheim: Juventa.

Hugger, K.-U. 2014: Digitale Jugendkulturen. In K.-U. Hugger (Hg.), Digitale Jugendkulturen. Wiesbaden: Springer VS, 11–28.

Hunt, S. A., Benford, R. D., Snow, D. A. 1994: Identity Fields. Framing Processes and the Social Construction of Movement Identities. In E. Laraña, H. Johnston, J. R. Gusfield (Hg.), New Social Movements. From Ideology to Identity. Philadelphia: Temple University Press, 185–208.

Hurrelmann, K. 2001: Warum die junge Generation stärker politisch partizipieren muss. Aus Politik und Zeitgeschichte, Heft 44, 3–7.

Hurrelmann, K. 2002: Einführung in die Sozialisationstheorie. Weinheim: Beltz.

Hurrelmann, K., Grundmann, M., Walper, S. 2008: Zum Stand der Sozialisationsforschung. In K. Hurrelmann (Hg.), Handbuch Sozialisationsforschung. Weinheim, Basel: Beltz, 14–31.

Hurrelmann, K., Linssen, R., Albert, M., Quellenberg, H. 2002: Eine Generation von Egotaktikern? Ergebnisse der bisherigen Jugendforschung. In Deutsche Shell (Hg.), Jugend 2002. Zwischen pragmatischem Idealismus und robustem Materialismus. Frankfurt a. M.: Fischer-Taschenbuch-Verlag, 31–52.

Hurrelmann, K., Quenzel, G. 2012: Lebensphase Jugend. Eine Einführung in die sozialwissenschaftliche Jugendforschung. Weinheim: Juventa Verlag.

Hyman, H. H. 1959: Political Socialization. A Study in the Psychology of Political Behavior. New York: Free Press.

Inglehart, R. 1971: The Silent Revolution in Europe. Intergenerational Change in Post-Industrial Societies. The American Political Science Review, 65. Jg., Heft 4, 991–1017.

Inglehart, R. 1990: Culture Shift in Advanced Industrial Society. Princeton, N. J.: Princeton University Press.

Jagodzinski, W., Kühnel, S. M. 1994: Bedeutungsvarianz und Bedeutungswandel der politischen Richtungsbegriffe ‚links' und ‚rechts'. In H. Rattinger, O. W. Gabriel, W. Jagodzinski (Hg.), Wahlen und politische Einstellungen im vereinten Deutschland. Frankfurt a. M.: P. Lang.

Jakob, G. 1993: Zwischen Dienst und Selbstbezug. Eine biographieanalytische Untersuchung ehrenamtlichen Engagements. Opladen: Leske + Budrich.

Jaschke, H.-G. 2007: Politischer Extremismus. Bonn: Bundeszentrale für politische Bildung.

Jugendwerk der Deutschen Shell (Hg.). 1992: Jugend '92. Lebenslagen, Orientierungen und Entwicklungsperspektiven im vereinigten Deutschland. Opladen: Leske + Budrich.

Juris, J. S., Pleyers, G. H. 2009: Alter-Activism: Emerging Cultures of Participation among Joung Global Justice Activists. Journal of Youth Studies, 12. Jg., Heft 1, 57–75.

Kaase, M. 1982: Partizipatorische Revolution – Ende der Parteien? In J. Raschke (Hg.), Bürger und Parteien. Ansichten und Analysen einer schwierigen Beziehung. Bonn: VS Verlag für Sozialwissenschaften, 173–189.

Kaase, M. 1987: Vergleichende Partizipationsforschung. In D. Berg-Schlosser, F. Müller-Rommel (Hg.), Vergleichende Politikwissenschaft. Ein einführendes Studienhandbuch. Opladen: Leske + Budrich, 135–150.

Kandzora, G. 1996: Schule als vergesellschaftete Einrichtung. Heimlicher Lehrplan und politisches Lernen. In B. Claußen, R. Geißler (Hg.), Die Politisierung des Menschen. Instanzen der politischen Sozialisation. Ein Handbuch. Opladen: Leske + Budrich, 71–89.

Kelle, U., Kluge, S. 2010: Vom Einzelfall zum Typus. Fallvergleich und Fallkontrastierung in der qualitativen Sozialforschung. Wiesbaden: VS Verlag für Sozialwissenschaften.

Kern, T. 2008: Soziale Bewegungen. Ursachen, Wirkungen, Mechanismen. Wiesbaden: VS Verlag für Sozialwissenschaften.

Kiecolt, K. J. 2000: Self-Change in Social Movements. In S. Stryker, T. J. Owens, R. W. White (Hg.), Self, Identity, and Social Movements. Minneapolis: University of Minnesota Press, 110–131.

Kirlin, M. 2002: Civic Skill Building: The Missing Component in Service Programs? PS: Political Science and Politics, 35. Jg., Heft 3, 571–575.

Klandermans, B. 1997: The Social Psychology of Protest. Oxford, Cambridge: Blackwell Publishers.

Klandermans, B. 2002: How Group Identification Helps to Overcome the Dilemma of Collective Action. American Behavioral Scientist, 45. Jg., Heft 5, 887–900.

Kohli, M. 1981: Wie es zur „biografischen Methode" kam und was daraus geworden ist. Ein Kapitel aus der Geschichte der Sozialforschung. Zeitschrift für Soziologie der Erziehung und Sozialisation, 10. Jg., Heft 3, 273–293.

Krähnke, U., Kleemann, F., Matuschek, I. 2011: Linksreformistische Politik mit wem? Linksaffine als politische Akteure, http://www.linksreformismus.de/lang/Kraehnke-etal.pdf, letzter Aufruf 21. November 2012.

Kreissl, R., Sack, F. 1998: Framing. Die kognitiv-soziale Dimension von sozialem Protest. Forschungsjournal Neue Soziale Bewegungen, 11. Jg., Heft 4, 41–54.

Langton, K. P., Jennings, M. K. 1968: Political Socialization and the High School Civics Curriculum in the United States. The American Political Science Review, 62. Jg., Heft 3, 852–867.

Laqueur, W. 1983: Die deutsche Jugendbewegung. Eine historische Studie. Köln: Verlag Wissenschaft und Politik.

Le Bon, G. 1895: Psychologie des foules: Alcan.

Leven, I., Quenzel, G., Hurrelmann, K. 2010: Familie, Schule, Freizeit. Kontinuitäten im Wandel. In Shell Deutschland Holding (Hg.), Jugend 2010. Eine pragmatische Generation behauptet sich. Frankfurt a. M.: Fischer-Taschenbuch-Verlag, 53–128.

Levy, B. L. 2013: An Empirical Exploration of Factors Related to Adolescents' Political Efficacy. Educational Psychology, 33. Jg., Heft 3, 350–383.

Maier, J. 2000: Politikverdrossenheit in der Bundesrepublik Deutschland. Dimensionen – Determinanten – Konsequenzen. Opladen: Leske + Budrich.

Mansel, J. 1995: Sozialisation in der Risikogesellschaft. Eine Untersuchung zu psychosozialen Belastungen Jugendlicher als Folge ihrer Bewertung gesellschaftlicher Bedrohungspotentiale. Neuwied: Luchterhand.

Matthews, T. L., Howell, F. M. 2006: Promoting Civic Culture. The Transmission of Civic Involvement from Parent to Child. Sociological Focus, 39. Jg., Heft 1, 19–35.

Matuschek, I., Krähnke, U., Kleemann, F., Ernst, F. 2011: Links sein. Politische Praxen und Orientierungen in linksaffinen Alltagsmilieus. Wiesbaden: VS Verlag für Sozialwissenschaften.

Mayring, P. 2002: Einführung in die qualitative Sozialforschung. Eine Anleitung zu qualitativem Denken. Weinheim: Beltz.

McAdam, D. 1982: Political Process and the Development of Black Insurgency. University of Chicago Press: Chicago.

McAdam, D. 1988: Freedom summer. New York: Oxford University Press.

McAdam, D. 1989: The Biographical Consequences of Activism. American Sociological Review, 54. Jg., Heft 5, 744–760.

McAdam, D., Paulsen, R. 1993: Specifying the Relationship Between Social Ties and Activism. American Journal of Sociology, 99. Jg., Heft 3, 640–667.

McCarthy, J. D., Zald, M. N. 1977: Resource Mobilization and Social Movements. A Partial Theory. The American Journal of Sociology, 82. Jg., Heft 6, 1212–1241.

McIntosh, H., Hart, D., Youniss, J. 2007: The Influence of Family Political Discussion on Youth Civic Development. Which Parent Qualities Matter? PS: Political Science & Politics, 40. Jg., Heft 3, 495–499.

Melucci, A. 1988: Getting Involved. Identity and Mobilization in Social Movements. In B. Klandermans, H. Kriesi, S. G. Tarrow (Hg.), From Structure to Action. Comparing Social Movement Research across Cultures. Greenwich: JAI Press, 329–348.

Melucci, A. 1996: Challenging Codes. Collective Action in the Information Age. Cambridge: Cambridge University Press.

Meyer, U. 2003: Politische Sozialisation. In U. Andersen, W. Woyke (Hg.), Handwörterbuch des politischen Systems der Bundesrepublik Deutschland. Opladen: Leske + Budrich.

Meyers, C., Willems, H. 2008: Die Jugend der Stadt Luxemburg. Das Portrait einer multikulturellen und heterogenen Jugendgeneration, ihrer Wertorientierungen und Freizeitmuster. Esch-sur-Alzette: Éditions Phi.

Milbrath, L. W. 1965: Political Participation. How and why do People Get Involved in Politics? Chicago: MacNally.

Mörtenböck, P., Mooshammer, H. 2012: Occupy. Räume des Protests. Bielefeld: Transcript.

Münchmeier, R. 2008: Jugend im Spiegel der Jugendforschung. In G. Bingel, A. Nordmann, R. Münchmeier (Hg.), Die Gesellschaft und ihre Jugend. Strukturbedingungen jugendlicher Lebenslagen. Opladen: Barbara Budrich, 13–26.

Neidhardt, F. 1986: Gewalt – soziale Bedeutungen und sozialwissenschaftliche Bestimmungen des Begriffs. In V. Krey, F. Neidhardt (Hg.), Was ist Gewalt? Wiesbaden: BKA, 109–147.

Neidhardt, F. 1989: Gewalt und Gegengewalt. In W. Heitmeyer, K. Möller, H. Sünker (Hg.), Jugend – Staat – Gewalt. Politische Sozialisation von Jugendlichen, Jugendpolitik und politische Bildung. Weinheim & München: Juventa, 233–244.

Neugebauer, G. 2010: Einfach war gestern. Zur Strukturierung der politischen Realität einer modernen Gesellschaft. Aus Politik und Zeitgeschichte, Heft 44, 3–9.

Niedermayer, O. 2006: Jugend und Parteien. In E. Roller, F. Brettschneider, J. W. van Deth (Hg.), Jugend und Politik: „Voll normal!". Wiesbaden: VS Verlag für Sozialwissenschaften, 268–289.

Oberwittler, D., Schwarzenbach, A., Gerstner, D. 2014: Polizei und Jugendliche in multiethnischen Gesellschaften. Ergebnisse der Schulbefragung 2011 „Lebenslagen und Risiken von Jugendlichen" in Köln und Mannheim. Freiburg i. Br.

Oerter, R., Dreher, E. 2008: Jugendalter. In R. Oerter, L. Montada (Hg.), Entwicklungspsychologie. Weinheim [u. a.]: Beltz, 258–318.

Oesterle, S., Johnson, M. K., Mortimer, J. T. 2004: Volunteerism during the Transition to Adulthood. A Life Course Perspective. Social Forces, 82. Jg., Heft 3, 1123–1149.

Oesterreich, D. 2001: Die politische Handlungsbereitschaft von deutschen Jugendlichen im internationalen Vergleich. Aus Politik und Zeitgeschichte, Heft 50, 13–22.

Oesterreich, D. 2002: Politische Bildung von 14-jährigen in Deutschland. Studien aus dem Projekt Civic Education. Opladen: Leske + Budrich.

Oesterreich, D. 2003: Offenes Diskussionsklima im Unterricht und politische Bildung von Jugendlichen. Zeitschrift für Pädagogik, 49. Jg., Heft 6, 817–836.

Pabst, A. 2012: Ziviler Ungehorsam. Annäherung an einen umkämpften Begriff. Aus Politik und Zeitgeschichte, 62. Jg., Heft 25, 23–29.

Passy, F., Giugni, M. 2000: Life-Spheres, Networks, and Sustained Participation in Social Movements. A Phenomenological Approach to Political Commitment. Sociological Forum, 15. Jg., Heft 1, 117–144.

Peitsch, H. 1997: Engagement. In W. F. Haug (Hg.), Historisch-kritisches Wörterbuch des Marxismus. Band 3. Hamburg: Argument, 73–75.

Pfaff, N. 2006: Jugendkultur und Politisierung. Eine multimethodische Studie zur Entwicklung politischer Orientierungen im Jugendalter. Wiesbaden: VS Verlag für Sozialwissenschaften.

Pfaff, N. 2012: Demokratie lernen? Jugend zwischen Politikverdrossenheit und Protest. In S. Braun, A. Geisler (Hg.), Die verstimmte Demokratie. Moderne Volksherrschaft zwischen Aufbruch und Frustration. Wiesbaden: VS Verlag für Sozialwissenschaften, 269–287.

Pleyers, G. H. 2005: Young People and Alter-Globalisation. From Disillusionment to a New Culture of Political Participation. In J. Forbrig (Hg.), Revisiting Youth Political Participation. Challenges for Research and Democratic Practice in Europe: Council of Europe Publishing, 133–143.

Pöttker, H. 1996: Politische Sozialisation durch Massenmedien. Aufklärung, Manipulation und ungewollte Einflüsse. In B. Claußen, R. Geißler (Hg.), Die Politisierung des Menschen. Instanzen der politischen Sozialisation. Ein Handbuch. Opladen: Leske + Budrich, 149–157.

Prein, G., Sass, E., Züchner, I. 2009: Lernen im freiwilligen Engagement und gesellschaftliche Partizipation. Ein empirischer Versuch zur Erklärung politischen Handelns. Zeitschrift für Erziehungswissenschaft, 12. Jg., Heft 3, 529–547.

Priller, E. 2010: Stichwort: Vom Ehrenamt zum zivilgesellschaftlichen Engagement. Zeitschrift für Erziehungswissenschaft, 13. Jg., Heft 2, 195–213.

Prior, M. 2010: You've Either Got It or You Don't? The Stability of Political Interest over the Life Cycle. Journal of Politics, 72. Jg., Heft 3, 747–766.

Przyborski, A., Wohlrab-Sahr, M. 2010: Qualitative Sozialforschung. Ein Arbeitsbuch. München: Oldenbourg.

Putnam, R. D. 1993: Making Democracy Work. Civic Traditions in Modern Italy. Princeton: Princeton University Press.

Rammstedt, O. 1978: Soziale Bewegung. Frankfurt a. M.: Suhrkamp.

Rawls, J. 1979: Eine Theorie der Gerechtigkeit. Frankfurt a. M.: Suhrkamp.

Reinders, H. 2001: Politische Sozialisation Jugendlicher in der Nachwendezeit. Zeitschrift für Erziehungswissenschaft, 4. Jg., Heft 2, 239–262.

Reinders, H. 2002: Entwicklungsaufgaben. In H. Mertens, J. Zinnecker (Hg.), Jahrbuch Jugendforschung. Wiesbaden: VS Verlag für Sozialwissenschaften, 13–37.

Reinders, H. 2014: Jugend – Engagement – Politische Sozialisation. Gemeinnützige Tätigkeit und Entwicklung in der Adoleszenz. Wiesbaden: Springer VS.

Reulecke, J. 1986: Jugend – Entdeckung oder Erfindung. In W. Bucher, K. Pohl (Hg.), Schock und Schöpfung. Jugendästhetik im 20. Jahrhundert. Darmstadt u. a.: Luchterhand, 21–25.

Rippl, S. 2004: Eltern-Kind-Transmission. Einflussfaktoren zur Erklärung von Fremdenfeindlichkeit im Vergleich. Zeitschrift für Soziologie der Erziehung und Sozialisation, 24. Jg., Heft 1, 17–32.

Ritchie, J., Spencer, L., O'Connor, W. 2003: Carrying out Qualitative Analysis. In J. Ritchie, J. Lewis (Hg.), Qualitative Research Practice. A Guide for Social Science Students and Researchers. London, Thousand Oaks: Sage Publications, 219–262.

Rohlfs, C. 2011: Bildungseinstellungen. Schule und formale Bildung aus der Perspektive von Schülerinnen und Schülern. Wiesbaden: VS Verlag für Sozialwissenschaften.

Roller, E., Brettschneider, F., van Deth, J. W. 2006: Jugend und Politik – Der Beitrag der Politischen Soziologie zur Jugendforschung. In E. Roller, F. Brettschneider, J. W. van Deth (Hg.), Jugend und Politik: „Voll normal!". Wiesbaden: VS Verlag für Sozialwissenschaften, 7–19.

Rosenthal, G. 2002: Biographische Forschung. In D. Schaeffer, G. Müller-Mundt (Hg.), Qualitative Gesundheits- und Pflegeforschung. Bern: Huber, 133–148.

Roßteutscher, S., Scherer, P. 2013: Links und Rechts im politischen Raum. Eine vergleichende Analyse der ideologischen Entwicklung in Ost- und Westdeutschland. In B. Weßels, H. Schoen, O. W. Gabriel (Hg.), Wahlen und Wähler. Analysen aus Anlass der Bundestagswahl 2009. Wiesbaden: Springer, 380–406.

Roth, R., Rucht, D. 2002: Neue Soziale Bewegungen. In M. Greiffenhagen, S. Greiffenhagen (Hg.), Handwörterbuch zur politischen Kultur der Bundesrepublik Deutschland. Wiesbaden: Westdeutscher Verlag, 296–303.

Roth, R. 2008: Die unzivile Zivilgesellschaft. In S. Embacher, S. Lang (Hg.), Lernund Arbeitsbuch Bürgergesellschaft. Bonn: Dietz, 68–88.

Roth, R. 2012: Occupy und Acampada. Vorboten einer neuen Protestgeneration? Aus Politik und Zeitgeschichte, 62. Jg., Heft 25, 36–43.

Roth, S. 2000: Developing Working-Class Feminism. A Biographical Approach to Social Movement Participation. In S. Stryker, T. J. Owens, R. W. White (Hg.), Self, Identity, and Social Movements. Minneapolis: University of Minnesota Press, 300–323.

Rucht, D. 2003: Bürgerschaftliches Engagement in sozialen Bewegungen und politischen Kampagnen. In C. Toyka-Seid (Hg.), Bürgerschaftliches Engagement in Parteien und Bewegungen. Opladen: Leske + Budrich, 17–156.

Rucht, D., Neidhardt, F. 2007: Soziale Bewegungen und kollektive Aktionen. In H. Joas (Hg.), Lehrbuch der Soziologie. Frankfurt a. M., New York: Campus, 627–651.

Sarcinelli, U., Werner, T. 2010: Politik. In R. Vollbrecht, C. Wegener (Hg.), Handbuch Mediensozialisation. Wiesbaden: VS Verlag für Sozialwissenschaften, 332–340.

Schäfer, J. 2006: Sozialkapital und politische Orientierungen von Jugendlichen in Deutschland. Wiesbaden: VS Verlag für Sozialwissenschaften.

Schelsky, H. 1957: Die skeptische Generation. Eine Soziologie der deutschen Jugend: Diederichs.

Scherr, A. 2009: Jugendsoziologie. Einführung in Grundlagen und Theorien. Wiesbaden: VS Verlag für Sozialwissenschaften.

Schmid, C. 2003: Fördert der Schulunterricht an Gymnasien das politische Interesse von Jugendlichen? Zeitschrift für Soziologie der Erziehung und Sozialisation, 23. Jg., Heft 4, 371–384.

Schneekloth, U. 2010: Jugend und Politik. Aktuelle Entwicklungstrends und Perspektiven. In Shell Deutschland Holding (Hg.), Jugend 2010. Eine pragmatische Generation behauptet sich. Frankfurt a. M.: Fischer-Taschenbuch-Verlag, 129–164.

Schneekloth, U., Leven, I., Gensicke, T. 2010: Methodik. In Shell Deutschland Holding (Hg.), Jugend 2010. Eine pragmatische Generation behauptet sich. Frankfurt a. M.: Fischer-Taschenbuch-Verlag, 361–367.

Schnell, R. 2005: Methoden der empirischen Sozialforschung. München [u. a.]: Oldenbourg.

Schreier, M. 2010: Fallauswahl. In G. Mey, K. Mruck (Hg.), Handbuch Qualitative Forschung in der Psychologie. Wiesbaden: VS Verlag für Sozialwissenschaften, 238–251.

Schulze, H. 2010: Biografische Fallrekonstruktion. In G. Mey, K. Mruck (Hg.), Handbuch Qualitative Forschung in der Psychologie. Wiesbaden: VS Verlag für Sozialwissenschaften, 569–583.

Schussman, A., Soule, S. A. 2005: Process and Protest. Accounting for Individual Protest Participation. Social Forces, 84. Jg., Heft 2, 1083–1108.

Shell Deutschland Holding (Hg.). 2010: Jugend 2010. Eine pragmatische Generation behauptet sich. Frankfurt a. M.: Fischer-Taschenbuch-Verlag.

Snow, D. A., Rochford, E. B., Jr., Worden, S. K., Benford, R. D. 1986: Frame Alignment Processes, Micromobilization, and Movement Participation. American Sociological Review, 51. Jg., Heft 4, 464–481.

Spannring, R. 2008. Young People's Multidimensional Relationship with Politics. Qualitative and Quantitative Findings. In R. Spannring, G. Ogris, W. Gaiser (Hg.), Youth and Political Participation in Europe. Results of the Comparative Study EUYOUPART. Leverkusen: Leske + Budrich, 29–54.

Spannring, R., Ogris, G., Gaiser, W. (Hg.). 2008: Youth and Political Participation in Europe. Results of the Comparative Study EUYOUPART. Leverkusen: Leske + Budrich.

Sünker, H. 2002: Politische Sozialisation: Gleichaltrigengruppe. In M. Greiffenhagen, S. Greiffenhagen (Hg.), Handwörterbuch zur politischen Kultur der Bundesrepublik Deutschland. Wiesbaden: Westdeutscher Verlag, 436–438.

Tajfel, H., Turner, J. C. 1986: The Social Identity Theory of Intergroup Behaviour. In S. Worchel, W. Austin (Hg.), Psychology of Intergroup Relations. Chicago: Nelson-Hall, 7–24.

Tamke, F. 2008: Jugenden, Soziale Ungleichheit und Werte. Theoretische Zusammenführung und empirische Überprüfung. Wiesbaden: VS Verlag für Sozialwissenschaften.

Tarrow, S. G. 1994: Power in Movement. Social Movements, Collective Action, and Politics. Cambridge: Cambridge University Press.

Tenscher, J., Scherer, P. 2012: Jugend, Politik und Medien. Politische Orientierungen und Verhaltensweisen von Jugendlichen in Rheinland-Pfalz. Wien [u. a.]: Lit.

Thomas, W. I., Thomas, D. S. 1928: The Child in America. Behavior Problems and Programs. New York: Alfred A. Knopf.

Thoreau, H. D. 1967: Über die Pflicht zum Ungehorsam gegen den Staat. Zürich: Diogenes Verlag.

Tilly, C. 1978: From Mobilization to Revolution. Reading: Addison-Wesley.

Torney-Purta, J. 2002: The School's Role in Developing Civic Engagement. A Study of Adolescents in Twenty-Eight Countries. Applied Developmental Science, 6. Jg., Heft 4, 203–212.

Treumann, K. P., Meister, D. M., Sander, U., Burkatzki, E., Hagebordn, J., Kämmerer, M., Strotmann, M., Wegener, C. 2007: Medienhandeln Jugendlicher. Mediennutzung und Medienkompetenz. Bielefelder Medienkompetenzmodell. Wiesbaden: VS Verlag für Sozialwissenschaften.

van Deth, J. W. 2003: Vergleichende politische Partizipationsforschung. In D. Berg-Schlosser, F. Müller-Rommel (Hg.), Vergleichende Politikwissenschaft. Opladen: Leske + Budrich, 167–188.

van Deth, J. W. 2005: Kinder und Politik. Aus Politik und Zeitgeschichte, Heft 41, 3–6.

van Rief, R. 2005: Gedanken zum Gewaltbegriff. Drei Perspektiven. Arbeitspapier.

van Stekelenburg, J., Klandermans, B. 2010: The Social Psychology of Protest. sociopedia.isa.

Verba, S., Schlozman, K. L., Brady, H. E. 1995: Voice and Equality. Civic Voluntarism in American Politics. Cambridge, London: Harvard University Press.

Vetter, A. 2006: Jugend: Ein Konzept und seine Messung. In E. Roller, F. Brettschneider, J. W. van Deth (Hg.), Jugend und Politik: „Voll normal!". Wiesbaden: VS Verlag für Sozialwissenschaften, 25–53.

Wächter, F. 2004: Links und rechts kann man nicht verwechseln. Zum Verständnis eines politischen Codes bei Jugendlichen. DISKURS – Studien zu Kindheit, Jugend, Familie und Gesellschaft, 14. Jg., Heft 1, 45–53.

Wengert, O. 2002: Die Gewaltbereitschaft in der deutschen Bevölkerung. Eine Sekundäranalyse von Bevölkerungsumfragen zur Frage einer gestiegenen Gewaltbereitschaft insbesondere unter jungen Menschen. Tübingen: Eberhard-Karls-Universität zu Tübingen.

Wiesendahl, E. 2001: Keine Lust mehr auf Parteien. Zur Abwendung Jugendlicher von den Parteien. Aus Politik und Zeitgeschichte, Heft 10, 7–19.

Wilamowitz-Moellendorff, U. von. 1993: Der Wandel ideologischer Orientierungsmuster zwischen 1971 und 1991 am Beispiel des Links-Rechts-Schemas, ZA-
Information 32, 42–71.

Willems, H. 1992: Jugendprotest, die Eskalation der Gewalt und die Rolle des Staates.
In W. Heitmeyer, K. Möller, H. Sünker (Hg.), Jugend – Staat – Gewalt. Politische Sozialisation von Jugendlichen, Jugendpolitik und politische Bildung. Weinheim, München: Juventa, 219–231.

Willems, H. 1997: Jugendunruhen und Protestbewegungen. Eine Studie zur Dynamik
innergesellschaftlicher Konflikte in vier europäischen Ländern. Opladen: Leske
+ Budrich.

Wilson, J. 2000: Volunteering. Annual Review of Sociology, 26. Jg., 215–240.

Witzel, A. 1982: Verfahren der qualitativen Sozialforschung. Überblick und Alternativen. Frankfurt a. M.: Campus.

Witzel, A. 2000: Das problemzentrierte Interview. Forum Qualitative Sozialforschung / Forum: Qualitative Social Research, 1. Jg., Heft 1, Art. 22.

Ziegler, H. 2011: Ungerechtigkeit, Empörung und Protest – Eine Capabilities Perspektive. In A. Schäfer, M. D. Witte, U. Sander (Hg.), Kulturen jugendlichen
Aufbegehrens. Jugendprotest und soziale Ungleichheit. Weinheim: Juventa, 99–
115.

Zinn, H. 1968: Disobedience and Democracy. New York: South End Press.

Zinnecker, J. 1991: Jugend als Bildungsmoratorium. Zur Theorie des Wandels
der Jugendphase in west- und osteuropäischen Gesellschaften. In W. Melzer,
W. Heitmeyer, L. Liegle, J. Zinnecker (Hg.), Osteuropäische Jugend im Wandel.
Ergebnisse vergleichender Jugendforschung in der Sowjetunion, Polen, Ungarn
und der ehemaligen DDR. Weinheim: Juventa Verlag, 9–24.